Hanna Vollmer-Heitmann

Wir sind von Kopf bis Fuß auf Liebe eingestellt

FRAUENLEBEN
herausgegeben von Viola Eigenberz

Hanna Vollmer-Heitmann

Wir sind von Kopf bis Fuß auf Liebe eingestellt

Die zwanziger Jahre

KABEL

© 1993 Ernst Kabel Verlag GmbH, Hamburg
Umschlag: Theodor Bayer-Eynck
Titelillustration von Rolf Niczky
© Archiv für Kunst und Geschichte, Berlin
Gesamtherstellung: Clausen und Bosse, Leck
ISBN 3-8225-0235-9

INHALT

Die neue Frau 7
Befreit vom Korsett: Die neue Körperlichkeit 22
Entfesselte Frauen: Liebeslust und Liebeslast 61
Anders als die andern: Lesbische Frauen 88
Von den Musen geküßt: Künstlerinnen –
Schriftstellerinnen – Filmstars 103
Hausfrau, Gattin und Mutter – immer noch der
Hauptberuf 143
»Ein Mädchen braucht kein Gelehrter zu werden« 172
Frauen im Erwerbsleben 204
Frauen machen Politik 241

Anmerkungen 253
Literatur 265
Register 273
Bildquellennachweis 276

Die neue Frau

Soll ich nur Kinder zeugen, kochen und ein ganzes Leben
Einen Mann lieben?
...Alle verdrängten Gefühle unserer Ahnen
Sind in uns und möchten schrein.
...Wir passieren Stationen vom Sportgirl bis Gretchen,
Studentin Helene bis Lesbosmädchen.
Und – bei welchem Typ wir bleiben
Ist schwer zu entscheiden – wir lassen uns treiben.
Wir lieben, sporteln, schaffen – weinen von Zeit zu Zeit
Über die eigene Unfertigkeit.
Wir wagten einen Sprung und wußten nicht wohin.
Wir kennen ein ›ich war‹ – ›ich werde sein‹ – noch kein ›ich bin‹.

Tillrot

Der Erste Weltkrieg war vorüber – und Deutschland befand sich in einer Umbruchsituation, in der traditionelle Rollenmuster nachhaltig erschüttert wurden. Die »neue Frau« erschien auf der gesellschaftlichen Bühne. Jung und befreit von den verknöcherten Konventionen und Moralvorstellungen der Kaiserzeit, galt sie den – bisweilen geschockten – Zeitgenossen als Inbegriff der vieldiskutierten Frauenemanzipation.

Die neue Frau nahm ihr Leben selbstbewußt in die Hand, statt an der Aussteuer stickend auf die gute Partie zu warten. Sie verdiente ihren eigenen Lebensunterhalt und reklamierte für sich die gleichen Rechte wie die Männer. Nicht im Traum hätte sie daran gedacht, ihre Jungfräulichkeit für die Hochzeitsnacht zu hüten. Im Gegenteil, Verhältnisse mit Männern gehörten zu ihrem Leben ebenso wie der unvermeidliche Bubikopf. Wurde sie ungewollt schwanger, löste sie das Problem mit einer Abtreibung oder suchte sich einen Mann, der ihre Existenz sicherte. Sie ließ sich die Haare kurz schneiden, rasierte Augenbrauen und Beine, benutzte Make-up. Mit oder ohne männliche Begleitung vertrieb sie sich ihre Freizeit in Tanzlokalen und Cafés, frönte ihrer Kinosucht, rauchte in der Öffentlichkeit, fuhr, wenn sie es sich leisten konnte, schnelle Autos oder gar Motorräder, scheute sich auch nicht, beim sommerlichen Badevergnügen fast alle

Hüllen fallenzulassen. Kurz, sie genoß aus vollen Zügen, was einer Frau bisher um den Preis ihres guten Rufes verwehrt war. Weltweit bekannt wird später ein literarisches Porträt der neuen Frau von Christopher Isherwood: Sally Bowles aus dem halbdokumentarischen Roman *Leb wohl, Berlin*[1]. Die Geschichte diente als Vorlage für Bob Fosses Erfolgsfilm *Cabaret* mit Liza Minelli in der Hauptrolle. Isherwood, der von 1929 bis 1933 in Berlin lebte, gibt in seinem Roman eine anschauliche Beschreibung der lebendigen kulturellen und politischen Metropole Deutschlands, die für junge, unverheiratete Frauen eine hohe Anziehungskraft besaß.

Auch Sally Bowles, eine junge, schöne Engländerin mit Schauspielambitionen, kommt in der Hoffnung auf eine Filmkarriere nach Berlin. Ohne sich allzu große Sorgen um ihr Auskommen zu machen, schlägt sie sich als Sängerin in einer der vielen Berliner Künstlerbars durch. »Sie sang schlecht, ohne jeden Ausdruck, und ließ die Hände herunterhängen – aber ihr Auftreten war in seiner Art, ihrer verblüffenden Erscheinung wegen, wirkungsvoll, zumal sie sich nicht im geringsten darum kümmerte, was die Leute von ihr dachten.« Auf der Straße dreht sich jeder nach ihr um, wenn sie »ihre kanariengelbe Baskenmütze und den schäbigen Pelzmantel, der einem räudigen alten Hundefell glich«, spazierenführt.

Unbekümmert läßt sie sich treiben, raucht wie ein Schlot und hat ständig neue Liebhaber, wie es sich ihrer Meinung nach für eine angehende Schauspielerin gehört. Als sie schwanger wird – »man hat sich einen Aprilscherz mit mir erlaubt« –, ist eine Abtreibung für sie selbstverständlich: »Sehe ich so aus, als ob ich eine gute Mutter abgäbe?« Stets von mehr als nur einem Hauch von Dekadenz und Verführung umgeben, ist Sally in Berliner Boheme- und Halbweltkreisen unermüdlich auf der Suche nach einem vermögenden Mann, mit dessen Hilfe sie ihren Traum von Ruhm und Reichtum verwirklichen könnte.

Leider macht sich der betuchte Amerikaner Clive, dem sie diese Rolle zugedacht hatte, eines Tages ohne Abschied aus dem Staub. Sallys Kommentar: »Ich könnte mich prügeln, wenn ich daran denke, wie ich mich zu Clive benommen habe. Ich hätte ihn nie so um Geld angehen sollen. Wahrscheinlich hat er gedacht, ich wäre genauso eine ordinäre kleine Hure wie alle anderen. Und ich liebte ihn wirklich – in gewisser Weise... Das

Sinnlich und verrucht – Liza Minelli in Bob Fosses Film Cabaret.

Schwein hätte mir wenigstens bei der Abreise einen anständigen Scheck dalassen sollen.« Insgesamt ist Sally enttäuscht von der Berliner Männerwelt. Einer ihrer Bekannten »verspricht immer, mir einen Vertrag zu verschaffen; aber er will bloß mit mir schlafen, das alte Schwein. Ich finde die Männer hierzulande abscheulich. Keiner hat Geld, und sie erwarten, daß man sich von ihnen für eine Schachtel Pralinés verführen läßt.«[2]

Noch vor wenigen Jahren wäre eine Sally Bowles undenkbar, jedenfalls bestimmt kein Vorbild für die »anständige Frau« gewesen. In der freieren Gesellschaft der Weimarer Republik, die den Frauen auch erstmals politische Gleichberechtigung und das Wahlrecht zugestand, machte jene gänzlich gewandelte, moderne Frau von sich reden, die Franz Hessel am Beispiel der Hauptstädterin für die deutsche *Vogue* folgendermaßen charakterisierte: »Schöne Berlinerin, du hast bekanntlich alle Vorzüge. Du bist tags berufstätig und abends tanzbereit. Du hast einen sportgestählten Körper, und deine herrliche Haut kann die Schminke nur noch erleuchten... Mit der Geschwindigkeit, in der deine Stadt aus klobiger Kleinstadt sich ins Weltstädtische mausert, hast du Fleißige schöne Beine und die nötige Mischung von Zuverlässigkeit und Leichtsinn, von Verschwommenheit und Umriß, von Güte und Kühle erworben.«[3]

Sicher, nicht jede Verkäuferin oder Sekretärin, die sich in dieser Beschreibung wiedererkennen konnte, war gleich eine Sally Bowles. Denn die neue Frau tauchte in verschiedenen Ausprägungen auf: Da war die immer leicht verruchte, extravagante Garçonne, die einen eigenen Modestil prägte. In ihrem ganzen Erscheinungsbild – vom Herrenschnitt, über Schlips und Hosen, bis zum Monokel – war die Garçonne ausgesprochen androgyn, womit sie ihrem Namen alle Ehre machte: Garçonne, zu deutsch Junggesellin, war von *garçon* (frz. Knabe) abgeleitet, hieß also wörtlich »Knäbin«. Als lebendige Absage an die herkömmliche Geschlechtsrolle gab sich dieser emanzipierte, flotte Frauentyp »unweiblich«, geradezu »eheuntauglich«, wie manche Männer fanden.

Die neue Frau, das war nicht zuletzt die junge Angestellte. Mochte es auch mit der Emanzipation all der Tippfräulein und Verkäuferinnen, die neuerdings Kontore und Warenhäuser bevölkerten, nicht so sehr weit her sein. In jedem Fall unterschieden sie sich deutlich von ihren noch ganz dem kaiserzeitlichen

Geist verhafteten Müttern. Sie verdienten ihr eigenes Geld und experimentierten mit Leben und Liebe derart freizügig, daß der früher wohldefinierte und klar erkennbare Unterschied zwischen »anständigen Frauen« und »Huren« zunehmend verschwamm. In ihrer Freizeit verwandelten sie sich in flotte Sport- und Charlestongirls, die sich weit mehr für neue Tänze aus Amerika als für Frauenemanzipation und Frauenbewegung interessierten. Mit derlei Problemen wollten sie ihre niedlichen Köpfchen nicht belasten. Hauptsache, sie fanden nach einigen Jahren Büroarbeit rechtzeitig den richtigen Mann zum Heiraten.

Auch die junge, verheiratete Fabrikarbeiterin mit dem praktischen Bubikopf war die neue Frau. Ganz anders als noch ihre Mutter versuchte sie mit allen Mitteln die Kinderzahl klein zu halten, um sich nicht völlig zwischen Haus- und Fabrikarbeit aufzureiben.

Selbstbewußt und betont männlich kam die Garçonne daher: die Malerin Renée Sintenis (3. v. r.) mit einer Freundin in Berlin.

Die Männerwelt ist irritiert

Den Zeitgenossen ließ die neue Frau keine Ruhe. Sie geisterte durch Feuilletons und dem Zeitgeist verpflichtete Zeitschriften, tauchte als Romanfigur und Kinoheldin auf. Von den einen als Inbegriff weiblicher Emanzipation begeistert gefeiert, galt sie den anderen als Ausgeburt der Weimarer Dekadenz. Die augenfällige Verwandlung der Frauen fand vor allem bei Männern keineswegs nur Beifall. Namhafte Schriftsteller, die sich in einer 1929 erschienenen Essaysammlung zum Thema *Die Frau von morgen wie wir sie wünschen* äußern, verhehlen ihre Beunruhigung nicht, die sie angesichts der neuen Frau beschleicht.[4] Ungeachtet aller (Lippen)Bekenntnisse zur Frauenemanzipation hält man sich im Grunde doch lieber an die hergebrachten Rollenklischees. So, oder ähnlich, dachten wohl die meisten Männer in der Weimarer Zeit.

Gerade was die Liebe angeht, lassen die Herren Schriftsteller durchweg altväterliche Ansichten erkennen. Selbst diejenigen unter ihnen, die der neuen Frau grundsätzlich mit Sympathie begegnen, betrachten deren sexuelle Freizügigkeit mit Skepsis. Da ist von einer »Vergröberung des Genießens«, einer »Verhastung des Erotischen« (Stefan Zweig) die Rede. Als positiver Aspekt wird immerhin die Befreiung der Frau von der »Mannsforderung der Virginität« (Walther von Hollander) begrüßt. Auch erscheinen die erotischen Beziehungen ehrlicher und die Frauen selbständiger. Negativ macht sich jedoch eine »Banalisierung des Eros« (Otto Flake) bemerkbar. Und die »spannungsarme, lässige Haltung zwischen den Geschlechtern« infolge der leichten »Erfüllung jedes Verlangens« wird von Axel Eggebrecht wortreich beklagt.

Die Autoren sehen zwar ein, daß sich die Zeiten endgültig gewandelt haben. Ein klassisches Liebeswerben um die Erwählte, die – unter Überwindung zahlreicher Hürden – endlich erobert wird, gibt es eben nicht mehr. Die Libertinage im neuen Stil behagt ihnen aber auch nicht.

Axel Eggebrecht etwa findet das »erotische Ergebnis der sogenannten Emanzipation eminent negativ«, denn die »Unsicherheit des Mannes gegenüber der Frau ist nachgerade unerträglich geworden. Wenn heute ein Mann mit einer Frau zusammenkommt, hat er keine Vorstellung, wohin ihn dieses Zusammensein führen wird. Selbst eine klare und heftige sexuelle Begierde vorausgesetzt, weiß er nicht, wie weit seine Spannkraft reicht, – ob zu flüchtigster Erregung oder dauernder Fesselung. Noch viel weniger ahnt er von der Partnerin. Er ist überhaupt nicht in der Lage, ihre Kraft, ihre Lust abzuschätzen, – trotzdem und weil ihnen beiden ja alles zu sagen erlaubt ist. Vom schlichtesten Sichgewähren über komplizierte Spiele bis zum unerwarteten, kältesten Sichabwenden ist alles in jedem Augenblick möglich. Ich nehme an, daß es damit in früheren Generationen anders war, als noch die nun morsch gewordenen Barrieren um die Frau errichtet waren, deren meßbare Höhe und Stärke für den Mann einen Maßstab der eigenen Kraft wie der Chancen bedeuteten.«

Ja, die armen Männer hatten es schwer mit der entfesselten weiblichen Sexualität. Da kamen sie schnell auf den Gedanken, daß es den Frauen selbst ja auch nicht gut gehe damit. Libertinage bedeutet für die Frauen nicht Emanzipation, sondern Sklaverei, findet Arnolt Bronnen. Die Frauen hätten nicht daran gedacht, alte Bindungen durch neue zu ersetzen; »sie proklamierten die Trennung, sie verzichteten auf ihre göttlichen Rechte, sie warfen ihr Leben hin, in jedem Sinne, und sie verloren es, in jedem Sinne«. Besonders jene Frauen, die nur um entsprechender Vorteile willen mit Männern ins Bett gehen, findet Bronnen »verabscheuungswürdig«. Mit »zunehmender Zahl ihrer rein sexuellen Erlebnisse«, sekundiert ein anderer Autor, entfernt sich die Frau »immer weiter von dem eigentlichen Ziel weiblicher Sehnsucht, dem Geliebtwerden« (Frank Thiess).

Fast ebenso bedenklich stimmt die Männer die weibliche Eroberung der Berufswelt. Die Seele jeder Frau hat neuerdings, beobachtet der Schriftsteller Heinrich Eduard Jacob nicht ohne Schaudern, »eine deutliche Beimischung... von Chemikerin oder Prokuristin, Sängerin oder Fotografin, Juristin, Volkswirtin oder Ärztin«. Vor den entsetzten Augen so manches Mannes eroberten »Motorradfahrerinnen, Ärztinnen, Kanalschwimmerinnen, Parlamentarierinnen« (Georg von der Vring) angestammte Männerdomänen. Selbst die »Rekordmännin und Hochstaplerin« wurde geortet. Doch ein gewisser Teil der Männerwelt konnte nach Beobachtung des Autors Georg von der Vring dieser Entwicklung auch Positives abgewinnen. Ihnen erscheint die »neue Frau durchaus interessanter und umgänglicher als die Frau der vergangenen, weniger sozialen Epoche – die

Frau also von heute, mit der zusammen man auf Berge kraxelt, auf Hochschulen diskutiert, Leitartikel verfolgt und Geschäftsunternehmungen zuwege bringt«.

Häufiger stieß die emanzipierte Frau aber – vor allem bei der älteren Männergeneration – auf weniger Verständnis und Zustimmung. Man war sich weithin einig, daß »eine Gattin oder eine Geliebte von ihrem Beruf mehr« versteht »als die flinkeste Stenotypistin, die beste Ärztin und gerissenste Politikerin von dem ihren« (Alexander Lernet-Holenia). Die Frau soll sich tunlichst ihre spezifisch weibliche Fähigkeit, »nämlich: menschlich zu fühlen«, bewahren. Von einer Karriere um jeden Preis wird ihr deshalb dringend abgeraten (Georg von der Vring).

Die einzige Gefahr, die Stefan Zweig in dem neuen Frauentyp sieht, »ist die gleiche, die den Mann von heute und morgen trifft, wenigstens bei uns in Deutschland und am Kontinent: daß um der materiellen Unabhängigkeit und der sexuellen Freiheit willen die Frauen zuviel von ihrer Freiheit verkauft, daß sie, kaum von der einen Hörigkeit befreit, nun aus Mannessklavin und Haushaltssklavin eine Bürosklavin werden könnte, daß sie – ebenso wie die Männer – zuviel und zu intensiv arbeite, daß also von dieser köstlichsten Substanz der Welt Frau, daß gerade von der Jugend, von den jungen Frauen, das Beste und Blühendste in einer übertriebenen und überhitzten Verdienerei abgehetzt und abgeschunden werde«.

Durch die Erwerbstätigkeit, so die nicht uneigennützige Befürchtung der Männer, würden sich die Frauen immer mehr ihrer eigenen entfremdeten Welt angleichen. Eine solche »Vermännlichung« des anderen Geschlechts war durchaus nicht in ihrem Sinne. Widersprach sie doch dem, »was wir am meisten von der Frau wollen: daß sie Entlastung und Leichtigkeit in unsere allzu schwere Welt bringe« (Stefan Zweig). Daß die traditionelle Rollenverteilung – der Mann besteht den feindlichen Lebenskampf, die Frau sorgt für sein häusliches Wohl – in den zwanziger Jahren allmählich ins Wanken geriet, führte zu einer erheblichen Verunsicherung im männlichen Bewußtsein. Selbst wenn man anerkannte, daß die moderne Frau ein »unwiderrufliches Kind« der neuen industriellen Welt war, blieb bei vielen eine »Verstimmung im Untergrund« (Richard Huelsenbeck). Dies wohl auch deshalb, weil die Frau den werten Herren der Schöpfung als kollektive Projektionsfläche unentbehrlich war.

Zigarette, Monokel, Bubikopf waren die Markenzeichen der emanzi-
pierten Garçonne – »Die Dichterin Silvia von Harden« von Otto Dix.

An einem kritischen Punkt der deutschen Geschichte – die
Weimarer Zeit war geprägt von der Erfahrung des verlorenen
Weltkriegs – richtete sich die männliche Sehnsucht auf die Frau
als Retterin der Menschheit. Auf den »Höhepunkten eines in
Kriegen gipfelnden Zeitalters tritt jetzt die Frau als die stärkere
Trägerin des Lebenswillens auf den Schauplatz der Geschichte,

als der Mensch der Fortsetzung und des Anfangs. Hier wachsen ihre Rechte, die sie Schritt für Schritt erobert. Nur durch die Frau bereitet sich ein neues kosmisches Verhältnis des Menschen zum Leben vor, ein Zeitalter, in dem Krieg, Technik, Wissenschaft wahrscheinlich eine geringere Rolle spielen werden als bisher, während neue Beziehungen der Geschlechter und ein gänzlich geändertes System der Erziehung, die frühere Formen überwindet, die Praxis des Lebens mit seinen Erkenntnissen in Einklang bringen« (Alfons Paquet). Nachdem die Männer »in Dingen der Menschlichkeit offenbar vollkommen Schiffbruch erlitten« hätten, könne allein die Frau den Aufbau einer »neuen Ordnung und großzügigeren Übereinkunft bestreiten«. Und zwar deshalb, weil sie mit dem »Strom zwischen Mutter und Kind« über eine ihr eigene »Kraftquelle« verfüge (Hans Henny Jahnn).

Irritiert nahm die Männerwelt denn auch die äußerliche »Vermännlichung« der Frau zur Kenntnis. An der schlanken Gestalt der Garçonne entzündeten sich lebhafte Diskussionen. Daß Frauen Bubikopf und Hosen trugen und ihren Körper nicht länger in Korsetts zwängten, war nicht jedermanns Sache. Indem sie »die Norm der Männerkleidung zu erreichen« versuche, eigne sich die Frau »eine brutale Handschrift« an (Georg von der Vring). Mit dem langen Haar sei zwar das »Sinnbild der Fesselung« gefallen. »Aber es ist zu stark gefallen«, klagt der Schriftsteller Heinrich Eduard Jacob. »Die Frauen tragen heute nicht nur Jünglingsköpfe auf ihren Schultern: sie bekamen sogar den Etonschnitt, die häßliche Millimeterfrisur.« Schließlich ist Haarschnitt »noch nicht Freiheit«. Ohne Zweifel sei es zwar praktischer, »bei einer Felskletterei oder auf Schneeschuhen Hosen zu tragen als den Rock, daß aber der Rock schon in der Eisenbahn abgelegt oder ganz zu Hause gelassen wird, das ist... der Wille der Frau..., dem Mann auch hierin ähnlich zu werden« (Emil Lucka).

Der »Hunger nach wirklichem Leben«

Die Frauen selbst empfanden den Aufbruch aus der einengenden patriarchalischen Ordnung des Kaiserreichs natürlich vor allem als befreiend. Vicki Baum, die in den zwanziger Jahren vielgelesene Unterhaltungsromane verfaßte, in denen nicht selten selbständig künstlerisch oder wissenschaftlich arbeitende Frauen eine Hauptrolle spielen, beschreibt diese Stimmungslage. In ihrem 1929 erschienenen Artikel »Die Mütter von Morgen – die Backfische von heute« geht es um den radikalen Wandel innerhalb nur einer Frauengeneration. Mit sanfter Ironie schildert Vicki Baum zunächst ihre Mutter als junges Mädchen, die einer längst vergangenen Epoche anzugehören scheint: »Als meine Mutter sich verlobte, war sie achtzehn Jahre alt. Es gibt noch ein Bild von ihr aus jener Zeit, da sitzt sie zart und großäugig und ganz steif vor Würde auf einem Stuhl mit vielen Troddelchen. Auf dem Kopf trägt sie eine Türmchenfrisur, an den Händen feine, lange Schweden-Handschuhe, unter der gespannten Seide des Leibchens hört man das Fischbein krachen, rückwärts rum gibt ein Cul etwas Figur und Schwung, und unten dran bammelt eine große Schleppe. Rechts von meiner Mutter lehnt an einer samtbezogenen Balustrade Tante Eugénie, links Tante Helene, die Sechzehn- und Siebzehnjährigen von damals. Alle drei starren mit dem gleichen unverständig-wohlerzogenen Blick in das Objektiv, oder in ihre Zukunft als Gattinnen und Mütter – worunter sie sich ganz bestimmt nichts vorstellen konnten. Tante Eugénie beispielsweise glaubte noch bis kurz nach ihrer Verheiratung, daß die Wickelkinder gleich fertig verpackt, in Wäsche und Steckkissen, zur Welt kämen. Ich habe diese ihre unschuldsvolle Anschauung noch später oft rühmen hören, als das vorbildliche Resultat einer wirklich guten Erziehung. Ich schaue das Bild meiner achtzehnjährigen Mutter an: sie hat das Aussehen einer vierzigjährigen Frau und den Verstand und die Lebenskenntnisse eines neunjährigen Mädchens von heute. Sie war bleichsüchtig und meistens traurig. Sie konnte Chopin spielen und endlose Meterrollen einer feinen Hemdspitze häkeln.« Welch ein Schock für diese Muttergeneration, als sich die Töchter anschickten, emanzipierte Frauen zu werden. Weiter Vicki Baum: »Arme Mütter von 1890! Eure Welt war so eng wie ein Kaninchenstall, auf allen Seiten mit Brettern vernagelt und ohne Lüftung. Wie haben wir euch erschreckt, als wir aus euren Wänden ausbrachen,... wir mit... unserer Rebellion gegen das Bürgerliche, wir mit der Forderung nach eigenen Wegen und Luft und Arbeit und dem Hunger nach wirklichem Leben ohne Verschleierungen und Fiktionen.«[5]

Beinahe übergangslos streiften Frauen die »Eierschalen des neunzehnten Jahrhunderts« ab, nachdem viele von ihnen im Weltkrieg Männerarbeiten und die Rolle des Familienvorstandes hatten übernehmen müssen. Solche Erfahrungen schlossen nach Ende des Krieges eine simple Rückkehr in die altgewohnten Verhältnisse aus. Die Frauen suchten nach einer neuen Identität.

Die Schriftstellerin Maria Luise Weissmann beschreibt die etwas prekäre Lage der Frauen folgendermaßen: »Hier ringt die Frau als Geschöpf dieser jungen und traditionslosen Generation um Orientierung, oder, nach ihrer Begabung, um die Gestaltung ihres neuen, noch unverarbeiteten Bewußtseins.«

Die neue Frau ist noch nicht fertig mit sich. Sie hat sich von alten Rollenmustern verabschiedet, unterwirft sich nicht mehr dem bis vor kurzem geltenden Urteil, nach dem Wert und Bedeutung des weiblichen Geschlechts auf ihrer Übereinstimmung mit den Funktionen der Gattin, Hausfrau und Mutter beruhten. Für ein neues Selbstverständnis spielt die Berufstätigkeit der Frau eine große Rolle. »Sie hat sich in kürzester Zeit die wissenschaftliche, technische und künstlerische Grundlage erarbeitet. Sie umschließt in ihrer Gesamtheit jede Äußerung menschlicher Tätigkeit, nicht so sicher basiert wie die des Mannes, tastender noch als aggressiv, aber mit aller Rückwirkung auf die Freiheit ihres geistigen Blickes. Mit dieser Freiheit des geistigen Blickes, zum ersten Male der Sachlichkeit fähig, steht sie dem Leben und sich selbst gegenüber«. Für Maria Luise Weissmann hängt die Emanzipation der Frau aber nicht nur an der Berufstätigkeit.

»Ausschlaggebend ist allein das verwandelte Gefühl, aus dem sie lebt. Es ist das eines befreiten Körpers und einer offenen Seele... Die grundsätzliche seelische Wandlung der Frau ist die zur innern Ehrlichkeit. Sie ergab sich als wertvollster Gewinn aus dem Zusammenbruch jener vom Manne gehüteten Konvention. Die neue Frau nährt ihr Persönlichkeitsbewußtsein weder aus ihrer sexuellen Unberührtheit noch ihrer Verständnislosigkeit Problemen von allgemeinmenschlicher Bedeutung gegenüber... Die Frau von heute kämpft ritterlicher und offener; sie spielt nicht mehr mit dem Gefühl des Mannes und nicht mit ihrem eigenen. Sie achtet Gefühle höher, seitdem sie weniger zu ihnen verpflichtet ist. Ihre wirtschaftliche Selbständigkeit erleichtert die Unabhängigkeit ihrer Entscheidung. Ihre mensch-

*Vom Schuhputzer bis zum Gigolo, die »neue Frau« nahm männliche
Dienste ohne Scheu in Anspruch.*

liche Erfahrung weiß um das Protëische alles Gefühls, um die Fragwürdigkeit seiner Dauer; sie erblickt in ihm keine Lebensversicherung mehr. Das ist weniger frivol als vielmehr ein Verzicht auf manche Bequemlichkeit.«[6]

Berufstätigkeit und ihre befreite Sexualität zeichneten also die neuen Frauen aus. Selbst wenn sich auch viele von ihnen nicht sehr emanzipiert gefühlt haben mögen, in Sachen Sex verhielten sie sich deutlich anders als noch ihre Mütter. Eine neue Sexualmoral machte sich breit, nicht immer zum reinen Vorteil der einzelnen Frau. Da war einmal das allgegenwärtige Schwangerschaftsrisiko, das sie allein trug. Außerdem stießen die nach wie vor verbreiteten, ganz traditionellen Heiratswünsche derer, die das Verhältnis mit ihrem Freund irgendwann in eine Ehe münden lassen wollten, auf eine neue Unverbindlichkeit der Männer. In solchen Fällen war die Frau die Leidtragende.

Die Literatur spiegelt die typischen Konflikte der neuen Frauen wider. Gabriele Tergit (mit wirklichem Namen Elise Reifenberg), die in den zwanziger Jahren unter anderem als Gerichtsreporterin für verschiedene Berliner Blätter arbeitete, schildert in ihrem Roman *Käsebier erobert den Kurfürstendamm* die neuen Frauen der Berliner Gesellschaft.[7]

Eine junge Ärztin etwa zieht es nach einer unglücklichen Liebesgeschichte vor, allein zu leben: »Ich kann kein Verhältnis haben, und anders ist kein Mann heutzutage auf die Dauer mit einem zusammen. Ja, eine Weile gewiß, und gemeinsame Interessen, das ist ja alles ganz nett, aber ohne Aussicht auf ein endliches Beilager ist eine Freundschaft nicht von langer Dauer.« Deshalb hat sie ihr Innenleben »abgesagt«, konzentriert sich ganz auf ihre Arbeit. Über den Verlauf der Frauenemanzipation, auf die sie ursprünglich große Hoffnungen gesetzt hatte, zeigt sie sich tief enttäuscht. »Als wir auf die Universität kamen, war es eine große Seligkeit, und wir hatten Ehrgeiz und wollten was leisten und hatten unsern großen Stolz. Und was ist kaum fünfzehn Jahre später? Das Girl ist gekommen. Wir wollten einen neuen Frauentyp schaffen... Und jetzt ist das Resultat, daß die kleinen Mädchen von sechzehn in meiner Sprechstunde sitzen und ich schon froh bin, wenn sie nicht krank sind, und der Kopf ist nur noch für die Frisur da.« Im Grunde, so ihr Fazit, sei der Aufbruch der Frauen nichts anderes »als der Parademarsch in breiter Front auf das Bett zu«.

Nein, da will unsere Ärztin nicht mithalten, und trifft eine Verabredung mit – einer Freundin.[8]

Die neue Frau war ein vieldiskutiertes Frauenbild, in dem sich männliche Angst- und Wunschvorstellungen ebenso wie weibliche Emanzipationsträume bündelten. Dieses genauso der Phantasie entsprungene wie von realen Erfahrungen genährte Bild geisterte durch die Medien, begierig aufgegriffen von Illustrierten und Filmproduzenten, Unterhaltungsschriftstellern und Feuilletonisten. Die neue Frau war aber keineswegs nur ein Geschöpf der Medien. Im weiblichen Verhalten und Bewußtsein vollzogen sich so grundlegende Veränderungen, daß die Rede von einer neuen Frau durchaus angemessen erscheint.

Befreit vom Korsett:
Die neue Körperlichkeit

*Gestern habe ich auf dem Ho-
henzollerndamm einen Herrn ge-
troffen, mittelalt. Der Herr war
ein Träumer, er schaute in den
Himmel, und ich hätte ihn mit
dem Auto beinahe umgefahren.
Er sagte zu mir:› Weibervolk,
verdammtes, schert euch in die
Küche.‹*

Erika Mann

Die neue Frau kannte keine Skrupel bei der Eroberung männlicher Domänen. Frech opponierte sie gegen jenen traditionellen
Verhaltenskodex, der sie bisher von vielem ferngehalten hatte,
was Männer schon immer durften. War es bisher unschicklich
gewesen, daß Frauen rauchten oder allein ausgingen, nun nahmen sie die Vorrechte der Männerwelt selbstverständlich für
sich in Anspruch. Junge Flapper, wie man die Charlestongirls
nannte, schwangen ohne Hemmungen – und gegebenenfalls
ohne männlichen Partner – das Tanzbein, das Sportgirl scheute
auch nicht vor angeblich unweiblichen Sportarten zurück. Frei-
zeitfreuden dieser Art waren für jene Frauen, die in Büros und
Kaufhäusern unter langen, monotonen Arbeitstagen litten, ein
wichtiger Ausgleich.

An einen noch sehr ungewöhnlichen Anblick mußte sich die
Männerwelt erst mühsam gewöhnen: die Frau am Steuer. Sofern sie sich einen solchen Luxus leisten konnten, chauffierten
neuerdings unerschrockene Damen eigene Wagen. Auto oder
gar Motorrad fahrende Frauen demonstrierten jene weibliche
Unabhängigkeit, die das Rollenklischee vom braven Heimchen
am Herd nachhaltig erschütterte.

Auf der einsamen Landstraße war die Autofahrerin ganz auf
sich gestellt und mußte bisweilen selbst zum Schraubenschlüssel
greifen oder gar ihren »männlichen« Mut unter Beweis stellen.
Erika Mann, als Publizistin, Schauspielerin und Kabarettistin

bekannte Tochter des Schriftstellers Thomas Mann, berichtet von einschlägigen Erfahrungen während einer Autofahrt von Dresden nach München. Selbst in den Hotels von Honolulu habe sie sich »weit weniger outsiderisch, weitentfernt, abenteuerlich, vereinsamt« gefühlt als auf dieser Reise.

»An der Grenze hat es einen großen Aufenthalt gegeben mit Geldwechseln, Steuerzahlen, Papieresuchen und allem Zubehör. Die Beamten wundern sich immer noch ein bißchen, wenn man als ›Dame‹ so allein daherkommt – mißtrauisch suchen sie hinten im Wagen nach Schmuggelware und verbrecherischem Geheimnis.« Trotz widrigen Wetters und schlechten Straßenbedingungen behält die Autoreisende ihren Humor. »Es ist furchtbar neblig – hupend und tutend wie ein Dampfschiff bahnt das Auto sich seinen Weg. Die Straße hat Löcher wie ein Golfplatz, aber die Spielregeln sind andere – man muß den Wagen möglichst vor ihnen behüten. Es ist ein Eiertanz, wir hüpfen und

Marlene Dietrich in einem Opel-Cabriolet.

springen, der Ford und ich, bald quer zur Straße, bald schön in der Richtung. Urplötzlich fängt es zu schneien an, wir sind auf der Stelle in ein Weiß gehüllt, das dichter und ärger ist in seiner flimmerigen Bewegtheit, als das stille Nebelgrau es war. Unser Tanz um die Löcher bekommt gefährlichen Charakter, wir rutschen um alle Kurven, daß es eine Art hat, und müssen am Ende ganz langsam fahren, so daß wir herzlich spät kommen nach Pilsen zu unserem Bier.«

Auf der durch das Schneetreiben behinderten Weiterfahrt durch den Bayrischen Wald – inzwischen ist die Nacht hereingebrochen – »kommt, was ich schon lange habe kommen sehen, und was ich zu bannen dachte, indem ich es mir immer wieder prophezeite: die Reifenpanne. Der Wagen schleudert – es zischt – aussteigen, Werkzeuge auspacken – au, wie alles naß und kalt ist – aufbocken, tröstliche Selbstgespräche führen, Mantel ausziehen, Rock ausziehen, arbeiten.«

In diesem ungünstigsten aller Momente erscheint – ein Mann. Unsere einsame, wacker mit dem platten Reifen kämpfende Ford-Fahrerin bemüht sich, nicht die Nerven zu verlieren. »Er schlendert heran, ich bleibe rüstig bei der Arbeit, scheine mich für den Burschen gar nicht zu interessieren, während er mir im Grunde längst recht unheimlich ist.

Er bleibt stehen, schaut mir zu. Ich sage ›Guten Abend‹ und fange, gleich hinterher, sehr barsch zu fluchen an. ›Zum Donnerwetter‹, sage ich, ›schaun Sie sich den Saustall an!‹ Er ist erst still, dann meint er leise: ›Fürchten Sie sich nicht?‹ Ich drehe meine Schraubenschlüssel, hebe mein Rad und antworte hart: ›Fürchten? Quatsch! Eine Wut hab' ich, über den Dreck hier. Da, halten Sie mal, wenn Sie schon dastehen«, und ich gebe ihm fünf Schrauben in die Hand, damit er etwas zu tun hat.«

Auf diese Weise wird die Reparatur glücklich abgeschlossen, und die Fahrt kann weitergehen. Nun möchte der Unbekannte »noch ein Stück mitfahren, und ich heiße ihn einsteigen. Er kann nicht chauffieren, erzählt er, und ich schrecke ihn mit der Gefahr, die der Schnee birgt. ›Rühren Sie sich nicht‹, sage ich, ›stoßen Sie mich nicht, wir kleben sonst am Baum, eh' Sie sich's denken!‹ Als er, nach einer Weile, aussteigt, sind wir gute Freunde, und keiner denkt was Böses.« Unserer Autofahrerin fällt ein Stein vom Herzen, so aus dieser heiklen Situation herausgekommen zu sein. »›Darf man Angst haben?‹ sinniere ich.

Diese Situation war gar nicht angenehm. Wie wäre sie zu Ende gegangen, hätte der Mann einen Augenblick lang den Eindruck gehabt, ich fürchte mich? Der Satz vom Ermordeten, der schuld ist, hat bestimmt seine Richtigkeit...«¹

Während die Freuden und Leiden des Autofahrens nur sehr wenigen, begüterten Frauen vorbehalten blieben, breitete sich in der Frauenwelt ein anderes, bald heftig diskutiertes Phänomen sehr viel stärker aus: das Rauchen. Wenn es sich dabei auch vielfach um eine Modeerscheinung gehandelt haben mag, so war die Zigarette doch auch ein Symbol der neuen weiblichen Freiheiten. Nicht zufällig verewigte der Maler Otto Dix die Journalistin Silvia von Harden als offenbar starke Raucherin. Mit der brennenden Zigarette in der Hand, vor sich die offene Zigarettenschachtel auf dem Tisch, verkörpert diese bubiköpfige und monokelbewehrte Garçonne jenen modernen, emanzipierten Frauentyp, der sich nach dem Ersten Weltkrieg anschickte, männliche Bastionen zu schleifen – und dazu gehörte eben auch das Rauchen.

Bisher war dieser Genuß den Männern vorbehalten gewesen. Bei gesellschaftlichen Anlässen hatten sich diese nach dem Essen ins Herrenzimmer zurückgezogen, um sich gemütlich und unter sich an mehr oder weniger erlesenen Zigarren zu delektieren, während sich die dazugehörigen Damen unterdessen über das Konfekt herzumachen pflegten. Für Frauen war das Rauchen verpönt gewesen; nur Prostituierte, die ohnehin keinen Ruf zu verlieren hatten, rauchten ungeniert in der Öffentlichkeit. Mehr oder weniger bewußt sprengte die rauchende Frau also ein gesellschaftliches Tabu, was ungeachtet aller gesundheitsschädlichen Aspekte ein durchaus emanzipatorisches Moment barg.

In einer umfänglichen Studie über *Die rauchende Frau* von 1924 versucht R. Hofstätter diesem neuen Phänomen auf die Spur zu kommen.² Darin wertet er das Rauchen als ein Zeichen dafür, daß die Frau mit ihrer Geschlechtsrolle unzufrieden sei, daß sie die »Tendenz in sich hat, die Frau hätte dieselben Rechte wie der Mann«. Das Rauchen sei für Mädchen und Frauen »ein Symbol der Selbständigkeit, des Erwachsenseins, der autokratischen Lebensführung, der Freiheit, ein Symbol auch der Freiheit auf sexuellem Gebiete«. Im letzteren Sinne sei das Rauchen der Frau häufig als eine Aufforderung an den Mann zu verstehen, »sie lieber als Kameradin, statt als Dame zu behandeln. Die Zigarette im Munde der jungen Dame ist manchmal bewußt, viel häufiger unbewußt ein Zeichen für ihre Neigung zur ›Freiheit‹.« Derlei Emanzipationsbestrebungen sind dem Autor höchst suspekt. Im beruflichen Existenzkampf, dem sie neuerdings ausgesetzt war, verringere die Frau ihre Weiblichkeit. Das bringe ihr allerdings nicht »die Vorteile der Männlichkeit, sondern die momentanen vorübergehenden Genüsse und die ewigen Gefahren des männlichen Lebens; diese untergraben ihrerseits wieder die Weiblichkeit des Weibes. Statt ihren Wert im ›Anderssein‹ zu suchen und zu finden, sucht die Frau ihren Wert in einer scheinbaren Gleichheit mit dem Manne.«

Der Verfasser beschwört die Gefahr einer Vermännlichung von Raucherinnen herauf, die nicht einmal vor der körperlichen Erscheinung haltmachte. Das Gesicht von rauchenden Frauen und Mädchen etwa, meint er zu beobachten, sei »meist scharf geschnitten; durch den Mangel an subkutanem Fett prägt sich der Knochenbau des Schädels viel deutlicher aus und läßt die Nase kräftiger und schlanker erscheinen; ebenso das Kinn.« Weibliche Zartheit der Züge geht also im Zigarettendunst verloren. Gleichzeitig wird den Raucherinnen das echte, »männliche« Genießen abgesprochen. Ihnen komme es meist nicht so sehr auf den Nikotingenuß an. Viele Frauen würden eine große Anzahl von Zigaretten konsumieren, ohne »wirklich viel Tabakrauch in den Körper zu bekommen«. Dieses Paffen oder »Schein-Rauchen«, wie es der Autor nennt, diene vor allem der weiblichen Selbstinszenierung: »Die Frau hält das Rauchen für schick. Es bietet tatsächlich bei näherem Zusehen dem Weibe die Gelegenheit zu einer überraschend großen Menge von spielerischen und daher leicht anmutigen Bewegungen und Stellungen.«[3]

Raucherinnen sind in den Augen des Autors also einer törichten Modeerscheinung verfallen. Quasi als Gegengift schildert er in aller Ausführlichkeit möglichst abschreckende Fälle von starken Raucherinnen, die er als Frauenarzt zu behandeln hatte. Von Gesundheitsschädigungen aller Art, über sexuelle Probleme und Sterilität bis zu schweren psychischen Erkrankungen – Raucherinnen sind vor nichts sicher. Bisweilen erscheint ihr Laster als Ursache, manchmal auch nur als ein Ausdruck des jeweiligen Leidens, etwa der Pyromanie.

»Sport und Wettkampf stürzen Traditionen«

Während sich die einen in blaue Rauchwolken hüllten, begeisterten sich die anderen für das modische »Sporteln«. Die breite weibliche Bewegungs- und Körperkultur ist eine typische Erscheinung der zwanziger Jahre, als die Zahl der sportlich aktiven Frauen die Millionengrenze überschritt. War Frauensport bisher allenfalls ein privater Zeitvertreib privilegierter Kreise gewesen, durfte die moderne Frau nun nicht mehr auf sportliche Aktivitäten verzichten. »Kein Zweifel, das Sportsmädel beherrscht das Terrain«, beschreibt die Frauenzeitschrift *Elegante Welt* diesen Trend.[4] Gleichzeitig kam ein neues Schönheitsideal auf: Nicht länger galt die schwächliche, zu Blutarmut und Ohnmachten neigende, ins Korsett geschnürte Dame als vorbildlich. Attraktiv war nun das ebenso schlanke wie braungebrannte und gelenkige Sportgirl.

Gerade für die junge Frauengeneration spielte der Sport eine wichtige Rolle. Nicht jede Turnerin oder Badenixe wird allerdings auf den Gedanken gekommen sein, daß die sportgestählte Frau den »Mann von seiner Sicherheitsstellung« stürzen könne. Wie andere Vorkämpferinnen des Frauensports sah die Universitätsturn- und Sportlehrerin Clara Verständig im Sport einen vielversprechenden Weg zur Emanzipation der Frau. Gerade in der heutigen Zeit habe die Frau »eine derartig schwere Stellung, ja, sie steht doch während ihres ganzen Lebens im Kampf um ihre Freiheit, daß es natürlich für den Mann angenehm ist, wenn sie sich nicht im harten Training beim Sport auch allgemein kräftigt... Seine [des Mannes] ganze Furcht, ihm wohl unbewußt, rafft sich noch zu einer Drohung auf: wenn sich die Frau durch den Sport kräftigt, so daß sie sich nicht mehr anschmiegend fügt, wollen wir nichts mehr von ihr wissen.«[5]

In diesem Sinne wurde die Unterdrückungsgeschichte der Frau in einen direkten Zusammenhang gestellt mit der körperlichen »Degeneration« früherer Generationen. Bisher, so schreibt etwa Annemarie Kopp, eine Studentin an der Deutschen Hochschule für Leibesübungen in Berlin, in ihrer Diplomarbeit »Frau und Sport«, war die Frau »schwach und kraftlos«. Durch Kleidung und Sitten seien die Bewegungsmöglichkeiten des Körpers so herabgemindert worden, »daß ein Muskelwachstum kaum stattfand, die Stelle der Muskeln hingegen eine ausgiebige Fettschicht einnahm. Von Muskeln sah man am weiblichen Körper nichts mehr. Er war eine weiche, runde Masse, das Gegenteil zum kraftvollen männlichen Körper.« Noch das heutige Frauengeschlecht leide unter den Folgen der jahrhundertelangen Verbildung und Vernachlässigung des weiblichen Körpers.[6]

Das angeblich »schwache Geschlecht« wurde als ein gesellschaftlich bedingtes, keineswegs natürliches Phänomen entlarvt, dem mit sportlicher Ertüchtigung beizukommen wäre. Dabei ging es um weit mehr als das reine Muskelwachstum. Eine körperlich starke Frau würde, so die in den Sport gesetzten Hoffnungen, den Männern eher Paroli bieten.

Derlei Erwartungen erwiesen sich als weitgehend utopisch. Doch der Massensport eröffnete den Frauen einen neuen Bewegungsspielraum, auch im übertragenen Sinne. Beim Turnen und Sport, bei Gymnastik und Tanz wurden sie nicht nur fitter, sondern auch selbstbewußter.

Viele berufstätige Frauen sportelten so eifrig, »um gekräftigt und gestärkt erfolgreich den Kampf ums Dasein zu bestehen«.[7] Eine von ihnen war die bekannte Schriftstellerin Vicki Baum, die tagsüber bei Ullstein lektorierte, nächtens ihre Bücher schrieb und darüber hinaus noch Zeit für Mann und Kinder fand. Um ihren anstrengenden Lebensstil durchhalten zu können, absolvierte sie ein regelrechtes Fitness-Programm bei dem Boxtrainer Sabri Mahir, der nebenbei »Boxliebhaber, Sportsleute, Schriftsteller, Schauspieler« in Form brachte. »Ich weiß nicht, wie auch Frauen dazu kamen, sich in diese maskuline Welt zu wagen. Durchzuhalten vermochten jedenfalls nur drei oder vier; darunter Marlene Dietrich. Merkwürdigerweise war Sabri Mahir einfach unfähig, beim Training einen Unterschied zwischen Profis und denjenigen zu machen, die sich lediglich sportlich ausarbeiten wollten. Er war unnachgiebig. Stampfend, fluchend, schreiend gab er seine Kommandos, hetzte einen in sein Tempo und wollte nichts davon wissen, daß man keinen Atem, keine Füße, keine Arme, kein bißchen Kraft mehr habe und dicht vor dem Herzschlag stehe... Was mir Sabri Mahir gab, und was ich, bevor ich in die Vierzig ging, gut gebrauchen konnte, war, daß ich mir meiner Kräfte bewußt wurde... In diesem Punkt aber machte Sabri Mahir bei Frauen eine Ausnahme: kein Boxtraining im Ring, keine blauen Augen, keine blutenden Nasen. Für

*Ausgelassene Badefreuden in knappen Trikots waren so recht nach
dem Geschmack der endlich vom Korsett befreiten Frauen.*

uns genügte die Arbeit am Punchingball, da lernten wir einen ziemlich gemeinen linken Geraden und eine rasche Schlagfolge. Man weiß als Frau ja nie, ob man sich nicht einmal gegen einen Angreifer verteidigen muß, nicht?«

Ohne Murren unterwarf sich die eher zart gebaute Vicki Baum diesen Strapazen, weil sie merkte, wie gut ihr das Training tat, nicht nur in körperlicher Hinsicht. Daß Sabri Mahir »mir eine Selbstsicherheit einpflanzte, ganz, als könnte ich jeden Tag in die Lage kommen, kämpfen und dann unter allen Umständen siegen zu müssen, und mich daran gewöhnte, nie und nimmer aufzugeben, ist mir in jenen Jahren von großem Nutzen gewesen... Wenn ich zurückdenke, kann ich nur staunen, was für ein Arbeitspensum ich damals bewältigt habe. Ohne meine Stunden bei Sabri Mahir, in denen meine leeren Batterien wiederaufgeladen wurden, hätte ich das nicht geschafft.«

In der Tat, Vicki Baum lebte aus vollen Zügen: »Ich stand früh auf – hab nie nachgerechnet, wie viele oder wenige Stunden ich geschlafen hatte – und besprach alle Haushaltsfragen mit meinem Dienstmädchen, das man beileibe nicht mehr Dienstmädchen nennen durfte. Wir wohnten nahe den Grunewaldseen, und in der warmen Jahreszeit fuhren wir nach einem leichten Frühstück allesamt hinaus, um rasch ein paar Stöße zu schwimmen; im Winter ging ich, eine schlechte, aber begeisterte Schwimmerin, allein in ein Hallenbad. Dann brachten wir, mein Mann und ich, die Kinder zur Schule... Darauf fuhren wir in die Stadt – ich in die Redaktion, mein Mann zum Opernhaus. Einige Stunden Arbeit bei Ullstein, Konferenzen, Späße, Anregungen. In der Mittagspause jagte ich zu Sabri Mahir, arbeitete mich aus, schwitzte mich sauber, fühlte mich – gerieben, massiert und aufgeladen – wie ein ausgebeintes Huhn und aß mit ihm zu Mittag, nach strenger Diätvorschrift... Zurück zu Ullstein. Vier Stunden arbeiten, oft noch länger. Dann mit dem Bus oder Wagen nach Hause. Mit den Kindern spielen... War der befrackte Herr des Hauses gegangen, so plauderte oder spielte ich noch eine Weile mit den Jungen, dann gingen sie zu Bett, und ich schwemmte die Tagesmüdigkeit in einem heißen Bad aus.«

Andere wären nun wohl schlafen gegangen, nicht so Vicki Baum: »Und jetzt kam mein ›zweites Frühstück‹, wie ich es nannte, kam mein zweiter Tag. Jetzt hatte ich ein paar stille Stunden ganz für mich. In solchen Stunden habe ich meine

Romane geschrieben... Häufig riefen mich – Gott sei Dank – um Mitternacht gute Freunde an. ›Jetzt wird's aber Zeit, daß du aufhörst, komm lieber mit, tanzen – ist besser für dich. Gemacht?‹ Gemacht. Nach dreizehn oder vierzehn Stunden Arbeit tanzen – das trieb mir die Flausen aus Körper, Gehirn und Nerven.«[8]

Allmählich stieß die weibliche Sportbegeisterung auch auf Zustimmung in der Männerwelt, versprach man sich doch eine positive Wirkung auf die Gebärfähigkeit. Als in dieser Hinsicht besonders geeignet galt die Gymnastik. Aufgabe der Gymnastik sei »die Schaffung eines gesunden leistungsfähigen kräftigen und doch elastischen, d. h. ausdehnungsfähigen und wieder rückbildungsfähigen Rumpfes«, meinte ein ärztlicher »Experte« für Frauensport.[9]

Pionierinnen des Leistungssports – bewundert und verspottet

Nicht der Frauensport an sich war in den zwanziger Jahren noch strittig, solange die Frauen bei gymnastischen und tänzerischen Übungen blieben. Doch harte »männliche« Sportarten wie Motorsport, Skirennen, Fußball kamen für sie nicht in Frage, da war man sich weitgehend einig.

Überhaupt hielt man Frauen in physischer und psychischer Hinsicht für ungeeignet, Leistungssport zu betreiben. Mit pseudomedizinischen Argumenten versuchte man sie von sportlichen Wettkämpfen fernzuhalten. Während mäßige sportliche Aktivitäten als förderlich für die Gebärfunktion galten, behaupteten Ärzte vom Leistungssport das Gegenteil. Man ging davon aus, daß er zu einer Verfestigung der Beckenbodenmuskeln führe und dadurch die Geburt erschwere. Der bekannte Gynäkologe Sellheim etwa meinte: »Reiner Männersport usw. auf Frauen übertragen, würde die von den alten Geburtshelfern schon so gefürchtete Frau von der ›straffen Faser‹ züchten, wir brauchen aber die Frau von der ›nachgiebigen Faser‹.«[10]

Um derlei ebenso hartnäckige wie unbewiesene Behauptungen ein für allemal in das Reich der Legende zu verweisen, führten Ärztinnen, die sich für den Frauensport engagierten, empirische Untersuchungen durch. Hildegard Casper, die Sportlerinnen über ihre Geburtserfahrungen befragte, kommt zu dem Schluß: »Überblicken wir das Ergebnis der Umfrage, so können wir das eine mit größter Wahrscheinlichkeit erkennen: Eine Erschwerung des Geburtsvorganges ist durch den Einfluß der früher betriebenen Leibesübungen in *keinem Falle nachgewiesen.*«[11]

Die männliche Besorgnis um die weiblichen Geschlechtsorgane war, das meinte auch Alice Profé, eine der ersten deutschen Ärztinnen und entschiedene Vorkämpferin des Frauensports, überzogen und ungerechtfertigt. Schließlich würden die Fortpflanzungsorgane des Mädchens »beim Turnen ebensowenig eine aktive Rolle wie beim Knaben« spielen. Überhaupt seien die körperlichen Unterschiede zwischen den Geschlechtern »so geringfügig, daß sie eine verschiedene Art von Leibesübungen nicht rechtfertigen«. Es gebe eben keinen »weiblich gebauten und weiblich arbeitenden Muskel, der in ganz besonderer Weise auf die Anstrengungen durch Leibesübungen antwortet; es gibt kein anders geartetes weibliches Blut, keine weibliche Atmung, die besonders zu schwunghaften Übungen befähigt... So wenig die Frauen anderes essen als die Männer, um zu Kräften zu kommen, so wenig brauchen sie zu ihrer Kräftigung eine andere Art und einen anderen Betrieb von Leibesübungen.«[12]

Aber die Einwände der Männerwelt gegen den weiblichen Leistungssport gingen auch noch in eine andere Richtung. Als abstoßend und dem männlichen Schönheitssinn nicht zumutbar empfanden die Herren der Schöpfung den Anblick von sich in Wettkämpfen völlig verausgabenden Frauen. Dabei büße die Frau ihre Weiblichkeit ein, »und damit das Schönste, was wir an ihr schätzen«, meinte ein zartbesaiteter Beobachter eines 100-m-Laufs. Wenn die Sportlerin ihr »verzerrtes, hochrotes und schweißtriefendes Gesicht« sehen könnte, würde sie sich sicher überlegen, ob sie diese Übung weiter betreiben solle.[13]

Daß die Leistungssportlerin die nötige weibliche Anmut vermissen lasse, war keineswegs nur die Meinung einiger Ewiggestriger. Im Gegenteil, das »unwürdige Schauspiel« beim 800-m-Lauf der Damen während der Olympischen Spiele von 1928 in Amsterdam führte dazu, daß Frauen diese Strecke bei internationalen und nationalen Wettkämpfen nicht mehr laufen durften. Statt dessen traten sie künftig zu einem 80-m-Hürdenlauf an. Was war in Amsterdam passiert? Zwei kanadische Läuferinnen hatten sich hinter der Ziellinie zu Boden fallen lassen. Hede Bergmann, ärztliche Betreuerin der Sportlerinnen, sprach unmittelbar danach mit den beiden Läuferinnen: »Die eine hatte niemals 800 m trainiert. Sie lief lediglich als Schrittmacherin für ihre Landsmännin mit. Die andere war am ersten Tage unwohl. Beide waren außerdem psychisch derart enttäuscht über ihre nicht erwartete Niederlage, daß sie sich im Moment, als sie das Zielband erreicht hatten, gehen ließen und sich wohl zum Teil aus Wut auf den Boden warfen.«[14]

Mit einem Aufschrei der Empörung reagierte die in ihrem ästhetischen Empfinden gekränkte Männerwelt auf den Amsterdamer Vorfall, der künftig als abschreckendes Beispiel gegen den Frauenleistungssport angeführt wurde. Dabei blieb natürlich unerwähnt, daß für Sportler und Sportlerinnen zweierlei Maß galt, worauf ein Leserbrief an die *Frankfurter Allgemeine Zeitung* hinweist: »Soll man denn so weiblich zart besaitet sein, daß der Anblick erschöpft auf den Rasen fallender Frauen das

Für das modische »Sporteln« begeisterten sich immer mehr Frauen, einfach schamlos, fand so mancher Mann. Hier eine Lauf-Schwimm-Staffel am Berliner Landwehrkanal.

33

ästhetische Gefühl so tief beleidigt? Sport führt zu dem geflügelten Wort ›Kraft und Schönheit‹, aber bei dem Ringen der Nationen in Amsterdam geht es um Weltrekorde, um Spitzenleistungen, bei denen das Letzte aus dem Körper herausgeholt wird. Überanstrengung ist aber nie schön, sondern ihr ist immer der Stempel des Verzerrten aufgedrückt. Erlauben Sie mir zu fragen, ob der Anblick keuchend zitternder Männer, die nach der Verausgabung aller Energievorräte nach dem 1500-Meter-Lauf auch zusammenbrachen (lies: sich völlig entspannt zu Boden fallen ließen), so bedeutend erfreulicher anmutet?«[15]

Fassungslos mußten sportbegeisterte Frauen das Unglaubliche zur Kenntnis nehmen, »daß man die Frau, trotz aller ›Gleichberechtigung‹, im Grunde immer noch nicht als Vollmensch ansieht, immer noch glaubt, sie sei zur Erbauung des Mannes und zur Erhaltung der Art geschaffen, alles andere müsse doch immer in den Händen des Mannes bleiben«.

In den – von Männern definierten – ästhetischen Normen für sporttreibende Frauen erkannten emanzipierte Zeitgenossinnen einmal mehr die Unterdrückung der Frauen. Es sei so bezeichnend, meinte Clara Verständig, »daß der Mann die Anmut fordert. Er will also, daß die Frau für ihn Sport treibe, damit er ein angenehmes Schauspiel habe, damit er sich an ihren Bewegungen und an ihrem Körper freuen kann.«[16]

Bei den Männern zählte Leistung, bei den Frauen in erster Linie Anmut und äußere Erscheinung. Durch den Leistungssport laufe die Frau Gefahr, äußerlich zu vermännlichen, so war es jedenfalls immer wieder von den Gegnern des weiblichen Spitzensports zu hören. Unter wettkampfsporttreibenden Frauen glaubten sie eine besonders »große Zahl von virilen Typen« ausmachen zu können. Sportärztinnen versuchten diese Behauptung empirisch zu widerlegen. Hede Bergmann etwa, die bei einer kassenärztlichen Sportuntersuchungsstelle arbeitete, kommt zu dem Ergebnis, bei etwa 2500 untersuchten Personen sei »der Prozentsatz viriler Typen in keiner Weise höher als bei Nichtwettkämpferinnen« gewesen.[17] Nichtsdestotrotz entgingen selbst Stars wie die französische Tennisspielerin Suzanne Lenglen nicht entsprechenden Diffamierungen. Der hämische Spruch »scharfer Sport macht scharfe Züge« war unter anderem auf sie gemünzt.

Suzanne Lenglen, von dem französischen Dichter Claude

Vorbild sportbegeisterter Frauen und Zielscheibe männlichen Spotts:
der französische Tennisstar Suzanne Lenglen.

Anet als die »Göttliche« apostrophiert, war der erste weibliche
Weltstar im Sport. Als 21jährige gewann sie bei den Internationalen Tennismeisterschaften von England in Wimbledon 1920
alle drei Konkurrenzen – ein Novum in der Geschichte des Ten-
nissports. Wenig später triumphierte sie auch bei den Olympischen Spielen in Antwerpen. Sie holte zwei Goldmedaillen und
eine Bronzemedaille. Mit ihrer bisher einzigartigen Erfolgsserie
– 1922 und 1925 wiederholte sie den Dreifachsieg in Wimbledon – führte Suzanne Lenglen die »Argumente« gegen den weiblichen Spitzensport ad absurdum. Sie war eines der großen Vorbilder für Frauen, die sich nicht länger durch Warnungen vor
angeblich unweiblichen sportlichen Aktivitäten verschrecken
lassen wollten.

Auch Gertrud Ederle, die am 7. August 1926 als erste Frau
den Ärmelkanal durchschwamm, spielte für den Frauensport
eine solche Rolle. Über den Triumph der 19jährigen Meister-
schwimmerin aus den USA – Gertrud Ederle hielt den Weltrekord über 400 m Kraul und hatte mit der 4 × 100-m-Kraul-
staffel der USA bei den Olympischen Spielen in Paris 1924 die
Goldmedaille geholt – schreibt die zeitgenössische Sportpresse:
»Die Welt ist um eine Sensation reicher! Amerikas populäre
Schwimmerin Gertrud Ederle durchschwamm am Freitag den

Ärmelkanal. Sie startete vom Cap Gris Nez aus und erreichte bereits nach knapp 14 ¾ Stunden die englische Küste, wo ihr ein begeisterter Empfang bereitet wurde. Miß Ederle, die sich einer so erfahrenen Persönlichkeit wie dem Kanalbezwinger Burgeß anvertraut hatte, vollbrachte damit eine in der Welt wohl einzig dastehende Leistung. Einmal kann sie den Ruhm für sich in Anspruch nehmen, die erste Frau gewesen zu sein, die sich den Tücken des Ärmelkanals vollauf gewachsen gezeigt und ihn bezwungen hat, zum anderen schuf sie mit ihrer Zeit von 14 Stunden 42 Minuten einen Rekord, der wohl kaum noch zu unterbieten sein dürfte. Voll Stolz kann Burgeß auf seine Schülerin blicken, die sich durch ihren im vergangenen Jahr erfolglos verlaufenen Versuch nicht entmutigen ließ und mit zäher Energie nun in diesem Jahre ihr Ziel erreicht hat.«

Thomas W. Burgeß, der 1911 den Kanal durchschwommen hatte und Gertrud Ederle trainierte, begleitete seine Schülerin im Boot: »Halbwegs wurde das Meer recht ungestüm. Wir hielten eine Beratung im Boot ab, denn Miß Ederle sah schlecht aus, und wir gaben ihr den Rat, den Versuch aufzugeben. Sie antwortete: ›Warum?! Ich werde es diesmal bis zum Ende durchführen!‹ Einer der Herren im Boot, ein alter internationaler Champion, sprang einmal über Bord, um als Schrittmacher mit ihr zu schwimmen. Sie schwamm aber so schnell, daß er nach einer halben Stunde den Versuch aufgeben mußte. Sie war sehr ruhig, so oft ich mit Essen oder mit Ratschlägen an sie herantrat.«[18] Daß der Rekord Gertrud Ederles, übrigens der einzige absolute Weltrekord einer Frau, bereits wenige Wochen später durch den Kanalschwimmer Ernst Vierkötter unterboten wurde, tat der Einzigartigkeit ihrer Leistung keinen Abbruch.

Nur sehr allmählich wurden Frauen zu den Olympischen Spielen zugelassen: 1920 gab es lediglich die vier Wettbewerbe Tennis, Bogenschießen, Eiskunstlauf und Schwimmen für Sportlerinnen, 1928 durften endlich auch die Leichtathletinnen teilnehmen. Die Olympischen Spiele in Amsterdam im Jahre 1928 standen denn auch ganz im Zeichen der Frauen. Weltrekorde erzielten etwa die Polin Halina Konopacka im Diskuswurf und die amerikanische Sprinterin Elizabeth Robinson über 100 m in 12,2 sec. Die Leichtathletin Lina Radke-Batschauer holte im 800-m-Lauf die erste Goldmedaille für Deutschland.

Nicht zuletzt verhalfen die Veranstaltungen des Internationalen Frauensportverbands dem Frauensport zur Anerkennung. Aus Protest gegen die frauenfeindliche Politik des Internationalen Olympischen Komitees (IOC), das nur sehr zögerlich Sportlerinnen akzeptierte, veranstaltete der Internationale Frauensportverband – erstmals im August 1921 – eigene Weltspiele. Sportlerinnen aus den USA, Großbritannien, Frankreich und der Schweiz versammelten sich in Monte Carlo zu leichtathletischen Wettkämpfen. Auch ein Fechtturnier und ein Straßenradrennen standen auf dem Programm. Star dieser Frauen-Spiele war die Britin Mary Lines, die über 60 m Weltrekord (8,2 sec) lief und mit der Staffel über 4 × 200 m ebenfalls eine Weltrekordzeit (1:46,2 min) erreichte. Ferner gewann sie die Goldmedaillen im Weitsprung und im Speerwurf. Nach dem Erfolg von Monte Carlo wurden weitere Olympische Spiele für Frauen durchgeführt: 1922 in Paris, 1926 in Göteborg, 1930 in Prag und 1934 in London.

Gipfelstürmerinnen

Manche Sportarten wie Turnen, Gymnastik und Tanz galten als besonders »weiblich«, kam es hier doch in erster Linie auf Schönheit und Anmut an. Es war schick, Gymnastikstunden zu nehmen. Dem Sportgirl ging es mitunter gar nicht so sehr um den Sport an sich. »Um modern zu sein, treibt man eben ›Sport‹, oder man trägt auch nur ein Sportkleid, das genügt in vielen Fällen auch schon, um dazu gerechnet zu werden.«[19] Auf der anderen Seite führten einige herausragende Tänzerinnen wie Isadora Duncan, Valeska Gert und Mary Wigman vor, welches emanzipatorische Potential in eigenen ästhetischen Ausdrucksformen steckte.

Jenseits vom Massensport, der sich mehr oder weniger in traditionellen Bahnen bewegte, eroberten mutige Sportlerinnen trotz erheblicher Schwierigkeiten Terrains, die bisher reine Männerdomänen gewesen waren. Vom Skirennen bis zum Motorsport, vom Fußball bis zum Degenfechten – überall sah sich die sportliche Männerwelt mehr oder weniger zähneknirschend mit Damen konfrontiert, die vor nichts zurückschreckten.

Die Bergsteigerin Eleonore Noll-Hasenclever etwa gehörte zu

den besten Alpinisten Europas. Bevor sie 1925 am Bishorn im Wallis tödlich verunglückte, hatte sie die Nordwand des Breithorns und achtmal das Matterhorn bestiegen. Selbst Kampfsportarten waren für Frauen nicht länger tabu. Zum Zwecke der Selbstverteidigung – gegen männliche Angreifer – empfahl die KPD-Illustrierte *Der Weg der Frau* ihren Leserinnen das fernöstliche Jiu-Jitsu. »Seine Erlernung« sei auch »für die schwächste Frau möglich«, es komme lediglich auf eine systematische Ausbildung an.[20]

Auf die Dauer konnten die Sportorganisationen, in denen überall Männer das Sagen hatten, das Vordringen der Frauen nicht verhindern. Wurde ihnen die Aufnahme verweigert, gründeten die Frauen eben eigene Verbände, so etwa den Deutschen Damenruderverband oder den Deutschen Damen-Automobil-Club. Bei dessen Gründung habe man »in Sport- und Fachkreisen zunächst gelächelt, geglaubt, daß diese Vereinigung eine ›mondäne‹ Art der in Verruf gekommenen Kaffeekränzchen sei und die Sache durch eine Brille angesehen, die vielleicht vor 15 Jahren noch in ihrer Sehschärfe ausgereicht haben würde«, schreibt eine begeisterte Motorsportlerin 1928.

»Und wie anders ist es doch gekommen!« Inzwischen seien »Frauen am Steuer… auch in Deutschland keine Modeerscheinung mehr, sondern eine selbständige Gruppe im Kreise der Sportwelt. Daß uns das ›starke Geschlecht‹ ganz besondere Schwierigkeiten in den Weg legt, auch fachlich anerkannt zu werden, ist nichts Ungewöhnliches und ein Faktor, mit dem wir von vornherein gerechnet haben. Was aber soll man als Frau gegen ein Gutachten sagen, daß kürzlich der Psychiater Dr. Cropoll in einem Prozeßfall abgegeben hat. Er kam zu dem Schluß, daß unser Nervensystem in allen Fällen der Gefahr anders reagiert als das der Männer und wir somit durchaus ungeeignet zur Führung eines Kraftwagens seien! Mit sachlichen Gründen ist einer solchen ablehnenden Stellungnahme natürlich nicht beizukommen. Dieses sachverständige Gutachten ist jedoch ein Einzelfall. Ihm stehen Hunderte von Beispielen aus der Praxis gegenüber, die zwingend beweisen, daß gerade die Frau in schwierigen Situationen rein instinktmäßig einen hohen Grad von Geistesgegenwart besitzt.«[21]

Wie sie zu ihrer nicht nur für Frauen höchst ungewöhnlichen Sportart kam, erzählt die professionelle Fallschirmspringerin

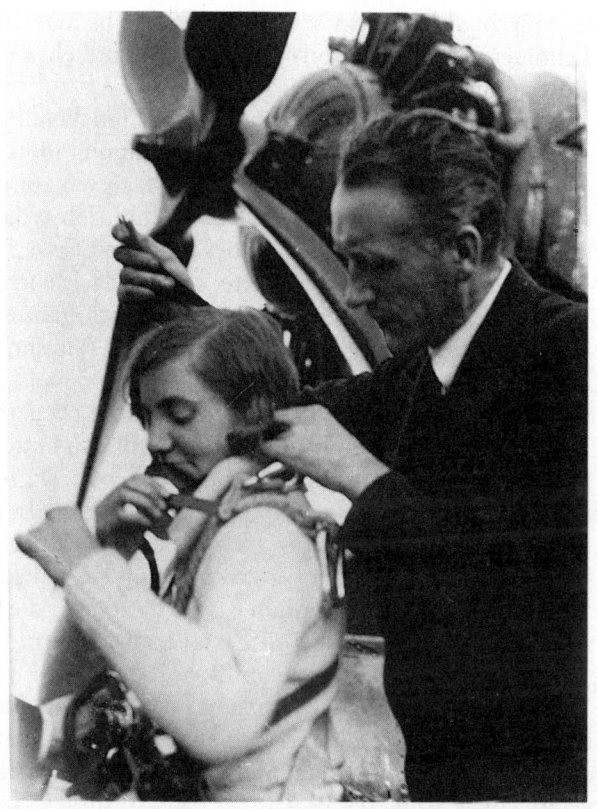

Lola Schröter vor ihrem nächsten Fallschirmabsprung.

Lola Schröter. Als junges siebzehnjähriges Mädchen, das nicht in einem Büro verstauben wollte, meldete sie sich im Jahr 1924 auf eine Anzeige hin, in der eine junge Dame für »Betätigung im sportlichen Beruf« gesucht wurde.

Bei der Vorstellung meinte ihr künftiger Chef, »ich käme doch wohl nicht in Frage, als ich aber drängte, erklärte er mir, daß es sich um Abspringen mit dem Fallschirm handelte und wie das gemacht würde. Das war ja damals sehr viel komplizierter als heute, wo es eingehende, ja viel zu eingehende Behördenvorschriften darüber gibt, wo man vor allem auch unendlich viel mehr Konstruktionserfahrungen gesammelt hat. Ich aber sagte einfach: Ja, selbstverständlich könnte ich das, obgleich ich keine blasse Ahnung hatte, trotz der langatmigen Erklärungen.« Lola

Schröter stürzte sich ebenso selbstbewußt wie bedenkenlos in das Abenteuer des Fallschirmspringens, um endlich »von zu Hause fortzukommen«.

Nach umständlichen Vorbereitungen und Trockenübungen sprang sie dann zum erstenmal ab: »Die Spannung in mir war riesengroß... Eine eigenartige Scheu hatte ich, als wir zum Flugplatz fuhren. Es war ein unerklärliches Gefühl. Ich wußte, es kam etwas Neues, etwas Entscheidendes für mein Leben. Daß es lebensgefährlich war, was ich vorhatte, so weit dachte ich noch nicht... Das Wetter hatte sich gebessert, für mich gab es nunmehr keinen Ausweg, als eben abzuspringen... Wir starteten. Ich hatte mich eigentlich auf das Fliegen gefreut, mein erster Flug! Schräg über den Rumpf schaute ich durch die Fliegerbrille, wollte genau sehen, wie das Fliegen vor sich geht. Ich hatte noch keine Zeit, über mein Empfinden nachzudenken... Da bekam ich schon einen Stoß von meinem Begleiter. Wir flogen doch erst wenige Augenblicke, es gefiel mir auch ganz gut, und ich sollte schon heraus? Meinen Manager angeschaut, und der nickte ungeduldig. Mit einer weit ausgeholten Runde hatten wir die Höhe von 700 m erreicht. Sorgfältig wollte ich herausklettern, wollte die Leinen peinlich klarhalten, denn es war doch ein Ereignis, und ich pflegte alles, nicht nur in meiner Fliegerei, mit einer gewissen Bedachtsamkeit zu tun. Ehe ich mich aber richtig auf den Rumpf hinsetzen konnte, kriegte ich einen Stoß, ich rutschte weg, bekam etwas Schweres, es war der Fallschirmsack, auf den Kopf, fiel, ohne es richtig zu merken, bekam einen mächtigen Ruck – und schwebte in der Luft. Dann erst kam der Schrecken, denn ich sah deutlich, daß ich nicht auf dem Flugplatz landen würde, sondern in eine tiefe Kalkgrube geraten mußte. Man hatte mich ja 1 Kilometer vor dem Flugplatz, also viel zu früh, aus dem Flugzeug herausgeschmissen. Unten, in der 20 Meter tiefen Grube, stellten die Arbeiter schleunigst die laufenden Maschinen ab, um mich aufzufangen, die ich ziemlich rasch den Steilhang herunterrutschte, nachdem ich mich noch sekundenlang an einer Wurzel hatte festhalten können. Hinter mir schleifte das Ungeheuer von Schirm. Mädchen wie Schirm blieben unverletzt!«[22]

Lola Schröter verdiente sich fortan ihr Geld mit dem Fallschirmspringen. Sie sprang bei Flugtagen und dergleichen Veranstaltungen ab, wobei es für die Zuschauer ein besonderer

Nervenkitzel gewesen sein muß, daß es eine Frau war, die da vor ihren Augen ihr Leben riskierte. Mit dem Rekordsprung aus 4400 m Höhe erreichte Lola Schröter die »Welthöchstleistung im Fallschirmabsprung für Frauen«. Nebenbei entwickelte sie sich zu einer begeisterten Hobbyfliegerin.

Die lästigen Hüllen fallen

Seit immer mehr Frauen den Sport für sich entdeckten, lockerte sich endlich auch die Kleiderordnung; moralische Erwägungen wichen allmählich funktionalen Gesichtspunkten. Bei den Skikostümen setzten sich die Hosen durch. Tennisspielerinnen erschienen in immer kürzer werdenden Falten- oder Plisseeröcken, die mit einem Sweater kombiniert wurden, oder in einem kurzärmeligen Plisseekleid mit Ledergürtel. Das unpraktische Turnkleid der Vorkriegszeit, also eine weite Rockhose und eine Matrosenbluse, war endgültig passé. Turnerinnen und Leichtathletinnen trugen nun ein Hemd mit kurzen Ärmeln und eine kurze Hose. Daß sie mit der neuen Kleidung endlich auch die nötige Bewegungsfreiheit für ernsthaftes Sporttreiben erhielten, wurde von den Sportlerinnen sehr begrüßt.

»Gerade wir Turnerinnen sollen das Bestreben haben, unserm durch Generationen vernachlässigten, durch sogenannte Kultur, Sittlichkeit und Mode vergewaltigten Körper wieder zur Entfaltung des freien Spieles seiner Kräfte und Schönheit zu verhelfen. Und das wollen wir, indem wir unseren Körper frei von jeder lästigen Kleidung in Luft und Sonne baden.«[23]

Konservativen Moralhütern war jedoch der Anblick kurzbehoster Sportlerinnen ein Graus. Ein allgemeiner Sittenverfall mache sich breit, wobei das »Überhandnehmen gewisser Badeunsitten in weitesten Kreisen« besonderen Anstoß erregte. Daß sich neuerdings in den Strand- und Sonnenbädern Badefreunde beiderlei Geschlechts und nur mit einem Badeanzug bekleidet tummelten, war ihnen ein Dorn im Auge. Gerade die modischen Badenixen, deren enganliegende Trikots weniger verhüllten denn offenbarten, ließen nichts mehr von »echter weiblicher Scheu und Zartheit des Empfindens« erkennen.

Der Bischof von Münster sah sich gar zu einem Hirtenbrief in dieser Sache veranlaßt. Es müsse »endlich wieder bei jeder Art von öffentlichem Baden die Trennung der Geschlechter durchgeführt« und »beim öffentlichen Baden in den Flüssen, ebenso wie an der See und in den sogenannten Freilicht-Luftbädern wieder allenthalben anständige Badekleidung getragen« werden. Für eine entsprechende Aufsicht sei zu sorgen, damit »Schamhaftigkeit und Sittsamkeit« gewahrt würden. Gerade der »ganz besonders schamlosen Sitte ... Badeplatz und Badestrand zu verlassen und in Badekleidung bis auf die Verkehrswege vorzudringen oder gar unterschiedslos unter den Geschlechtern im Badeanzug gesellig zu verkehren«, sei entschieden entgegenzutreten.[24]

Sicher, die neumodischen Badetrikots bildeten – jedenfalls in nassem Zustand – die Körperkurven so präzise ab, daß Modezeitschriften etwas üppigere Damen vor diesem Kleidungsstück eindringlich warnten bzw. dazu rieten, unmittelbar nach dem erfrischenden Bad einen Bademantel überzustreifen. Als anständiger galt der kurze Stoffanzug mit Matrosenkragen, der zumindest vor dem Sprung in das kühlende Naß locker am Körper saß.

Die allgemeine Begeisterung für das Baden und die dazu passende freiere Kleidung waren aus Amerika gekommen. Natürlich hatte es auch vorher schon – für entsprechend betuchte Leute – die Sommerfrische an der See gegeben. Die erholungssuchende Dame hatte aber meist Kindern und Kindermädchen die eigentlichen Strand- und Badefreuden überlassen, während sie promenierte oder gesellschaftlichen Vergnügungen nachging. Über ein gelegentliches rasches Eintauchen ins ach so kalte Wasser wird sie selten hinausgekommen sein. Welch anderes Bild bot sich der erstaunten Männerwelt wenige Jahre später: »Die Frau, die gestern abend noch in großer Toilette unnahbar und blasiert, geschminkt, gepudert und gemalt die ›Dame von Welt‹ war, sie ist nun im Wasser ein jauchzendes Kind, das Ball spielt; ein Knabe mit wundervoll schlanken Beinen, der in der Gischt tollt.«[25]

Ausgiebiges Schwimmen wie auch das Sonnenbad am Strand kamen erst mit dem allgemeinen Sportlichkeits- und Natürlichkeitstrend nach dem Ersten Weltkrieg so richtig in Mode. Teil dieses Trends war auch der neue Wunsch nach Sonnenbräune. Bisher in bürgerlichen Kreisen verpönt, galt ein braungebranntes Gesicht nunmehr als Ausdruck für Gesundheit und Wohlstand, als ein Zeichen dafür, daß man sich eine Auslandsreise leisten konnte. Amerikanische Touristen, die sich neuerdings in Scharen an der Riviera einfanden, kreierten gar den fotografischen Negativ-Look: Gebräunte Haut und gebleichte Haare. Für die freiere, bewegungsfreudige moderne Frau der Nachkriegszeit war natürlich auch das fischbeinverstärkte Schnürkorsett endgültig passé. Die Damenmode befreite sich von jenen moralisch verbrämten Zwängen, unter denen Generationen von Frauen hatten leiden müssen. »Aus diesen in Korsetts geschnürten, bis zum Halse mit gefälteltem Tuch verschlossenen, mit Röcken und Unterröcken behafteten, aus diesen beinlosen, künstlich bienenhaft taillierten und auch in der Regung und Bewegung künstlichen Wesen, aus dieser historischen Frau von vorgestern ist innerhalb einer einzigen raschen Generation die Frau von heute geworden, mit ihrem hellen offenen Leib, dessen Linie das leichte Kleid nur wie eine Welle klar überfließt, diese Frau, die – bitte nicht zu erschrecken – heute am hellen Tag dem Wind und der Luft und jedem männlichen Blick so aufgetan ist, wie vordem nur in gewissen geschlossenen Häusern die Damen, deren Namen man nicht aussprechen durfte. Aber weder sie noch wir empfinden diese Freiheit des Körpers, diese Freiheit der Seele heute im mindesten als unsittlich.«[26]

Als neues Schönheitsideal für die moderne Frau tauchte die bereits erwähnte Garçonne auf. Sicher nicht zufällig verleugnete die harsche Garçonne alle bisherigen femininen Schönheitsmerkmale. Möglichst schlank – knabenhaft – sollte der weibliche Körper sein, mit ebenso kleinen Brüsten wie schmalen Hüften. Frauen, deren natürliche Proportionen weiblicher ausfielen, griffen mitunter zu Gummileibchen und Hüftgürtel, um Po und Busen »flachzubügeln«. Ganz vorbei war es also noch nicht mit der Unterwerfung der Frauen unter das jeweils geltende Schönheitsdiktat.

Was die äußere Aufmachung anging, so trug die Garçonne kniekurze Röcke und sehr kurzgeschnittene Haare, etwa einen populären Bubikopf oder gar einen Herrenschnitt. Die »Augenbrauen wurden fast völlig ausgezupft, es gab grüne und scharlachrote Fingernägel, schreiende Münder und seltsam bemalte Augenlider«.[27] Der Garçonne-Stil richtete sich mit gerade geschnittenen Hemdblusen und -kleidern, Jacketts und sportlichen Jumpern so sehr an der Herrenmode aus, daß die »Vermännlichung« der Mode Anlaß zu einer Fülle von Karikaturen wurde.

Ungeachtet aller Witzeleien über ihre angebliche Vermännlichung wußten die Frauen die Bequemlichkeit und Bewegungsfreiheit, die sie in den neuen Kleidern ausgiebig genossen, sehr zu schätzen. »Sie will nicht männerähnliche, sondern eine Kleidung tragen, die ihrer Lebensweise, ihren sportlichen Neigungen, den modernen Verkehrsmitteln gemäß ist. Sie härtet ihren Körper gegen Strapazen ab, weil sie auf den männlichen Schutz verzichten will. So entsteht jene natürlich schlanke Figur, die freilich oft der Jünglingsgestalt näher kommt als einem Rubenschen Fleischberg; so nimmt die Kleidung automatisch jene Formen an, die der der Männerkleidung ähnlich werden... Die Frau vermännlicht nicht. Sie wird nur ein selbständiges Wesen.«[28]

Der Garçonne-Stil war jedenfalls der letzte Schrei. Als modisches Attribut war bald auch ein Monokel unverzichtbar, nachdem ein Mannequin bei einer Pariser Modenschau Anfang 1925 damit erhebliches Aufsehen erregt hatte. Zur weiteren Aufmachung dieser Vorführdame gehörten ein Filzhut, ein sehr gerade geschnittener Mantel, ein Seidentrikot-Blouson und ein ziemlich kurzer Rock. Aus den Pariser Modellen wurde die schlichte, nüchterne und – für die berufstätige Frau – praktische Konfektionsmode entwickelt, die zu halbwegs erschwinglichen Preisen in Kaufhäusern angeboten wurde. So trug die Büroangestellte tagsüber eine Kombination aus Falten- oder Plissee-Rock und Jackett oder Jumper. Bei entsprechendem Geschick ließen sich auf diese Weise Ausgaben sparen, ohne daß man ständig in gleicher Aufmachung erscheinen mußte.

Selbst das Abendkleid behielt die fast maskuline Einfachheit und Strenge weitgehend bei; die gerade Linie, die Taille und Hüften verbarg, war auch hier verbindlich. Wenn sich allerdings die Trägerin beim ausgelassenen Tanz heftig bewegte, ließen die Körperformen, die sich unter den weich fallenden Stoffen abzeichneten, an Deutlichkeit nichts zu wünschen übrig. Gleichzeitig gaben die straß- und paillettengeschmückten Tanzkleider natürlich genügend Beinfreiheit für die modernen Jazz-Tänze. Erst Anfang der dreißiger Jahre wich der strenge Garçonne-Stil einer weicheren, feminineren Mode, und aus den Bubiköpfen wurden seitlich gescheitelte Wellenfrisuren.

Mit der »boyish line« des Garçonne-Stils setzte sich auch eine sportliche Note in der Tagesmode der Damen durch, über den

»Um Himmelswillen, Lotte, was ist denn mit dir passiert?« – »Na, stell' dir vor: ich geh' heut' zum Friseur, setz' mich hin – da fängt der Dussel an, mich zu rasieren!«

Sport, der für die moderne Frau so wichtig geworden war, fand etwa die Hose Eingang in die Damenmode, und aus dem Falten-rock und Jumper der Tennisspielerin entwickelten Modeschöp-fer eine sportlich-elegante Tagesgarderobe, die Lichtjahre ent-fernt schien von dem, was noch wenige Jahre zuvor getragen worden war.

Rasanter und grundlegender hätte sich die Damenkleidung nicht verändern können: »Stellen Sie sich eine lange, im Lauf-schritt zurückgelegte Strecke vor, wie ein verlassenes Schlacht-feld bedeckt mit Dingen, die die Eilenden im Vorwärtsstürmen abgeworfen haben: Korsetts, Schleppen, falsche Zöpfe, Unter-röcke, Hüften, Waden, und am Ziel dieses Weges ein neues We-sen von kräftiger Anmut, den Golfstock in der rechten, den Vo-lant [Pkw-Lenkrad] in der linken Hand, den Fuß im Sattel und den anderen im Charlestonschritt, und bei all diesen Übungen mit einer Kunst gekleidet, die das Ergebnis einer im vollen Aus-maß beantworteten Frage ist: ›Wie ziehe ich mich an?‹ Vor al-lem der Sommer mit seinen auf Golf- und Tennisplätzen, im Auto und im Wochenendhaus verbrachten Tagen hat jenen schlichten und sportlichen Stil des Tagesanzuges geschaffen, in dem wir jeden Sport treiben können: den, bei dem man sich anstrengt, um mager zu werden, und den, bei dem man sich ausruht, um sich wieder anstrengen zu können. Daraus ist der Grundakkord unserer heutigen Kleidung geworden – eine sportliche Kombination aus Jumper und Faltenrock, Weste, Gürtel, Jacke und Cowboyschal, Filzhütchen, Ansteckblume, Taschentuch und Monogrammnadel.«[29]

Modeschöpfer kreierten Tages-Jumper aus edlen Garnen, elegante Jumperkleider und für den Abend etwa hüftlange Atlas- oder Goldlamé-Pullunder. Sportliche Kleidung versprach ein flottes Image, worauf die moderne Frau vor allem erpicht war, ganz unabhängig davon, ob sie aktiv Sport trieb oder nicht. Stars wie Suzanne Lenglen bekamen auch in dieser Hinsicht eine Vorbildfunktion. Als die Tennisspielerin – aus ganz praktischen Gründen – mit einem um die Haare gebundenen Tuch auf dem Tennisplatz erschien, dauerte es nicht lange, und die Garçonne trug ihren Bubikopf nur noch mit Haarband.

Erstmals wurde Mode zu einer Angelegenheit nicht nur der Haute Volée. Jene jungen Frauen, die als Verkäuferin oder Sekretärin über ein zwar nicht besonders üppiges, aber doch eigenes Einkommen verfügten, verhalfen der Modebranche zu einem einmaligen Aufschwung. Sie trugen einen nicht geringen Teil ihres Lohns in die Modeabteilungen der Kaufhäuser. Hier gab es für diesen neuen Kundinnenkreis erschwingliche Konfektion von der Stange. Mehr Frauen als je zuvor wollten modisch gekleidet sein. Dieses neue Modebewußtsein machte sich schon deshalb breit, weil Berufstätige viel mehr in der Öffentlichkeit standen und entsprechend auf ihr Äußeres achten mußten. Auf die Bedürfnisse dieser Kundinnen, für die natürlich teure Modelle der großen Courenturiers nicht in Frage kamen, war die neue Massenmode zugeschnitten. Für den schmalen Geldbeutel war auch das Selbstnähen eine populäre Alternative; Frauenzeitschriften verbreiteten einfache Schnittmuster, und in vielen Haushalten stand inzwischen eine Nähmaschine.

»Die Tanzwut feiert ihre tollsten Orgien.«

In den goldenen Zwanzigern wurde begeistert wie nie zuvor das Tanzbein geschwungen.[30] Eine regelrechte Tanzwut machte sich in allen gesellschaftlichen Schichten breit, sehr zum Ärger angesichts solcher Frivolität fassungsloser Spießbürger. Neue amerikanische Tänze wie der Foxtrott, der Shimmy und der Charleston kamen nach Europa, begeistert aufgenommen von einer Jugend, die sich nach der bedrückenden Erfahrung des Ersten Weltkriegs nach Freiheit und Vergnügen sehnte. Zu den heißen Rhythmen dieser Jazz-Tänze tobten Tänzer und Tänzerinnen über das Parkett, einen neuen Bewegungsspielraum genießend, der im krassen Gegensatz zu den gesitteten Schrittfolgen herkömmlicher Tänze stand. Beim Charleston – der Modetanz seit 1925 – ging man tief in die Knie, um dann Arme

Die vergnügungssüchtige Damenwelt tanzt Charleston. Otto Dix:
»Großstadt«.

rudernd, Hüften schwingend und die Beine x-förmig schwenkend wieder hochzukommen. Es kam nicht mehr auf die möglichst genaue Ausführung vorgeschriebener Bewegungsfolgen an. Dem Körpereinsatz waren keine Grenzen gesetzt, je origineller und spontaner, desto besser.

Nicht nur das hemmungslose Gehopse der kessen Jazzbabys erzürnte die Wächter über Anstand und Moral. Daß deren Kleider »nicht mehr imstande sind, die Blöße zu bedecken«, machte ihnen die Tanzwut um so suspekter. Ein gewisser W. Montanus läßt in der Zeitschrift *Die Lebenskunst* seinem Unmut über diese Modeerscheinung freien Lauf: »Wer die illustrierten Zeitschriften, besonders die in Berlin erscheinenden, durchsieht, wird oft Gelegenheit finden, Bilder von modernen Tanzlustbarkeiten zu sehen, über die jeder halbwegs anständige Mensch nur Ekel empfinden muß. Die Dämchen in Kleidern, die ... mit Recht als ›Dirnenkostüme‹ bezeichnet werden müssen, die Herren allerdings meist im elegantesten Frackanzuge, aber mit vollständig blasierten und geistlosen oder stumpfsinnigen Gesichtern, aus denen nichts weiter als moralischer Tiefstand zu ersehen ist. Dazu beide Geschlechter oft in Stellungen, die an Schamlosigkeit nicht zu wünschen übrig lassen. So erfordert es eine Anzahl der sogenannten ›modernen‹ Tänze. Zwei Jahre lang dauert nun schon dieses Treiben, und noch ist kein Ende abzusehen. Im Gegenteil, es wird immer schlimmer.«[31]

Unbeeindruckt von solcherlei Verdikten stürzte sich die Dame von Welt ebenso ausgelassen in das Tanzvergnügen wie die Büroangestellte, die vor ihrem grauen Alltag in die Glamourwelt der Tanzpaläste floh, nicht zuletzt in der Hoffnung, hier womöglich auf den Mann ihres Lebens zu treffen. Daß mit den neuen Tänzen die alte Rollenetikette vom Tanzboden verschwand und die bisher unangefochtene Führung durch den Mann spätestens dann hinfällig wurde, wenn wild ausholende Bewegungen die traditionelle Paarhaltung sprengten, wird die Tanzbesessenheit der Frauen nicht eben gebremst haben. Unaufhaltsam eroberten die Damen das Parkett; viele Tanzcafés führten die Damenwahl ein.

Marlene Dietrich brachte das weibliche Lebensgefühl dieser Zeit auf den Punkt. In dem Film *Der blaue Engel* (1930), der sie über Nacht zum Star der Epoche machte, singt sie: »Kinder heut abend, da such ich mir was aus,/ einen Mann, einen richtigen

Fertig zum Ausgehen.

Mann./ Wie er aussieht, mir egal,/ irgendeinen trifft die Wahl.«[32] Marlene Dietrich wurde, wie auch Lilian Harvey und Joan Crawford, als Charleston-Lady zum Vorbild für Millionen Frauen. Endgültig vorbei waren die Zeiten, als die Dame zu warten hatte, bis der Herr um einen Tanz bat, und führen lassen wollte sich der freche Flapper, wie das Charlestongirl genannt wurde, auch nicht mehr.

In einer zeitgenössischen Abhandlung eines Schweizer Tanzlehrers über den *Tanz als Weg zur neuen Kultur,* die sich anson-

sten nicht eben durch frauenemanzipatorische Tendenzen aus-
zeichnet, heißt es: »Dabei haben die meisten Tänzer die Mode,
ihre Dame, indem sie sie fest an sich drücken, zur Ausführung
nach ihrem Sinn und Wunsch zu zwingen. Kommt ihnen die jeder Bewegungsfreiheit beraubte Dame nach, ohne ihnen auf die
Füße zu treten, sind sie zufrieden und halten sie für eine glän-
zende Tänzerin. Es kommt ihnen gar nicht in den Sinn, daß
bei solchem Tanzen gar keine Rede von Harmonie sein kann,
und daß ihre Dame eigentlich gar nicht getanzt hat, sondern wil-
lenlos hin und her geschoben und gezogen wurde. Zusammen
tanzen heißt frei und bewußt auf die Bewegungen voneinander
eingehen...«[33]

Nun legte das »schwache Geschlecht«, unaufgefordert und
ohne des starken männlichen Arms länger zu bedürfen, eine
kesse Sohle aufs Parkett. In der Tanzwut der Weimarer Damenwelt machte sich die allgegenwärtige Rollenauflösung bemerkbar; es gab sogar einen »Ehescheidungstanz«. Im Charlestonfieber gerieten selbst biedere Ehefrauen außer Rand und Band,
schwenkten – befreit von Korsett und dem Anstandskodex des
untergegangenen Kaiserreichs – begeistert Hintern und Hüften,
wobei sie sich wenig um das gekränkte Moralempfinden gewisser Herren gekümmert haben werden. Noch einmal der bereits
zitierte Herr Montanus: »Selbst Leute, die sonst ganz vernünftig
erscheinen, werden von der allgemeinen Tanzwut ergriffen.
Wenn ich sehe, wie junge Damen, die mir persönlich nahe stehen
und die ich in ihrem Berufe oder im Haushalt als tüchtig und
zuverlässig kennen gelernt habe, wie von Furien getrieben,
gleichfalls dem Tanzboden zueilen, dann übermannt mich ein
tiefes Bedauern.«[34]

Neben allem anderen war es die besonders erotische Note der
neuen Tänze, die sittenstrengen Bürgern die Schamesröte ins Gesicht trieb. Nicht zufällig erforderten die Jazz-Tänze einen
ebenso regen wie sinnlichen Einsatz von Bauch, Hüften und
Hintern, waren sie doch letztlich afrikanischen Ursprungs. Was
die Europäer – je nach Sichtweise – in ekstatische Verzückung
oder schamhafte Entrüstung versetzte, waren die Tänze der
Schwarzen Amerikas, die nach dem Weltkrieg Europas Tanzbö-
den eroberten. Wenn Josephine Baker, das große schwarze
Tanzidol dieser Zeit, ihr Hinterteil in unnachahmlicher Weise
hüpfen ließ, gingen ihrem weißen Publikum die Augen über.

Josephine Baker verkörperte den schwarzen Tanz wie kaum eine andere Tänzerin. Die Revuetänzerin und Chansonsängerin kam erstmals 1925 – mit der Revue Nègre – nach Europa, das ihr bald zu Füßen lag. Zunächst trat die Charleston-Königin in Paris auf, wo sie nach überwältigendem Erfolg ein eigenes Kabarett Chéz Joséphine eröffnete. 1928 kam sie bei ihrer ersten großen Europa-Tournee auch nach Berlin; eine Welttournee folgte. Josephine Baker tanzte fast nackt, nur mit einem Satinslip und einem Bananenröckchen bekleidet. Unter wilden Zuckungen des ganzen Körpers fegte sie wie ein Wirbelwind über die Bühne. Die zwanglose Erotik und »diabolische Intensität« ihres Tanzes zog Zuschauer und Zuschauerinnen gleichermaßen in den Bann. Nach dem frechen Einsatz des Hinterteils, eine Art Markenzeichen Josephine Bakers, wurde ein neuer Tanz, der »Black Bottom«, benannt. Als »schwarze Venus« und das »Mädchen mit dem Bananengürtel« wurde sie weltberühmt. Später adoptierte Josephine Baker elternlose Kinder aller Hautfarben, für deren Unterhalt sie bis kurz vor ihrem Tod 1975 in Paris als Showstar auftrat.

Josephine Baker. Zeichnung von Paul Colin.

In den europäischen Vergnügungsmetropolen Paris und Berlin eiferten die Frauen mit mehr oder weniger Erfolg dieser großen schwarzen Tänzerin nach. Wenn sie in den neuen »Negerbars«, zum Beispiel im Berliner Biguine, zu Charleston-Rhythmen die Glieder verrenkten, mögen sie vielleicht etwas von der ursprünglichen Vitalität des schwarzen Tanzes empfunden haben. Der Nachahmungseifer ging so weit, daß sich die Frauen sogar die Gesichter dunkel schminkten.

Eintänzer im Dienste der Damenwelt

Die Weimarer Tanzwelle spülte nicht nur die selbstbewußte Tänzerin auf das Parkett. Eine zeittypische Erscheinung war auch der Gigolo oder Eintänzer, der gegen ein entsprechendes Honorar meist nicht mehr ganz jungen Damen die neuen Tänze nahebrachte. Gigolos wurden je nach Bedarf nur für einen Tanz oder auch für den ganzen Abend in Dienst genommen. Hintergrund dieses Phänomens war der enorme Frauenüberschuß nach dem Ersten Weltkrieg. Nie zuvor hatte es mehr alleinstehende, darunter viele verwitwete Frauen im heiratsfähigen Alter gegeben, die sich nach den schweren Kriegszeiten endlich wieder richtig amüsieren wollten. Fehlte der geeignete Tanzpartner, scheuten sie sich nicht, einen professionellen Herrn in Anspruch zu nehmen. Gigolos rekrutierten sich häufig aus dem Kreis der demobilisierten Berufsoffiziere, die es schwer hatten, im zivilen Leben Fuß zu fassen.

Einer der jungen Herren, die damals auf dem Tanzparkett zu Diensten waren, wurde später Hollywoods wohl berühmtester Regisseur: Billy Wilder kam als junger Journalist in das Berlin der zwanziger Jahre. Aus Geldnot betätigte er sich vorübergehend als Eintänzer im Hotel Eden, wo er begüterte Damen beim 5-Uhr-Tee im Tangoschritt und Quickstep über das Parkett schob.

Daß sich selbstbewußte Damen in Umkehrung der traditionellen Rollenverhältnisse ohne Skrupel einen Gigolo nahmen, erfüllte so manchen Zeitgenossen mit frauenfeindlicher Empörung. In der Zeitschrift *Sozialistische Republik* erschien 1927 ein Artikel über den Eintänzer »Johnny«: »Von 4 bis 8 tanzt er in der Diele, von 9 bis 1, manchmal bis 2 oder 3 Uhr nachts, im Tanzsalon. Keine Frau darf sitzenbleiben. Johnny walzt Dicke und Dünne, Bubiköpfe aller Art, Eton und Herrenschnitt, Lorgnetten, Monokel, eckige Hornbrillen, Ehefrauen, Mädchen, geschiedene Frauen und Fürstinnen mit Abfindungssumme, Emanzipierte, Rechtsanwältin oder Directrice mit Beruf. Geile Knie streifen ihn, geile Augen berühren ihn, geiler Atem umweht ihn.«[35] Eine andere Variante der Tanzlustbarkeit für Frauen waren die sogenannten Witwenbälle, die sich in der Nachkriegszeit großer Beliebtheit erfreuten.

Zugleich waren die goldenen Zwanziger die Zeit der großen Revuen, bei denen Tanzeinlagen leicht bekleideter, im Gleichtakt die Beine schwenkender Girl-Truppen nicht fehlen durften. Stars dieser Girlkultur waren die Tiller-Girls aus London, die 1924 mit einer Mammut-Show nach Berlin kamen und das Publikum im Sturm eroberten.

Während das Charlestonfieber Ausdruck und Vehikel eines neuen weiblichen Selbstbewußtseins war, gilt für die Girlkultur eher das Gegenteil: Nicht auf den individuellen Ausdruck, sondern auf den perfekten Gesamteindruck kam es an, der im wesentlichen auf den völlig synchronen Bewegungen der Tänzerinnen basierte. Trotz aller Frivolität der Darbietung hatte die Uniformität von Kleidung und Bewegung etwas Militärisches an sich, was ihrem Erfolg allerdings keinen Abbruch tat. Im Gegenteil, die Girls demonstrierten jene stramme Disziplin, die dem auch in der Weimarer Zeit noch lebendigen Untertanengeist der Kaiserzeit so sehr entsprach.

Körperseele, Groteske, Ekstase – der Kunsttanz explodiert

Während das Charlestonfieber um sich griff und die Revuegirls ihre Erfolge feierten, entstand auch im Kunsttanz etwas Neues: der moderne Ausdruckstanz.[36] Ausdruckstanz – das war jener die Fesseln des klassischen Balletts sprengende, expressionistische Tanzstil, der in den zwanziger Jahren die deutschen Bühnen eroberte. Wegbereiterin war die Amerikanerin Isadora Duncan, die sich einem natürlichen Tanzstil verschrieben hatte, der die sterilen Figuren des klassischen Balletts ablösen sollte. Bereits um die Jahrhundertwende formulierte sie ihr Manifest »Der Tanz der Zukunft«, in dem sie sich für die »Freiheit des Weibes

in ihrem Tanz« starkmachte. Nur die Bewegungen des unge-
hemmten, nackten Körpers seien – als Ausdruck der Seele –
schön und natürlich, während das klassische Ballett den Leib
verunstalte.

Am liebsten wäre Isadora Duncan nackt aufgetreten, mußte
sich jedoch den Moralvorstellungen ihrer Zeit beugen und wenigstens ein leichtes Gewand tragen, das allerdings weniger ver-
hüllte als offenbarte. Von den künstlerischen Leistungen Isadora Duncans zeigt sich Max von Boehn in seinem bekannten
Buch *Der Tanz*, das 1925 erschien, wenig überzeugt, würdigt sie
aber als Pionierin des Ausdruckstanzes: »Als Künstlerin hat Isadora Duncan versagt. Sie verblüffte, weil das, was sie tat, neu
war, nicht weil es gefiel. Der Körper war durchgearbeitet, aber
nicht schön, die unfreundliche Natur hatte die Tänzerin im Stich
gelassen, indem sie ihr ein wenig erfreuliches Gestell mitgab. Sie
hopste auf der Bühne herum mit Arm- und Beinbewegungen, als
finge sie Fliegen, aber mochte zehnmal jede Nuance einer alten
Vase abgesehen sein, es war zusammen doch kein Ganzes,
nichts, was ein innerer Zwang beseelt hätte. Aber was sie als
Tänzerin schuldig blieb, hat sie als große Anregerin gutgemacht.
Miß Duncan hat den Tanz wieder in seine Rechte als individuelle Kunst eingesetzt, sie hat die Bahn freigemacht für den neuen
Tanzstil, der sich an der schematischen Akrobatik des Balletts
nicht mehr genügen läßt.«[37]

Isadora Duncan revolutionierte nicht nur den Tanz, sondern
hatte immer auch die Emanzipation der Frau im Auge. Als ihre
Geschlechtsgenossinnen sich noch züchtig ins Korsett zwängten, propagierte sie die natürliche Freiheit des Körpers und der
Seele. Die Ehe war der unverheirateten Mutter von zwei Kindern
quasi als »gesellschaftliches Korsett« höchst suspekt. In ihren
Memoiren schreibt sie: »Jede intelligente Frau, die einen Hei-
ratskontrakt gelesen hat und sich dareinfügt, verdient alle daraus entstehenden Konsequenzen. Meine persönliche Ansicht
sei, daß die Frauenbewegung erst dann völlige Unabhängigkeit
bedeutete, wenn jede Frau geschworen hat, die Ehe abzuschaf-
fen.«[38]

Am 14. September 1927 kam Isadora Duncan bei einem tragi-
schen Unfall ums Leben: Als sie im offenen Sportwagen durch
Nizza brauste, verfing sich ihr Schal im Hinterrad des Autos und
erdrosselte sie.

Untrennbar mit dem Ausdruckstanz verbunden ist der Name Mary Wigman. Sie vor allem war es, die den neuen Tanzstil nach dem Ersten Weltkrieg in Deutschland populär machte. Beeinflußt von Isadora Duncan und dem Tanzpädagogen Rudolf von Laban, kam es Mary Wigman vor allem darauf an, Stimmungen und Gefühlen in freien Bewegungen Ausdruck zu verleihen. Dabei schreckte sie zum Beispiel als tanzende »Hexe« nicht vor »unweiblichen«, aggressiven Bewegungen zurück. Die festgelegten Bewegungsfolgen des klassischen Balletts spielten für Mary Wigman keine Rolle mehr. Sie tanzte »Tod«, »Trauer« oder »Leid« nach eigener Eingebung.

Als selbstbestimmte Tänzerin wurde sie zum Vorbild vieler Frauen. Im neuen Tanz zeigte sich, so empfanden es viele, die Emanzipierung der Frau, denn er sprengte mit »männlicher« Geste Grenzen und machte den Blick frei. In Scharen strömten vor allem junge Frauen in die Tanzschulen Mary Wigmans, die sie seit 1920 in Dresden und anderen Städten gründete. Offenbar entsprach das Ringen um den Ausdruck der »Körperseele«, diese Suche nach sich selbst, einem psychischen Bedürfnis der weiblichen Jugend jener Zeit. Als Tanzpädagogin verfolgte Mary Wigman vor allem das Ziel, daß ihre Schülerinnen eine ihnen gemäße, individuelle Ausdrucksweise entwickelten.

Allerdings hatten sicher nicht alle der wohlgebauten Mädchen aus gutem Haus, die bei ihr in die Lehre gingen, das Zeug zu einer Tanzkarriere. Angesichts der wenig originellen Darbietungen vieler Wigman-Schülerinnen kann sich ein Feuilletonist des *Hamburger Fremdenblatts* die bissige Bemerkung nicht verkneifen: »Von hundert Tänzerinnen, die Trauer tanzen, machten neunundneunzig Folgendes: Sie trugen zunächst einmal einen schwarzen Schleier, dann gingen sie langsam hinauf auf das Podium, und dann ließen sie sich auf den Boden nieder und krochen dort mit schmerzverzerrtem Gesicht umher.« Und weiter: »Ganze Generationen haben von der Wigman gelebt.«[39]

Während die Ausdruckstänzerinnen Gret Palucca, eine Schülerin Mary Wigmans, oder Margarete Wallmann, die die Wigman-Schule in Berlin leitete, stark vom Wigmanschen Tanzstil geprägt waren, bildete Valeska Gert, die Erfinderin des Grotesktanzes, den künstlerischen Gegenpol zu Mary Wigman.

An der bissigen Radikalität ihres exaltierten Tanzes schieden sich die Geister – Valeska Gert wurde gleichermaßen bejubelt wie ausgebuht. Von den Anfängen ihres Grotesktanzes, jener explosiven Mischung aus pantomimischen, clownesken, kabarettistischen und schauspielerischen Elementen, erzählt sie später: »Die Tänzerin Rita Saccetto wollte einen Tanzabend mit Schülerinnen geben, hatte aber nicht genügend. Sie entlieh mich von Frau Moissi. Tanzen lernte ich nicht weiter, aber ich machte mir einen Tanz zusammen mit meiner Freundin, der Frau von dem Maler Erich Heckel. Ich tanzte knabenhaft, sehr frisch und etwas brünstig. Siddy Heckel war zart und dekadent, bizarr waren wir beide. Einen Tag vor dem Tanzabend erfand ich aus meinem Körper heraus eine weit abstehende orange Pluderhose, die oberhalb der Knie endete. Den Oberkörper wickelte ich eng ein. Das Gesicht schminkte ich mir kalkweiß, die Augen knallblau, band knallblaues Band um den Hals und um die Füße. Denn mir gefielen weder nackte Füße noch Ballettschuhe, die Uniformen der Tänzerinnen. Dieses Kostüm wurde, abgewandelt, eine Zeitlang das klassische Kostüm für alle Tänzerinnen, wenn sie Grotesken machten. Kurz darauf trat ich zum erstenmal mit Absatzschuhen auf; das war damals genauso ein Wagnis, wie soundso viele Jahre vorher das Barfußtanzen der Duncan. Ich brachte zum erstenmal starke, reine Farben auf die Bühne und plakathaft einfache Formen.

Nun hatte ich aber gar keinen Tanz für dieses Kleid. Ich dachte mir ganz flink eine Folge von Schritten aus, vor dem Publikum bekamen sie ihr Gesicht. Sie wurden zu draufgängerischen Gesten, die jäh in ängstliche und abwehrende umschlugen. Dadurch, daß ich unvermittelt hintereinander hart und sanft setzte, gestaltete ich zum erstenmal in Ausdruck und Bewegung etwas für unsere Zeit sehr Charakteristisches, die Unausgeglichenheit. In diesen beiden Anfangstänzen waren im Keim bereits alle späteren enthalten. Als ich am Abend auf die Bühne schoß, war ich so übermütig und so sehr erfüllt von dem Triebe, das Publikum aufzurütteln, daß ich wie eine Bombe in diese von den anderen geschaffene Atmosphäre der Lieblichkeit hineinplatzte. Im Publikum war ein Aufruhr. Die einen trampelten vor Begeisterung, die anderen pfiffen vor Wut. Auch der Tanz mit Siddy machte großen Eindruck.«

Der turbulente Auftritt war wohl so recht nach dem Geschmack Valeska Gerts, erregte jedoch offenbar den Unwillen sittlich gestimmter Bürger derart, daß sie die Ordnungshüter einschalteten. Am »nächsten Tage rückte uns die Polizei auf die Bude. ›In diesen ernsten Zeiten dürfe nicht unzüchtig getanzt werden.‹ Wir mußten der Reihe nach der Polizei vortanzen. Als ich drankam, hatte Rita Saccetto Angst. Aber während die Polizei an allen übrigen etwas auszusetzen hatte, begutachtete sie mich wohlwollend. Ich zählte nämlich bei jedem Schritt, den ich machte, vor mich hin, so daß ich wie eine brave Schülerin wirkte, die nur daran denkt, nicht aus dem Takt zu kommen. Ich war gerettet.«

Valeska Gert hatte genug Aufsehen erzeugt, um weitere Auftrittsangebote zu bekommen. Sie und Siddy Heckel sollten im Kino am Nollendorfplatz zwischen den Filmen tanzen. Hier spielten sich dann jeden Tag »die tollsten Skandale ab. Das Publikum schrie, klatschte und pfiff, so daß wir kaum die Musik hören konnten. Es war der erste Durchbruch vom ästhetischen Tanz einer bürgerlichen Kultur zum Dynamischen einer neuen, härteren Zeit. Meine Partnerin konnte die Anpöbelungen des Publikums kaum aushalten. Sie fiel die ersten Male halb ohnmächtig in die Kulissen, während für mich dieser Krach Lebenselement war. Ich schmiß mich mit immer neuer Begeisterung über die Bühne. Meine Kampfeslust stieg. Ich wollte über alle Grenzen hinaus, meine Bewegungen streckten sich und wurden übergroß, mein Gesicht verwandelte sich in Masken, mein Rhythmus wurde knallig, bis nur noch ein Motor stampfte, und ich schien ›grotesk‹. Die Leute schrien.« Das war der ehrwürdigen Ufa denn doch zuviel, das Gastspiel wurde nach acht Tagen nicht mehr verlängert.[40]

Valeska Gert, die in Berlin ein – unter ständigen Finanzschwierigkeiten leidendes – Kabarett betrieb, kannte keine Rücksichtnahme auf moralische Empfindlichkeiten. Eine ihrer anstößigen Tanznummern hieß »Gruß aus dem Mumienkeller«; mit Vorliebe stellte sie gesellschaftlich geächtete Personen, Prostituierte oder gefallene Mädchen, dar. Als Jüdin und »entartete Künstlerin« wurde sie in nationalsozialistischer Zeit doppelt angefeindet. Schließlich emigrierte sie in die USA, wo sie in New York die Künstlerkneipe Beggar Bar aufmachte. Später kehrte sie wieder in die Bundesrepublik zurück. Sie unterrichtete und trat noch bis ins hohe Alter im Ziegenstall in Kampen auf Sylt auf.

Ein im Berlin der Nachkriegsjahre gefeierter Tanz- und Filmstar, deren Namen heute kaum noch jemand kennt, war Anita Berber. Weniger ihr großes tänzerisches Talent als ihre provozierenden Auftritte und ihr exzentrischer Lebenswandel machten die »Königin der Boheme« zu einer Sensation der Vergnügungspaläste. Die Journalistin Grete Müller erinnert sich: »Anita stand auf einem Gipfel, umbrandet von Begierde, von Klatsch, vom heißen, künstlich hellen Licht der Nachtlokale. Sie war eine der ersten Nackttänzerinnen. Zu einer Zeit, da die Frauen noch dick waren und ihren Überschuß an Fett klug und schämig hinter Kleiderhüllen verbargen, sprang sie mit ihrem gertenschlanken splitternackten Körper ins Rampenlicht. Damals war Nacktheit noch eine Sensation, und über ihr Kostüm, das aus einem einzigen Brillanten bestand, sprach die halbe Welt.«[41]

Berlins Gesellschaft und die Bürger, die auch mal lasterhaft sein wollten, drängten sich in den berühmten Vergnügungslokalen, im Wintergarten, im Apollo, im Nelson, in der Weißen Maus, wenn die verruchte Anita Berber auftrat. Wie sehr sie darunter litt, daß ihre Kunst nicht ernst genommen wurde, daß man sich nur an ihrem nackten Leib ergötzen wollte, beschreibt der Journalist Fred Hildenbrandt, von 1922 bis 1932 Feuilletonchef des *Berliner Tageblatts* und Kenner des zeitgenössischen Tanzes, in seinen Erinnerungen: »In der ›Weißen Maus‹ verpulverten die besseren Handlungsreisenden ihr Gehalt, ihre Ersparnisse und ihre Spesen. Hier erschienen die munteren älteren Herren aus der Provinz mit gefülltem Portemonnaie. Hier saßen echte und unechte Gentlemen. Hier saßen auch die Gewaltigen der Unterwelt und die unzähligen Damen aus der Friedrichstraße mit ihren kurzfristigen Kavalieren. Ein Mädchen der Gruppe Anita Berber war gewöhnlich zu haben. Nur Anita Berber selber war nicht zu kaufen. Und sie zeigte das. Jedesmal, wenn ich mit Dr. Peter Sachse [dem Besitzer] seine ›Weiße Maus‹ betrat, kamen wir zum Auftritt der perversen Tanzgruppe zurecht. Wir hatten es so eingerichtet. Wir wollten diese gelungenen Imitationen von Leichen sehen… Die Gäste waren um diese Zeit nach Mitternacht bereit für den apokalyptischen Anblick einiger hemmungsloser Mänaden jenseits der Rampe.

Anita aber nahm ihre Vorführungen bitterernst. Deshalb nahm sie jede Störung tragisch. Zurufe beantwortete sie mit unanständigen Ausdrücken. Jedoch drehte sie sich währenddessen in ihren durchsichtigen Schleiern weiter feierlich hin und her. Es

»Koreanischer Tanz«, Anita Berber in einem Phantasiekostüm.

dauerte nicht lange, und das ganze Lokal versank in einem tosenden Abgrund von Geschrei, Gezeter und Gelächter. Dann sprang Anita in rasender Wut über die Rampe hinweg, griff nach der nächsten Sektflasche und hieb sie dem nächstbesten Gast auf den Kopf. Dabei kippte sie kunstvoll Tische um, warf Stühle zur Seite. Der Geschäftsführer, ein Mittelgewichtsmeister, riß die tobende Tänzerin zurück, die Kellner versuchten, in dem Wirrwarr die Tische und Stühle aufzurichten. Und dann war plötzlich Stille und Ruhe. Jedermann setzte sich wieder, und der Tanz ging weiter bis zum bitteren Ende.« Als Hildenbrandt anschließend versuchte, die Tänzerin zu einer duldsameren Haltung ihrem Publikum gegenüber zu bewegen, erwiderte diese erbittert: »Die Vorführung ist mir Ernst. Ich habe das mit den Mädels lange einstudiert. Wir tanzen den Tod, die Krankheit, die Schwangerschaft, die Syphilis, den Wahnsinn, das Sterben, das Siechtum, den Selbstmord, und kein Mensch nimmt uns ernst. Sie glotzen nur auf unsere Schleier, ob sie nicht darunter etwas sehen können, die Schweine.«[42]

Anita Berber brauchte den Skandal zum Leben, wie andere ihr tägliches Brot. Sie schnupfte Kokain, trank und prügelte sich. Einmal biß sie einer Dame, wie Klaus Mann berichtet, fast den Finger ab, mit dem diese auf sie gezeigt hatte. Sie fühlte sich zu beiden Geschlechtern hingezogen, heiratete binnen weniger Jahre dreimal und lebte zeitweise mit Susi Wanowski, der späteren Besitzerin des Damenclubs Garçonne, zusammen.

Als Klaus Mann sie 1924 kennenlernte, so schreibt er in seinen »Erinnerungen an Anita Berber«, war sie schon eine Legende. »Sie war erst zwei oder drei Jahre berühmt, aber schon ein Symbol geworden. Verderbte Bürgermädchen kopierten die Berber, jede bessere Kokotte wollte möglichst genau wie sie aussehen. Nachkriegserotik, Kokain, Salomé, letzte Perversität: solche Begriffe bildeten den Strahlenkranz ihrer Glorie. Nebenbei wußten die Kenner, daß sie eine ausgezeichnete Tänzerin war.« Zuletzt wollte Berlins Gesellschaft nichts mehr mit ihr zu tun haben. »Man wies mit dem Finger nach ihr, sie war vogelfrei. Sogar für das Nachkriegs-Berlin war sie zu weit gegangen. Man besah sie mit leichtem Gruseln auf der Kabarettbühne; im übrigen war sie geächtet.«[43] Anita Berber versank nach ihrem frühen Tod in Vergessenheit. Am 10. November 1928 starb sie noch nicht dreißigjährig in Berlin an Tuberkulose.

Entfesselte Frauen:
Liebeslust und Liebeslast

Was noch wenige Jahre zuvor undenkbar gewesen wäre, nun wurde es allgegenwärtige Realität: Ungeniert begannen Frauen ihre Sexualität auszuleben, ganz unabhängig davon, ob es sich bei ihrem Bettpartner um den Ehemann handelte oder nicht. Die neue weibliche Unkeuschheit bedeutete einen krassen Bruch mit wilhelminischen Moralvorstellungen, die ein derartiges Verhalten mit dem strengsten Tabu belegt hatten. Selbstredend hatte dies nur für die Frauen gegolten, Männer hatten Seitensprünge oder Bordellbesuche schon immer als Kavaliersdelikte abtun können.

Selbst verheiratete Frauen hielten es nicht mehr unbedingt mit der ehelichen Treue. In der allgemeinen Liederlichkeit war die monogame Ehe kaum noch mehr als eine »mit Mühe aufrecht erhaltene Attrappe«.[1] Besonders in Berlins Bohemekreisen erlegte man sich keine falschen Hemmungen auf; Beziehungsexperimente jeder Art waren beliebt, je gewagter, desto besser. Charlotte Wolff, die als Ärztin in Berlin lebte, erzählt später vom freien Liebesleben in diesen Kreisen, in denen sie selbst verkehrte. Konkret erinnert sie sich besonders an Helen Hessel, die mit Franz Hessel, Lektor beim Ullstein-Verlag, verheiratet war.

»Ein perfektes Beispiel der befreiten Avantgardistin war Helen Hessel. Sie konnte sich allem zuwenden und war überall erfolgreich – als Landarbeiterin im Ersten Weltkrieg, als Modejournalistin in den 20er und 30er Jahren, als Geliebte von vielen und als Ehefrau. Sie bezauberte Männer und Frauen gleichermaßen. Ihre blauen Augen, klar und kalt wie ein frostiger Frühlingstag, ihre Eleganz und Selbstsicherheit, machten sie zum Inbegriff verführerischer Weiblichkeit. Es war keine Überraschung für ihren Mann und ihre Freunde, als sie eines Tages einer Wette wegen in die Seine sprang. Sie konnte ebensogut einen Essay schreiben wie ein Pferd zureiten oder Auto fahren. Eine Draufgängerin, die leidenschaftlich liebte und haßte, arbeitete oder faulenzte... Ich war von ihr fasziniert und nahm erfreut eine Einladung an, mit ihr im Auto von Berlin in die Normandie zu fahren. Sie hatte gemeinsam mit ihrem Freund Pierre Roché ein Bauernhaus in dem kleinen Dorf Sotteville gemietet. Man schrieb das Jahr 1926 oder 1927, und dieser Urlaub bedeutete für mich ein erstes Kennenlernen von Land und Leuten in Frankreich. Ich wußte nicht, worauf ich mich da eingelassen hatte. Helen und Pierre teilten sich ein Zimmer, ihr achtjähriger Sohn und ich hatten Einzelzimmer. Alle außer mir liefen nackt durchs Haus und zogen sich voreinander an und aus, ein Spaß, der ihnen in Fleisch und Blut übergegangen war... In der dritten Woche unseres Urlaubs tauchte Franz Hessel in Sotteville auf. Man hätte erwarten können, daß er auf seine Frau und ihren Liebhaber eifersüchtig war. Doch es stellte sich heraus, daß Roché sein bester Freund war, und ich wurde Zeugin des gleichen Beziehungsmusters wie bei den Benjamins. In beiden Fällen schien die Dreieckssituation eine glückliche Konstellation zu sein, unter der Liebe und Freundschaft nicht zu leiden hatten. Wieder einmal begegnete ich einer besonderen Art verfeinerter Beziehungen, einem Ideal menschlichen Verhaltens, das vielleicht viele anstreben, aber nur wenige jemals erreichen. In seinem Roman ›Jules et Jim‹ entwarf Pierre Roché ein fast photographisches Bild seines Lebens mit Helen und Franz Hessel. Der Roman wurde unter demselben Namen von François Truffaut verfilmt, und Jeanne Moreau spielte die Rolle der Helen.«[2]

Was Charlotte Wolff hier in rosigsten Farben malt, wuchs sich bisweilen zu einem regelrechten Leistungsdruck aus. In dem eifrigen Bestreben, nur ja der Superfrau à la Helen Hessel zu entsprechen, lag die Gefahr, daß zur modischen Attitüde verkam, was ein Befreiungsakt hätte sein können.

Über die vermeintlich ganz und gar emanzipierte Frau erzählt Polly Tieck (d. i. Ilse Frankenfeld), deren Feuilletons in der Berliner Zeitschrift *Das Tagebuch* zu lesen waren, eine kleine ironische Geschichte: Natürlich hat die Heldin einen Freund. Aber darum geht es nicht, denn schließlich ist es »die selbstverständlichste, allgemeingültigste, banalste und von der gesamten guten Gesellschaft stillschweigend und blasiert anerkannte Tatsache, daß jede Frau, die nur ein bißchen auf sich hält, auch einen Freund hat. Denn hat sie keinen Freund, so sagt man von ihr in

Dreiecksbeziehung ohne Eifersucht und Besitzrechte. Das freie Liebes-
leben der zwanziger Jahre inspirierte Truffaut zu dem Film Jules und
Jim, *hier ein Szenenbild.*

jenem unnachahmlichen Ton, der zwischen Verachtung und
Mitleid schwankt: ›Die? – O, die ist treu!‹, was ebensoviel besa-
gen will, als wenn man öffentlich von einer Frau erklärte, daß sie
alt, häßlich, gefühllos, kurz, daß sie ›außer Gefecht‹ sei.«

Unsere Heldin begnügt sich nicht mit einem einfachen Verhältnis. Sie pflegt eine besonders moderne Beziehung: »Ich habe
also einen Freund und mein Freund hat eine Freundin, – ich
meine, damit wir uns auch recht verstehen, er hat noch eine,
außer mir.« Polly Tiecks emanzipierte Intellektuelle ist selbstverständlich »auf diese Freundin absolut nicht und in keiner
Weise eifersüchtig«, obwohl sie ihren Freund leidenschaftlich
liebt. Im Gegenteil, sie läßt sich über die Nebenbuhlerin erzählen und lächelt in ihrem »klugen und gewandten Frauenher-
zen« über deren Einfalt. Die andere Frau hingegen ist natürlich
»rasend eifersüchtig«, denn sie »ist nicht aufgeklärt, sie steht

nicht über der Situation, sie hat keinen Intellekt, der sie zu irgend einer bestimmten Haltung verpflichtet«.

Ein unvorhergesehenes Ereignis bringt dann aber die Souveränität der Heldin ins Wanken. Angeblich längst überwundene, ganz traditionelle Regungen überwältigen sie, als sie einmal allein ins Theater geht und im Publikum die andere Frau mit dem »gemeinsamen« Freund entdeckt. Wilde Eifersucht durchfährt sie:»Da also steht sie, die blonde Gegnerin, die rosige Feindin, deren helles, leuchtendes Gesicht meine Gefühle plötzlich so ganz verwandelt.« Unter diesem Gefühlsansturm schwindet – wenn auch nur kurzfristig – ihr sonst in Hinblick auf die Konkurrentin geübter »lächelnder Zynismus«.[3]

Das heiß diskutierte Phänomen der enthemmten Frauen war dem Institut für Sozialforschung in Frankfurt am Main eine Untersuchung wert. Diese 1923 gegründete Forschungseinrichtung der Frankfurter Universität stand seit 1930 unter der Leitung von Max Horkheimer, wurde 1933/34 nach Genf, dann nach New York verlegt und 1950 von Horkheimer und Theodor W. Adorno wiedergegründet. Hier bildete sich die Frankfurter Schule heraus, ein Kreis von Sozial- und Kulturwissenschaftlern, der eine kritische Gesellschaftsanalyse betrieb.

Um den Wandlungen der Sexualmoral auf die Spur zu kommen, verschickten die Sozialforscher aus Frankfurt im Jahre 1932 Fragebögen an 360 Fachärzte. Sie wurden zum Beispiel nach dem sexuellen Verhalten unverheirateter Frauen gefragt. »Soweit ich es beurteilen kann, kommt die Abstinenz für ledige Frauen heute in kaum 10% der Fälle in Betracht, und zwar fällt der Prozentsatz der Abstinenten mit steigendem Alter. Sieht die Frau die Aussicht auf Heirat schwinden, dann ist wohl wenig Ursache, abstinent zu leben. Viele dieser Frauen leben in oft lang dauernden Verhältnissen…« Gegenüber der Vorkriegszeit sehen die Ärzte erhebliche Veränderungen. Damals hätten »die Mädchen verhältnismäßig häufig bis zur Ehe abstinent« gelebt. Nun sei »insofern eine Wandlung eingetreten, als die meisten Mädchen infolge geringerer Chancen auf eine Heirat ein Junggesellendasein führen wie Männer«. »In früher ungekanntem Umfang nimmt bei den unverheirateten Frauen der Wechsel des Partners zu und das in Kreisen, wo das früher unerhört war oder wenigstens – nicht so offen betrieben wurde.«[4]

Innerhalb nur einer Frauengeneration hatten sich die Geschlechtssitten radikal gewandelt. »Es ist heute eine feststehende Tatsache, von der allerdings die betreffenden Mütter am allerwenigsten Kenntnis haben, daß die Jugend in allen Bevölkerungsschichten sehr frühzeitig, schon mit 15 bis 16 Jahren, vor Eintritt der seelischen Reife, Geschlechtsverkehr pflegt. Lebte die Mutter noch unter der Zwangsvorstellung, daß sie die körperliche Keuschheit unter allen Umständen für die Ehe aufrechterhalten muß, so haben sich die Töchter meistenteils von dieser Vorstellung gründlich emanzipiert und handeln auch danach.«[5]

Noch relativ brav und sehr üblich war der »Verlobtenverkehr«. Viele Frauen gingen oft jahrelang mit ihrem Freund, bevor sie endlich heirateten. Da wollten sie denn auch nicht mehr auf die Hochzeitsnacht warten, die entschieden an Reiz verloren hatte. Einzig die Angst vor einer ungewollten Schwangerschaft, die nicht selten zu einer Muß-Heirat führte, überschattete das

Auf Tour mit dem Freund – die Zeiten der Anstandsdamen sind endgültig vorbei. Foto von Friedrich Seidenstücker.

Liebesleben der Paare. Lili D., die als junge Frau in einem Hamburger Arbeiterviertel lebte, erinnert sich: »Wohl die meisten Brautpaare hatten vor der Heirat Intimverkehr. Der gehörte doch zur Vollkommenheit des Glückes. Das Ergebnis war – in den meisten Fällen – die Muß-Heirat. Als ich meinen Mann kennen und lieben lernte, war ich 22 Jahre alt. Ich war noch Jungfrau ›Rühr-mich-nicht-an!‹. Als es zwischen uns intim wurde, habe ich mich nach einem Gespräch mit unserem beratenden Arzt aus der FKK-Bewegung… bereit gefunden, eine sogenannte Spirale, die in die Gebärmutter eingeführt wurde, auszuprobieren. Leider war dieses Verhütungsmittel aber noch im Anfangsstadium der Entwicklung und führte auch bei mir dazu, daß ich schwanger wurde. Selbstverständlich wollten wir dieses ungewünschte Kind nicht haben. Ich wollte nicht heiraten ›müssen‹… Da die Spirale, die in der Erprobung war, bei mir versagt hatte, sah sich der Arzt verpflichtet, mir – auf unseren Wunsch hin – zu helfen.«[6]

Die jungen Leute wollten zunächst eine eigene Wohnung einrichten, bevor sie ans Heiraten und Kinderkriegen gingen. Angesichts der Wohnungsnot bedeutete dies allerdings in vielen Fällen ein regelrechtes Heiratshindernis. Erst nach jahrelangem Warten erhielten junge Paare, die bis dahin meist getrennt lebten, bei den Eltern oder zur Untermiete, eine eigene Wohnung. In Berlin wurden Heiratskandidaten von den Wohnungsämtern bevorzugt, wenn ein Kind erwartet wurde. Davon machten diese, wie die Ärztin Käte Frankenthal berichtet, sehr ausgiebig Gebrauch. »Es hieß im Volksmund: Die Wohnungsamtkinder.«[7]

Frust mit der Lust

Nicht immer erlebten Frauen die neue sexuelle Freizügigkeit als das pure Glück. Sicher, die neue Frau der Weimarer Zeit hatte sich von den traditionellen Moralvorstellungen der Kaiserzeit emanzipiert, ging ins Bett mit wem und wann immer sie wollte. In zeitgenössischen Unterhaltungsromanen wimmelt es von sexuell enthemmten Frauen. Jedoch hatte die vielgepriesene Befreiung von den Fesseln wilhelminischer Moral auch ihre Schattenseiten: Wenn sie schwanger wurden, standen die Frauen meist allein da. Auch mochten sie bisweilen unter der Unverbindlichkeit der neuen Bettverhältnisse leiden.

Cornelia von Battenberg, die in Erich Kästners Roman *Fabian* aus dem Jahr 1931 auftaucht, fühlt sich von ihren Liebhabern nur noch benutzt:»Was sollen wir anfangen? Wenn wir einen Mann liebhaben, liefern wir uns ihm aus. Wir trennen uns von allem, was vorher war, und kommen zu ihm. ›Da bin ich‹, sagen wir freundlich lächelnd. ›Ja‹, sagt er, ›da bist du‹, und kratzt sich hinterm Ohr. Allmächtiger, denkt er, nun hab ich sie auf dem Hals. Leichten Herzens schenken wir ihm, was wir haben. Und er flucht. Die Geschenke sind ihm lästig. Erst flucht er leise, später flucht er laut. Und wir sind allein wie nie zuvor. Ich bin fünfundzwanzig Jahre alt, und von zwei Männern wurde ich stehengelassen. Stehengelassen wie ein Schirm, den man absichtlich irgendwo vergißt... Meine Mutter sagte:›Du bist eine Dirne!‹, und als ich zu bedenken gab, daß sie ihren ersten Mann mit achtzehn Jahren und das erste Kind mit neunzehn Jahren gehabt habe, rief sie entrüstet:›Das war etwas ganz anderes!‹... Früher verschenkte man sich und wurde wie ein Geschenk bewahrt. Heute wird man bezahlt und eines Tages, wie jede bezahlte und benutzte Ware, weggetan.«[8]

Später hat Cornelia ihre Lektion gelernt. Sie opfert ihre Liebesbeziehung zum Helden Fabian einer Filmkarriere, die unumgänglich durch das Bett des Produzenten führt. Kästners Botschaft: Wahre Liebe ist nicht mehr gefragt, wo Frauen nur noch aus kaltem Kalkül mit einem Mann ins Bett gehen. Ein Extrem in dieser Hinsicht ist Arnolt Bronnens Romanfigur Barbara La Marr, die auf ihrem Weg zum Filmstar mit sage und schreibe 42 Männern schläft.[9]

Ob sie nun Verhältnisse hatten oder als treue Ehefrauen lebten, lustvoller Sex blieb für viele Frauen ein Fremdwort. Mit der ständigen Angst im Nacken, schwanger zu werden, ließ sich der Liebesakt nicht recht genießen. So manche Frau verlor unter solchen Umständen jegliche Lust daran. Das Phänomen der weiblichen Gefühlskälte oder Empfindungslosigkeit, wie man die Frigidität nannte, wurde erstmals in aller Öffentlichkeit diskutiert. Aufgeregt stellte man ein ungeheures Ausmaß der offenbar grassierenden Frigidität fest, 50% und mehr Frauen wurden als gefühlskalt eingeschätzt. Sexualwissenschaftler räumten diesem Problem eine hohe Priorität ein, das in keinem der populären

Sexual-Ratgeber fehlen durfte. Die Entdecker des Modethemas Frigidität interessierte wenig, daß es sich vermutlich keineswegs um ein neues Phänomen handelte, mit dem man sich nur bisher nicht befaßt hatte.

Erklärt wurde die verbreitete Gefühlskälte der Frauen mit der Angst vor Schwangerschaften und den rücksichtslosen Bettmanieren der Männer. Wenn sie in die eheliche Pflicht genommen wurden, fühlten sich die Frauen bisweilen regelrecht vergewaltigt. Wie es in manchem Ehebett zuzugehen pflegte, schildert eine ehemalige Fürsorgerin: »Wenn der Mann von der Arbeit kam oder auch schon am Tage, wenn er keine Arbeit hatte, holte er seine Frau ins Bett, ob sie wollte oder nicht. Entsetzliche Szenen haben sich da abgespielt. Zärtlichkeiten gingen da nie vorweg. Der Akt wurde einfach vollzogen. Das ist das furchtbarste für eine Frau, fast wie ein Tier behandelt zu werden.«[10]

Immer mehr Frauen kämen zu ihm, die über ihre Frigidität klagten, berichtet der in Wien praktizierende Nervenarzt Wilhelm Stekel in seinem Buch über *Die Geschlechtskälte der Frau*. »Sie hätten gehört, der Geschlechtsverkehr wäre ein solcher Genuß. Sie können das nicht verstehen. Sie blieben kalt dabei, hätten höchstens ein leises angenehmes Gefühl; oder sie klagen über Schmerzen, Unbehagen und Ekel.«[11] Ärzte und Sexualwissenschaftler bemühten sich nach Kräften, Ehepaaren zu einem befriedigenderen Sexualleben zu verhelfen. Der Frauenarzt Theodor Hendrik van de Velde traf in seinem Aufklärungsbuch *Die vollkommene Ehe* von 1926 offenbar den richtigen Ton. Diese detailreiche Studie über »Physiologie und Technik« der Ehe war das Sex-Handbuch par excellence, ein Bestseller der Aufklärungsliteratur. In erster Linie wendet er sich an den Ehemann, galt doch der Gatte als »Führer« im ehelichen Sexualgeschehen. Für diese Aufgabe mußte er allerdings erst herangebildet werden, denn die meisten Ehemänner hatten von ihrer Unvollkommenheit nicht die leiseste Ahnung.

Der Durchschnittsehemann, »welcher, mit einer normalen Potenz begabt, seine ›ehelichen Pflichten‹ regelmäßig in für ihn physiologisch befriedigender Weise erfüllt, meint damit alles geleistet zu haben, was seine Frau von ihm verlangen kann.« Bleibt diese unbefriedigt, »so reiht er sie – seufzend oder ungehalten, je nach seiner Art – ein bei den zwanzig bis achtzig Prozent (die Schätzungen der Autoren schwanken ungemein) der ›geschlechtskalten‹ Frauen, beklagt sich über sein Pech – und entfernt sich immer mehr von ihr.«

Genau falsch, sagt van de Velde, denn die Gefühlskälte der Frau gefährde auf die Dauer die Ehe. Dann wird der verdutzte Gatte darüber aufgeklärt, daß die Ursache für die scheinbare Geschlechtskälte seiner Angetrauten bei ihm liegen könne. Er erfährt, »wie das Gefühl des Weibes erst in schonender und entgegenkommender Weise erweckt werden muß«. Neuvermählte Frauen seien »im Geschlechtsverkehr in der Regel mehr oder weniger vollständig ›kalt‹« und blieben das auch, wenn sie nicht »zur Liebe« erzogen würden. In aller Ausführlichkeit wird der Leser dann über die sexuelle Anatomie von Mann und Frau, über interessante Varianten des Geschlechtsverkehrs und ähnlich Wissenswertes informiert.

Wenn auch der Autor – und das ist ein erkennbarer Fortschritt – das Bedürfnis der Frau nach sexueller Befriedigung als genauso legitim wie das des Mannes anerkennt, so bleibt die traditionelle Rollenverteilung im Ehebett doch unangetastet. Beim Liebesspiel hatte sie wie anderswo auch die passive Rolle zu übernehmen. So warnt van de Velde beispielsweise vor der ansonsten attraktiven »Reithaltung«. Die »völlige Passivität des Mannes und die Verlegung der ganzen Aktivität auf die Seite des Weibes« widerspreche dem »natürlichen Verhältnis der Geschlechter« und müsse sich »auf die Dauer rächen«.[12]

Für Sexualreformerinnen wie Helene Stöcker und Maria Krische griff diese Art der »Therapie« zu kurz, die ja im wesentlichen auf ein besseres Funktionieren der Frauen im Bett hinauslief. Sie sahen in der »Gefühlskälte« der Frauen einen unbewußten Protest gegen ihre Sexualunterdrückung. Voraussetzung für eine neue Sexualkultur wäre die völlige Gleichberechtigung beider Geschlechter, wobei die Frauen selbst ihre sexuellen Wünsche formulieren würden.

»Uns blieb nur das Aufpassen übrig…«

»Für uns gab es praktisch keine Verhütungsmittel. Das war allgemein so. Wir wußten von Kondom und Pessar, aber das war zu teuer. Das lag nicht drin. Es war auch schwer, an diese Dinge heranzukommen. Die gab es nur unter dem Ladentisch…«[13]

Um die Verhütungspraxis vieler Paare war es also nicht allzu gut bestellt. Selbst wenn Frauen über wirksamere Mittel als das »Aufpassen« Bescheid wußten, kamen sie nicht unbedingt in den Genuß einer sicheren Verhütung. Abgesehen von den Kosten spielte eine entscheidende Rolle, daß Verhütungsmittel als »Mittel zu unzüchtigem Gebrauche« galten und deshalb nicht offen verkauft werden durften. Man schämte sich, darüber zu reden. Die Frauenärztin Elsa Kienle etwa beobachtete: Im Bewußtsein der Menschen haftete dem ganzen Bereich etwas Halbgeheimes, Verbotenes, Zweideutiges an. Unter einfachen Leuten sei gar die irrige Meinung verbreitet, Empfängnisverhütung an sich sei, ebenso wie die Abtreibung gesetzlich verboten.[14]

Um den Unzuchtparagraphen zu umgehen, wurde vielfach verdeckt für Verhütungsmittel geworben. In Frauenzeitschriften wimmelte es von Anzeigen für »Gummi- und chirurgische Bedarfsartikel« oder »hygienische Schutzmittel«. Chemische Vorbeugungsmittel, etwa mit dem klangvollen Namen »Frauentrost Hammo«, wurden den Frauen angedient. Oft hielten sie nicht, was die Werbung versprach, wobei es schwierig war, zwischen seriösen und unseriösen Angeboten zu unterscheiden. Mittel und Mittelchen dieser Art unterlagen keiner Kontrolle. So konnte mancher Hersteller gute Geschäfte mit der Unwissenheit der Frauen machen.

Obwohl es inzwischen sehr viel sicherere Mittel und Wege gab, eine Schwangerschaft zu verhindern, erfreute sich der Coitus interruptus einer ungebrochenen Popularität. Frauen, die befragt wurden, wie sie verhüteten, verließen sich mehrheitlich auf diese Methode. Wesentlich weniger Frauen gaben an, daß ihr Mann ein Kondom benutze, es folgten als weitere Methoden Scheidenspülungen und Diaphragma.[15] Ziemlich aus der Mode gekommen waren die »Sicherheitsschwämmchen«, mit denen sich frühere Frauengenerationen beholfen hatten. Da sie ihrem Namen keineswegs gerecht wurden, waren die »Unsicherheitsschwämmchen« zunehmend in Verruf geraten.

Präservative hatten den Vorteil, daß sie als »hygienische Artikel« zum Schutz gegen Geschlechtskrankheiten galten und deshalb uneingeschränkt verkauft werden durften. Dem Interessenten stand ein reichhaltiges Angebot mit verheißungsvollen Namen wie »Pechs Garantie« und »Ohnefurcht« zur Verfügung. Allein von dem bekannten Kondom »Fromms Act« wurden pro Jahr 24 Milliarden Stück hergestellt. Allerdings waren die »Überzieher« mit einem Stückpreis zwischen 30 und 70 Pfennig zu teuer, als daß Arbeiter sie hätten regelmäßig benutzen können. Zur Kostensenkung verwendete man sie auch mehrfach hintereinander, wobei es eigene Ständer gab für das Trocknen zwischendurch.

Auch der Irrigator, mit dem Frauen Scheidenspülungen durchführten, war als hygienischer Artikel unkompliziert zu besorgen. In diesem Fall übernahmen sogar die Krankenkassen die Kosten. Es handelte sich dabei um ein Gefäß mit einem Schlauch, in das desinfiziertes Wasser gefüllt wurde.

Was eine Frau genau tun mußte, um zu »duschen«, wie die Scheidenspülungen genannt wurden, schilderten Aufklärungsbroschüren in aller Ausführlichkeit. »Den Irrigator hängt man 1,50 Meter hoch an die Wand oder stellt ihn in gleicher Höhe auf einen Tisch oder ein Konsolbrett. Nun preßt man den Gummischlauch am unteren Ende ein, so daß das Wasser nicht auslaufen kann, setzt sich auf ein Becken, zieht die Knie an, daß die Füße flach aufliegen und lehnt sich mit dem Rücken an die Wand... Jetzt lockert man den Schlauch, läßt wenig Wasser in das Becken einlaufen, um die Luft aus dem Schlauch zu entfernen, und führt das Röhrchen so tief in die Scheide, bis es auf Widerstand stößt. Dann geht man ein wenig zurück, damit das Wasser frei eindringen kann. Es empfiehlt sich, die Schamlippen fest zusammenzupressen, mit der Hand noch behilflich zu sein, so daß das Wasser nicht abfließen kann. So dehnt das Wasser die

Schon in den Zwanzigern zog man sie unauffällig aus »Schutzmittelautomaten«.

Scheide und dringt in alle Falten. Dann spreizt man die Beine und läßt das Wasser abfließen. Dieses Öffnen und Schließen der Beine wird mehrere Male wiederholt.«[16] Viele Frauen hatten eine solche »Mutterdusche« oder »Birnenspritze« – das war ein Irrigator mit einer Gummibirne zum Wassereinsaugen – auch deshalb bei sich zu Hause, um für den Fall des Falles gewappnet zu sein: Wenn die Regel ausblieb, versuchten sie erst einmal mit Scheidenspülungen die Schwangerschaft zu unterbrechen.

Brandneu war die natürliche Empfängnisverhütung nach der Rhythmusmethode. 1929 veröffentlichten die beiden Gynäkologen Hermann Knaus und Kiusako Ogino neue Erkenntnisse über die Fruchtbarkeit der Frau. Hatte man bisher immer angenommen, daß die Frau in der Mitte des Zyklus' unfruchtbar sei, konnten Knaus/Ogino nun nachweisen, daß der Eisprung etwa zwei Wochen vor Beginn der nächsten Mensis stattfindet. So kam es nur noch darauf an, die fruchtbaren Tage um den Eisprung herum nach bestimmten Regeln zu ermitteln.

Verhütung statt Abtreibung

Eine äußerst aktive Sexualreformbewegung hatte die Aufklärung über Verhütungsmöglichkeiten auf ihre Fahnen geschrieben. Vor allem in den Großstädten wurden zu diesem Zweck zahlreiche Ehe- und Sexualberatungsstellen eröffnet – die liberale Weimarer Republik machte es möglich. Bis 1932 nahmen über 400 solcher Stellen in ganz Deutschland ihre Arbeit auf, allein in Berlin waren es fast 40. Diese Vorläufer von pro familia entfalteten eine rege Tätigkeit, sehr zum Ärger konservativer Kreise. Der prominente Gynäkologe Ludwig Fraenkel sprach mit Schaudern von den »Pessarkliniken«, die wie Pilze aus dem Boden schössen und als »Ramschleistung gleichsam wie im Warenhaus« Verhütungsmittel selbst an Jungfrauen verteilten.[17]

Interessierte Frauen und Männer konnten sich in diesen Stellen über das Geschlechtsleben im allgemeinen, vor allem aber über Fragen der Empfängnisverhütung informieren. Auch gab es praktische Hilfeleistungen. Frauen konnten zum Beispiel die Benutzung eines Pessars erlernen. Dieses Verhütungsmittel wurde von den Ärzten in den Ehe- und Sexualberatungsstellen bevorzugt empfohlen. Nicht nur schätzten sie es als besonders sicher ein. Auch wollten sie den Frauen beibringen, sich bei der Verhütung nicht auf den Mann zu verlassen, sondern die Sache selbst in die Hand zu nehmen. Schließlich waren sie es, die unter den Folgen einer mißglückten Verhütung zu leiden hatten. Häufig betätigten sich die Beratungsstellen auch – kostenlos oder zum Selbstkostenpreis – als Verteiler von Verhütungsmitteln. Bei derlei Aktivitäten bewegten sie sich allerdings in einer rechtlichen Grauzone, war es doch verboten, »Mittel zu unzüchtigem Gebrauche« auszustellen, anzukündigen oder anzupreisen. Die Sexualberatungsstellen der Berliner Krankenkassen definierten darum die Ausgabe von Verhütungsmitteln als präventive Versorgung, die in der Reichsversicherungsordnung ausdrücklich erlaubt war. Bei ungewollten Schwangerschaften leisteten die Beratungsstellen auch Unterstützung, ohne selbst Abtreibungen vorzunehmen: Sie gaben den Frauen Adressen von Ärzten und Ärztinnen, an die sie sich in dieser Sache wenden konnten.

Offenbar war das Bedürfnis nach Aufklärung über Verhütungsfragen sehr groß, jedenfalls kamen die meisten Frauen deshalb in die Beratungsstellen. Das geht aus einer Auflistung hervor, welche die beiden Hamburger Ehe- und Sexualberatungsstellen des Bundes für Mutterschutz und Sexualreform über die Motive ihrer Besucherinnen im Jahr 1924/25 erstellten:

»– 36% ausschließlich um sich über die Möglichkeiten der Empfängnisverhütung beraten zu lassen,
– 25% mit dem Wunsch nach einer Schwangerschaftsunterbrechung, meist hofften sie auf eine medizinische Indikation,
– 18% wegen einer Schwangerschaftsberatung,
– 8% wegen einer Sexualberatung im engeren Sinne, meist aufgrund von Ehekonflikten,
– 8% um sich über Geschlechtskrankheiten oder Frauenleiden beraten zu lassen,
– 3% wegen einer Rechtsauskunft,
– 1% um sich anläßlich der geplanten Heirat eugenisch beraten zu lassen.«[18]

Die Aufklärungsarbeit der Beratungsstellen wurde vor allem von Organisationen der Sexualreformbewegung initiiert und getragen. Das waren unter anderem die Liga für Mutterschutz und

soziale Familienhygiene, der Reichsverband für Geburtenregelung und Sexualhygiene sowie der Bund für Mutterschutz und
Sexualreform, den Helene Stöcker bereits 1905 als erste derartige Organisation in Deutschland gegründet hatte.

Der Name Helene Stöcker ist untrennbar mit der Sexualreformbewegung verbunden. Sexualaufklärung war für diese ra-
dikale Frauenrechtlerin ein zentrales Anliegen. Denn sie hatte
schon früh erkannt, daß eine bewußte Geburtenregelung entscheidend war für eine umfassende Emanzipation der Frau, wie
sie ihr vorschwebte. Nur mit wirksamer Verhütung könne die
Frau »ihr Recht auf Freiheit *und* ihr Recht auf Liebe« wirklich in
Anspruch nehmen, wozu eben auch ein freies Ausleben der eigenen Sexualität gehörte, wie Helene Stöcker fand. Berufliche und
materielle Unabhängigkeit allein genügten in ihren Augen nicht.

Die allererste Sexualberatungsstelle eröffnete der sozialistische Arzt Magnus Hirschfeld im Jahr 1919 in seinem neuen
Institut für Sexualwissenschaften in Berlin. Neben den Sexualreformern engagierten sich auch öffentliche Träger und Krankenkassen, indem sie eigene Ehe- und Sexualberatungsstellen
unterhielten. Sie hatten nicht zuletzt finanzielle Vorteile im
Auge, denn Verhütungsaufklärung war viel billiger als etwa die
Versorgung von Frauen nach einer verpfuschten Abtreibung.

Obwohl es an Aufklärungsangeboten wahrlich nicht mangelte, blieben viele Frauen von den Segnungen einer effektiven
Verhütung ausgeschlossen. Immer noch waren die Hemmungen, über sexuelle Themen und damit auch über Verhütung zu
sprechen, sehr groß. In der freizügigeren Weimarer Gesellschaft
lebte der prüde Geist der Kaiserzeit – zumindest in vielen ehelichen Schlafzimmern – fort.

Gehemmten Kleinbürgern war die Offenheit, mit der überall
das Thema Sexualität verhandelt wurde, ein Greuel: »Reichlich
oft werden Sexualvorträge gehalten. Was diese Ärzte, um nicht
von ›Inhabern eines guten Arztgeschäfts‹ zu sprechen, den anwe-
senden Frauen und Mädchen, von der Greisin bis zum vierzehn-
jährigen Schulkind herunter, vortragen, das ist stellenweise geeignet, einen alten Schimpansen erröten zu lassen, sagt Karl. Äußerlich wird das wissenschaftliche Dekorum und der Ton der
allgemeinen Menschenliebe gewahrt. Der Effekt aber ist die Erregung von Lüsternheit, um kein übleres Wort zu wählen. Im
Vorsaal werden fleißig die Bücher des jeweiligen Herrn Doktors

verkauft. Es ist bei allen solchen Veranstaltungen immer derselbe Kreis von Themen: ›Hygiene der Liebe‹, ›Müssen wir früh sterben?‹, ›Die Eßkunst für Dicke und Dünne‹, ›Die verjüngte Frau‹, ›Die Schwäche des Mannes‹. ›Heilung der Häßlichkeit‹, ›Aufklärung für junge Mädchen‹. Nein, o nein, über solchen Schlüpfrigkeiten gleitet man ja innerlich aus!«¹⁹

Am ehesten unterhielten sich Frauen untereinander »darüber«, gaben sich Tips über Verhütungsmittel, tauschten Aufklärungsbücher. Es gab eine wahre Flut von Aufklärungsschriften. Populäre Titel waren Max Hodanns *Bub und Mädel*, *Das Gesundheitsbuch der Frau* des sozialdemokratischen Arztes Alfred Grotjahn und *Abtreibung oder Verhütung?* von der kommunistischen Ärztin Martha Ruben-Wolf.

Da sie Schwierigkeiten hatten, über sexuelle Dinge zu reden, klärten die meisten Eltern auch ihre heranwachsenden Kinder nicht auf. Allenfalls gaben sie den Jugendlichen ein einschlägiges Buch zu lesen. Außerdem war die Auffassung verbreitet, entsprechende Informationen würden überhaupt erst sexuelle Wünsche wecken und würden deshalb lieber vorenthalten.

Die Frauenärztin Else Kienle berichtet von einer in dieser Hinsicht sehr modern denkenden Mutter, die mit ihrer Tochter in ihre Beratungsstelle kam: »Eine Mutter war mit ihrer sechzehnjährigen Tochter zu uns gekommen. Sie wollte nicht nur Aufklärung ihres Kindes, sie verlangte mehr: vorbeugenden Schutz. Die Tochter war ein frühentwickeltes, kräftiges, großes Mädchen... Es war nicht zu verwundern, daß sie schon in jungen Jahren einen Freund und Kameraden gefunden hatte. Die Mutter wußte davon. Wie sie innerlich dazu stand, ob sie diesen Entschluß ihrer Tochter billigte oder nicht, das stand für sie nicht zur Debatte. Sie wollte jedenfalls im notwendigen Augenblick ihr zur Seite stehen, wollte als Frau für die Frau eintreten. Aus diesem Vertrauensverhältnis heraus hatte sie den Entschluß zum gemeinsamen Besuch der Beratungsstelle gefaßt.«

Als der Vater des Mädchens von der Beziehung seiner Tochter erfuhr, geriet er außer sich vor Zorn: »Er tobte und schrie und wollte das ›verworfene Wesen‹ aus dem Hause jagen. Da stellte sich die Mutter schützend vor das Mädchen. Furchtlos erzählte sie, daß sie nicht nur alles gewußt, sondern sogar selbst geholfen hatte, untragbare Folgen abzuwehren. Mit Stolz bekannte sie sich zu ihrer mütterlichen Kameradschaft... Mit fassungslosem

Erstaunen sah er die Frau an – seine Frau, die er doch nach fast zwanzigjähriger Ehe zu kennen glaubte. Sie stand aufrecht und sah ihm in die Augen. Der Mann verstand die Welt nicht mehr... Er suchte seinen Anwalt auf und forderte die Scheidung... seine Frau [war] für ihn zu einem moralisch minderwertigen Wesen geworden.«[20]

So, wie die Dinge mit der Verhütung lagen, besaß auch in der Weimarer Zeit die Feststellung des Berliner Frauenarztes Max Hirsch, daß die Abtreibung – zumindest in Arbeiterkreisen – das eigentliche Mittel zur Beschränkung der Kinderzahl sei, noch weithin Gültigkeit.[21]

In den Händen von Kurpfuschern

Hans Fallada beginnt seinen 1932 erschienenen Roman *Kleiner Mann – Was nun?* mit einer für jene Zeit sehr typischen Szene: Der kleiner Verkäufer Pinneberg bringt sein »Lämmchen« zum Frauenarzt, um ein Pessar zu besorgen. »Der berühmte Doktor Sesam, von dem die halbe Stadt und die viertel Provinz flüstern, daß er ein weites Herz hat, manche sagen auch ein gutes Herz. Jedenfalls hat er eine volkstümliche Broschüre über sexuelle Probleme verfaßt, und darum hat Pinneberg den Mut gehabt, ihm zu schreiben und sich und Lämmchen anzumelden... ›Ich habe in Ihrem Buch gelesen‹, sagt Pinneberg, ›diese Pessoirs...‹ – ›Diese Pessare‹, sagt der Arzt, ›ja, aber sie passen nicht für jede Frau. Und dann ist es immer etwas umständlich. Ob Ihre Frau das Geschick hat...‹« Nach einer längeren Untersuchung im Nebenzimmer: »Pinneberg wirft einen ängstlichen Blick auf Lämmchen, sie hat so große Augen, wie von einem Schreck erweitert. Sie ist blaß, aber nun lächelt sie ihm zu, kümmerlich erst, und dann breitet sich das Lächeln voll über das ganze Gesicht und wird immer stärker und blüht auf... Der Arzt steht in der Ecke, er wäscht sich die Hände. Schräg schaut er hinüber zu Pinneberg. Dann sagt er eilig: ›Ein bißchen zu spät, Herr Pinneberg, mit der Verhütung. Die Tür ist zu. Ich denke Anfang des zweiten Monats.‹ Pinneberg ist ohne Atem. Das war ein Schlag. Dann sagt er hastig: ›Herr Doktor, es ist doch unmöglich! Wir haben so aufgepaßt! Ganz unmöglich ist das. Sag doch selbst, Lämmchen...‹ – ›Junge‹, sagt sie, ›Junge...‹ – ›Es ist so‹, sagt der

Arzt. ›Irrtum ausgeschlossen. Und glauben Sie mir, Herr Pinneberg, ein Kind ist für jede Ehe gut.‹ ›Herr Doktor‹, sagt Pinneberg, und seine Lippe zittert. ›Herr Doktor, ich verdiene im Monat hundertachtzig Mark! Ich bitte Sie, Herr Doktor!!‹ Doktor Sesam sieht schrecklich müde aus. Was jetzt kommt, das kennt er, das hört er an jedem Tag dreißigmal. ›Nein‹, sagt er. ›Nein. Bitten Sie mich gar nicht erst darum. Kommt überhaupt nicht in Frage. Sie sind beide gesund. Und Ihr Einkommen ist gar nicht schlecht. Gar – nicht – schlecht.‹«[22]

Wie Dr. Sesam in diesem Roman waren die meisten Ärzte nicht bereit zu einem – illegalen – Schwangerschaftsabbruch. Ungeachtet des Verbots entschlossen sich mehr Frauen denn je dazu. Über das wahre Ausmaß gibt keine offizielle Statistik Auskunft. Nur ein geringer Teil der Schwangerschaftsunterbrechungen wurde bekannt, sei es durch Denunziation, sei es dadurch, daß Frauen mit einem verpfuschten Abort zum Arzt kamen.

Schwangere Frauen, die mit Blutungen ins Krankenhaus eingeliefert wurden, hatten meist einen Abtreibungsversuch hinter sich. Da sie wie bei einer Fehlgeburt behandelt wurden, gibt deren Zunahme einen indirekten Hinweis auf die der Abtreibungen: In den Jahren 1902 bis 1904 kamen reichsweit 3,2 Fehlgeburten auf 100 normale Geburten, 1929 waren es 15,9. Insgesamt muß der Prozentsatz weit höher gewesen sein, denn die Ärzte bekamen längst nicht alle Abtreibungsfälle zu Gesicht. Nach Schätzungen waren es zwischen 200 000 und einer Million jährlich, jedenfalls eine enorm hohe Zahl. Das Hamburger Gesundheitsamt ging 1927 davon aus, daß auf jede Geburt beinahe eine Abtreibung kam. Und der Frauenarzt Max Hirsch schätzte, daß fast jede Frau zwischen 31 und 36 Jahren mindestens einmal abgetrieben hatte.

Weil das ganze Abtreibungsgeschehen weithin im Dunkel der Illegalität blieb, erregte die Patientenkartei eines Kleinstadtarztes großes Aufsehen. Nach dessen Tod gelangte diese Kartei in die Hände des bekannten Berliner Professors für Sozialhygiene Alfred Grotjahn, der sie 1932 veröffentlichte. An der »Grotjahn-Kartothek« konnte man sehen, was wirklich vor sich ging: Zu diesem – wohlgemerkt in einer Kleinstadt praktizierenden – Arzt kamen in einem einzigen Jahr 556 Frauen mit dem Wunsch nach einem Abbruch, von denen nur 74 nicht verheiratet waren.

Bei 426 dieser Frauen nahm er eine Abtreibung vor, sei es, weil sie ein uneheliches Kind erwarteten, sich in wirtschaftlicher Not befanden oder schon viele Kinder hatten. Der Arzt ließ sich den Eingriff gar nicht oder nur geringfügig bezahlen.

Doch die Frauen entschlossen sich zu einer Abtreibung keineswegs leichtsinnig, wie von der sicheren Warte der festgefügten Herrenmoral immer wieder behauptet wurde. Ein Schicksal von vielen schildert die Frauenärztin Else Kienle in ihrem erschütternden Bericht über eine Arbeiterfrau, die ein zwölftes (!) Kind angesichts der Arbeitslosigkeit ihres Mannes nicht mehr austragen wollte:

»Jahr für Jahr hatte die Frau pflichtgemäß ein Kind aus ihrem zerschundenen, gebrechlichen Leib herausgequält. So mußte es ja wohl sein. Der Pfarrer hatte doch immer erzählt, daß Kinder eine Gabe Gottes seien. Und beim elften, dem kleinen Wilhelm, hatte doch sogar der Herr Lehrer Pate gestanden und einen echt silbernen Kaffeelöffel geschenkt. Aber was gab es denn für den kleinen Wilhelm auszulöffeln? Da hätte erst einmal jemand für die Milchsuppe sorgen müssen. Frau Rahmer war oft nicht in der Lage, ihren Kindern auch nur ein paar Scheiben trocken Brot zu geben. Und nun fühlte sie sich schon wieder Mutter. Das konnte doch keine Gabe Gottes sein. Elf Kinder stritten sich um die ungeschälten Kartoffeln, elf hungrige Mäuler fielen über die eine einzige Schüssel her. Wo sollte ein zwölftes Platz finden? Es war doch undenkbar, daß ein von vernünftigen und fühlenden Menschen gemachtes Gesetz sie zu diesem zwölften Kind zwingen konnte!

Frau Rahmer ging zum Arzt. Bei der Untersuchung zeigte sich zwar, daß ihr Körper hinfällig und nicht allzu kräftig war. Aber es bestand keine ausgesprochene Krankheit, kein deutliches Leiden, das eine Unterbrechung medizinisch hätte notwendig erscheinen lassen. Es war sogar festzustellen, daß dieser armselige Frauenkörper durch das langjährige Gebärgeschäft widerstandsfähig und hart erschien. Aber härter noch war der Wille dieser Frau, gewachsen in elf Schwangerschaften, gestählt am Hunger ihrer elf Kinder. Und dieser Wille kannte diesmal, beim Herannahen eines zwölften, nur ein unbeugsames, unabänderliches Nein. Sie wollte das Kind nicht. Sie würde es nicht austragen. Um der elf anderen willen mußte das zwölfte beseitigt werden.

Aber das Gesetz kümmerte sich nicht um diese elf anderen Kinder. Das Gesetz verlangte die zwölfte Mutterschaft unter allen Umständen. Frau Rahmer mußte, mußte gebären, solange ihr Leib nicht siech und zerbrochen genug war, um an einer zwölften, dreizehnten, vierzehnten Schwangerschaft von selbst zu zerbrechen... So sagte das Gesetz. Und so mußte der Arzt, gemäß dem Gesetz, entscheiden. Schweigend hörte die Frau sich diese Entscheidung an...
Mit starrem, entschlossenen Gesicht ging sie hinaus. In diesen Minuten war aus der kleinen zerbrechlichen Frau, der anspruchslosen Dulderin, eine selbstbewußte Kämpferin um ihr ureigenes Recht geworden. Bewußt ging sie auf das Ziel los, das ihr durch einen Gesetzesparagraphen versperrt war. Zwei Tage später wand sich ihr Körper in furchtbaren, selbstgeschaffenen Qualen. Frau Rahmer lag in der Küche, die zugleich Wohnraum und Schlafraum war. Neben ihr krochen vier kleine zerlumpte Kinder schmutzig und hungernd umher... Neben dem Bett lag noch die alte rostige Spritze, die Frau Rahmer von einer Nachbarin entliehen hatte. Sie selbst hatte sich die Seifenlösung bereitet, die sie mit unkundiger Hand sich in den Leib gejagt hatte.«[23]
Aus Angst vor dem Gefängnis weigerten sich die allermeisten Ärzte, Schwangerschaften zu unterbrechen. Manche schoben ihre Bedenken beiseite, wenn sie entsprechend bezahlt wurden. Frauen, die über das nötige Geld verfügten, hatten keine Probleme, einen Arzt zu finden, der ihnen eine medizinische Indikation stellte. Wohl nur wenige Ärzte halfen den Frauen, weil sie es richtig fanden, wobei sie immer mit einem Fuß im Gefängnis standen. Die Namen solcher Ärzte wurden wie Geheimtips gehandelt. Es scheint üblich gewesen zu sein, daß weder der Arzt noch die Patientin offen über den gewünschten und dann vorgenommenen Abbruch sprachen. Man begnügte sich mit Andeutungen und einer mehr oder weniger zugkräftigen medizinischen Indikation.
Unzählige Frauen aber trieb das Abtreibungsverbot in die Hände von Kurpfuschern. Wie verzweifelte Frauen von Arzt zu Arzt rannten, um schließlich doch bei einer Engelmacherin zu landen, beschreibt Vicki Baum in ihrem Roman *stud. chem. Helene Willfüer*. Die mittellose Studentin Helene Willfüer ist entsetzt, als sie merkt, daß sie schwanger ist. Sie kann kein Kind gebrauchen, und ihr Freund, ebenfalls Student, ist da auch keine

große Hilfe. Also entschließt sie sich zur Abtreibung. Zunächst wendet sie sich an Professor Riemenschneider in Frankfurt, der, wie sie gehört hat, ein Arzt »von großer Humanität« sein soll, »von dem man ›alles haben könne‹«. Hoffnungsvoll kommt sie in die kleine Privat-Frauenklinik. Nach der Untersuchung erklärt sich der Professor zur Abtreibung bereit, wobei er vorsichtig genug ist, nur von »Unregelmäßigkeiten« zu sprechen, die einen »kleinen operativen Eingriff« erforderten. Dazu kommt es dann aber nicht, weil Helene die erforderlichen 1000 Mark nicht aufbringen kann.

Die nächste Station ihrer verzweifelten Odyssee ist eine Frau Dr. Gropius, deren Namen Helene aus dem Adreßbuch heraussucht. Die Ärztin stellt die Schwangerschaft fest und rät zur Heirat. Als Helene den Tränen nahe ihre Geschichte erzählt, zeigt sie Verständnis, lehnt eine Abtreibung jedoch ab: »Immer der gleiche Jammer, jeden Tag der gleiche Jammer… Ich kann nicht helfen, ich darf nicht helfen. Ich muß diese armen Weiber wegschicken, die fünf und sechs und sieben Kinder haben und vor Elend nicht aus und ein wissen. Ich – wenn es nach mir ginge!… Und wir haben unseren ominösen Paragraphen. Sie studieren. Auch ich habe studiert, o ja, ich weiß gut, wie schwer man es hat. Können Sie wirklich von mir verlangen, daß ich mich in die Gefahr einer Gefängnisstrafe bringe, daß ich meine ganze Existenz aufs Spiel setze? Ich kann es nicht… Und ich kann Sie nur aus aller Kraft davor warnen, sich Pfuschern anzuvertrauen.«

In ihrer Not beschließt Helene, genau das zu tun. Sie liest Annoncen, »jene mehrdeutigen Annoncen auf der letzten Seite, die Rat und Hilfe versprechen«. Auf diese Weise gerät sie schließlich an Frau Friedrichs, eine »emer. Hebamme«, die Abhilfe verspricht. Bevor es aber dazu kommt, wird die Engelmacherin festgenommen. Helene verschwindet gerade noch rechtzeitig, kehrt erst mal nach Hause zurück und entschließt sich letzten Endes, das Kind doch auszutragen.[24]

Unsachgemäße Eingriffe durch Kurpfuscher oder auch durch die Frauen selbst – und die allermeisten Abtreibungen wurden auf diese Weise durchgeführt – waren keineswegs ungefährlich. Die Frauen riskierten dabei Verletzungen und Entzündungen der Gebärmutter, Bauchfellentzündungen, wenn nicht gar ihr Leben. Man schätzte die Zahl der schweren Erkrankungen infolge illegaler Aborte auf 50000 bis 100000 Fälle pro Jahr. Häufig wurden Frauen nach einem solchen Eingriff auch unfruchtbar. Wie viele Frauen ihren Wunsch, ein ungewolltes Kind loszuwerden, mit dem Leben bezahlten, weiß man nicht genau. Ärzte, die Fälle mit verhängnisvollen Ausgängen behandelten, schätzten bis zu 48000 Todesfälle pro Jahr.

Ungeachtet solcher Gefahren unternahmen verzweifelte Frauen alles mögliche, um sich einer ungewollten Schwangerschaft zu entledigen. Bevor sie sich einer »weisen Frau« anvertrauten, versuchten sie erst selbst mit mehr oder weniger harmlosen Hausmitteln eine Blutung auszulösen. Sie sprangen von Tischen, badeten möglichst heiß oder kauften eines der vielen Präparate zur »Frauenhilfe bei Stockungen«, wie sie in den entsprechenden Anzeigen genannt wurden. Solche Mittel der Frauenhilfe konnte man in Apotheken oder Drogerien kaufen, häufig genug hielten sie allerdings nicht die vollmundigen Werbeversprechungen: »Garantiert unschädlich! Sonst Geld zurück. Gravidität ausgeschlossen.«[25]

Sehr verbreitet waren auch Selbstabtreibungen mit Hilfe einer Injektion in die Gebärmutter. Dabei leistete die Birnenspritze oder Mutterdusche – das bereits beschriebene Verhütungsmittel – gute Dienste. Die Hamburgerin Irma P. erzählt später darüber: »Wenn wir erst einmal wußten, wie man abtrieb, wie wir da drinnen gebaut waren, gingen wir selbst dabei, um das Geld zu sparen. Die Frauen machten es mit Stricknadeln oder kauften sich eine ›Mutterdusche‹ und spritzten damit Seifenwasser in den Uterus. Dabei mußten sie aufpassen, daß sie sich nicht ansteckten, daß keine Luft mitkam... Ich lernte es von einer älteren Freundin. Die hatte bis zum 20. Lebensjahr vier Geburten – davon drei Totgeburten – und in den folgenden zwei Jahren vier Abtreibungen durch eine ›weise Frau‹. Dann hatte sie gelernt, wie so eine Unterbrechung vorzunehmen war, und erklärte mir den Eingriff sehr genau. Ich beschaffte mir also eine Dusche mit dünnem Ansatzrohr und wenn es ein, zwei Tage über die Zeit war, daß meine Regel einsetzen sollte, versuchte ich sofort, Seifenwasser in den Uterus zu spritzen...«[26]

Schon viel gefährlicher waren giftige Substanzen wie Blei, Arsen oder Chinin, welche die Frauen in der Hoffnung einnahmen, daß der Fötus zuerst sterben würde. Solche selbstmörderischen Versuche endeten nur allzu leicht mit dem Tod der werdenden

Mutter. Jedenfalls setzte sie ihre Gesundheit aufs Spiel. Else Kienle berichtet von einer Patientin, die mit »schweren inneren Verbrennungen und Verätzungen« zu ihr in die Sprechstunde kam. Diese Frau hatte, als das Gift nicht sofort wirkte, immer mehr davon eingenommen.[27]

»Fort mit der Abtreibungsstrafe«

Kaum ein Thema erregte in der Weimarer Republik die Gemüter mehr als die äußerst kontroverse öffentliche Diskussion über den Paragraphen 218. Hätte es diesen »ominösen Paragraphen« nicht gegeben, wäre vielen Frauen großes Leid erspart geblieben. Der Paragraph 218 des Strafgesetzbuchs von 1871 bedrohte eine Schwangere, »welche ihre Frucht vorsätzlich abtreibt oder im Mutterleib tötet«, mit Zuchthaus bis zu fünf Jahren. Dasselbe galt für denjenigen, der bei einer Frau eine Abtreibung vornahm. Selbst Schangerschaftsabbrüche aus medizinischer Indikation, wenn Lebensgefahr für die Schwangere bestand oder drohte, waren gesetzlich nicht zugelassen. Ärzte, die solche Abtreibungen unter Berufung auf ein »Notstandsrecht« durchführten, mußten mit Anklagen rechnen.

Die mehr als halbherzige Reform des Paragraphen 218 im Jahr 1926 brachte keinen echten Fortschritt. Abtreibung blieb strafbar, wenn auch »nur« noch Gefängnisstrafen verhängt werden durften. Erst ein Urteil des Reichsgerichts vom März 1927 erkannte wenigstens die Abtreibung aus medizinischer Indikation als erlaubt an. In der Praxis wurde allmählich auch eine gemischte, medizinisch-soziale Indikation toleriert, wobei sich allerdings Arzt und Patientin auf einem umstrittenen »Grenzstreifen« bewegten. Else Kienle, die sich als Frauenärztin immer wieder für eine Liberalisierung des Abtreibungsrechts einsetzte, sah hier eine »bedrohliche Gefahrenzone«. Befunde könnten von Außenstehenden so oder so ausgelegt werden. »Solange das soziale Moment nicht als gleichberechtigter Unterbechungsanlaß angesehen wird, werden die willkürlichen Strafanzeigen nicht aufhören.«[28] Wie recht sie mit dieser Einschätzung hatte, mußte sie am eigenen Leib erfahren.

Aber erst ein Theaterstück löste eine breite öffentliche Diskussion über das Abtreibungsverbot aus: *Cyankali* von Friedrich

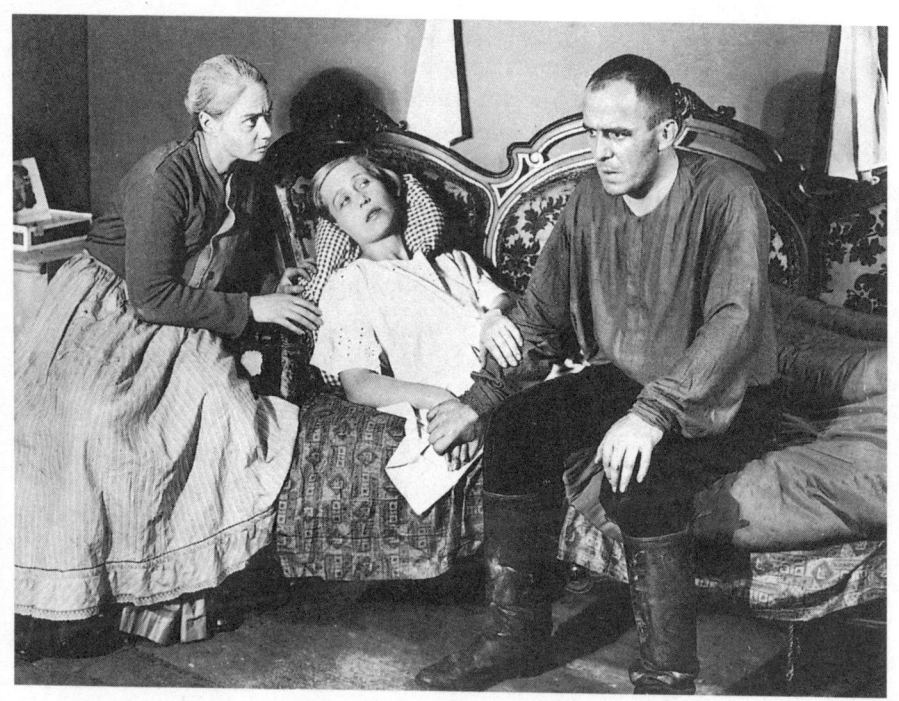

Hete, dargestellt von Maria Krahn, stirbt an den Folgen eines Abtrei-bungsversuchs. Szene aus dem Theaterstück Cyankali.

Wolf, das 1929 in Berlin uraufgeführt wurde, ließ den Protest gegen das Abtreibungsverbot zu einer regelrechten Massenbe-wegung anschwellen. Wolf, ein kommunistischer Arzt, zog mit seinem Drama, in dem es um einen tragisch endenden Vergif-tungsfall geht, das ganze Abtreibungselend an das Licht der Öf-fentlichkeit. Hauptfiguren sind Hete und Paul, ein unverheirate-tes Arbeiterpaar. Hete wird ungewollt schwanger, entschließt sich aber erst dann zur Abtreibung, als sie und Paul ihre Arbeit verlieren. Da sie keinen Arzt findet, der bereit ist, ihr zu helfen, versucht sie eine Selbstabtreibung. Sie schluckt Cyankali und geht an der Vergiftung elend zugrunde. Ihr letzter Verzweif-lungsschrei: »Tausende... müssen ... so sterben... Hilft... uns... denn niemand?«[29] verhallte nicht ungehört.

Wo immer *Cyankali*, bald auch als Film, gezeigt wurde, er-regte es die Gemüter derart, daß sich viele der Protestbewegung gegen den Paragraphen 218 anschlossen. Erstmals gingen

Frauen deswegen auf die Straße. Der *Cyankali*-Autor Friedrich Wolf wurde zusammen mit Else Kienle im Februar 1931 verhaftet. Beiden Ärzten, die von einem Kollegen denunziert worden waren, wurde gewerbsmäßige Abtreibung vorgeworfen. Dabei ging es vor allem um die nicht erlaubte soziale Indikation. Mehr als 320 Frauen, deren Namen in den beschlagnahmten Kartotheken der beiden Ärzte im Zusammenhang mit einer Abtreibung auftauchten, wurden ebenfalls angeklagt. Ein Proteststurm der Empörung führte schließlich dazu, daß die beiden Ärzte wieder freigelassen wurden. Ein Erfolg, aber die Bewegung gegen den Paragraphen 218 scheiterte mit ihrem Hauptanliegen, eine Aufhebung des Abtreibungsverbots zu erreichen.

Else Kienle war schon als Mädchen von dem Wunsch beseelt gewesen, Ärztin zu werden. Obwohl es für die wenigen Frauen an den Universitäten keineswegs einfach war, schloß sie ihr Medizinstudium 1923 erfolgreich ab. Zuvor hatte sie eine Verlobung aufgelöst: Ihr Verlobter fand eine Berufstätigkeit seiner Zukünftigen unpassend. Selbstbewußt und unkonventionell, sportlich und modisch, wie sie war, verkörperte Else Kienle die moderne Frau der Weimarer Zeit. Mit Leidenschaft spielte die sozial engagierte Ärztin Tennis und fuhr schicke Autos. Zunächst arbeitete sie im Stuttgarter Katharinenhospital in der Abteilung für Geschlechtskrankheiten. 1928 eröffnete sie mit Unterstützung des Bankiers Stefan Jacobowitz, den sie 1929 heiratete, in Stuttgart eine eigene Praxis für Harn- und Beinleiden. Außerdem leitete sie eine Beratungsstelle des Reichsverbandes für Geburtenregelung und Sexualhygiene, eine der wenigen Stellen dieser Art in Süddeutschland.

Immer wieder wandten sich Frauen an Else Kienle, die sich der Notlage ihrer Patientinnen nicht verschließen mochte und Abtreibungen aus medizinisch-sozialer Indikation vornahm. Sie trat öffentlich für die Straffreiheit des Schwangerschaftsabbruchs ein. Mit ihrer Verhaftung wurde Else Kienle zu einer Symbolfigur des Kampfes gegen das Abtreibungsverbot.

Im Untersuchungsgefängnis schrieb sie ihr Buch *Frauen. Aus dem Tagebuch einer Ärztin*, das 1932 erschien. Nicht nur schildert sie darin zahlreiche Fälle aus ihrer Praxis, sondern legt auch ihre Gedanken zum Abtreibungsproblem dar: Es müsse »doch immerhin merkwürdig berühren, daß unter so vielen errungenen Rechten eben dies eine Grundrecht der Frau, das auf ihren

Else Kienle –
engagierte Ärztin und
mutige Kämpferin
gegen den § 218.

eigenen Körper, abgelehnt wird«. Der »Gebärzwang« bedeute ein »infames Vergehen gegen die allereinfachsten Menschenrechte«. Die Abtreibung sei »ja nicht, wie uns manche Prediger einer unwahren und lebensfremden Moral einreden wollen, eine Erfindung der müde gewordenen Zivilisation, eine schmähliche Praktik der lebensuntüchtig gewordenen, verweichlichten, genußhungrigen Großstädterin«. Im Gegenteil, es sei ein »bitterer Entschluß« für die Frauen. Ein Entschluß allerdings, der, erst einmal gefaßt, unerschütterlich sei. Daran ändere auch das Verbot nichts, das die Frauen nur zu Kurpfuschern oder zu lebensgefährlichen eigenen Eingriffen treibe. Dabei seien die Gegner des Verbots, »genau gesagt, überhaupt keine ›Anhänger der Abtreibung‹«. Eine menschenwürdige Regelung der Abtreibung sei nur der erste Schritt zur »Geburtenregelung durch Vorbeugung«, erst durch Verhütung könne das Problem endgültig gelöst werden.[30]

Nach einem Hungerstreik, der sie beinahe das Leben gekostet hätte, wurde Else Kienle am 28. März aus der Untersuchungshaft entlassen. Wenig später emigrierte sie über Frankreich und Monaco in die USA, wo sie weiter als Ärztin praktizierte. 1931 ließ sie sich scheiden und erlebte in den folgenden Jahren drei weitere Ehen.[31]

Die breite Massenbewegung gegen den Paragraphen 218 wurde von linken Sozialdemokraten, radikalen Feministinnen, Sexualreformern und vor allem der KPD getragen. Etwa die bekannte Sexualreformerin Helene Stöcker trat – ganz im Gegensatz zur bürgerlichen Frauenbewegung – für die Streichung des »mittelalterlichen Mörderparagraphen« ein. Die KPD wollte den »Klassenparagraphen« kippen, unter dem vor allem Frauen des Proletariats zu leiden hätten. Freigabe der Abtreibung und Kostenübernahme durch die Krankenkassen, das waren die KPD-Forderungen, mit denen natürlich auch mehr Frauen für die Partei gewonnen werden sollten.

Wenigstens eine Reform des umstrittenen Paragraphen wurde von weiten Kreisen der Weimarer Gesellschaft befürwortet. Sei es durch Einführung der Fristenlösung, verschiedener Indikationen oder durch eine Strafmilderung. Sozialdemokraten und Linksliberale traten meist für eine dieser Varianten ein. Prominenz aus Kultur und Wissenschaft – Bert Brecht und Kurt Tucholsky, Käthe Kollwitz und Erich Kästner, Albert Einstein und Sigmund Freud – machten sich zu Fürsprechern einer Reform oder Freigabe der Abtreibung. Es entstanden Bilder von Käthe Kollwitz und Gedichte von Brecht und Tucholsky zu diesem Thema. Auch in vielen Romanen der zwanziger Jahre kam die Abtreibungsmisere zur Sprache: in Vicki Baums *stud. chem. Helene Willfüer* und Franz Kreys *Maria und der Paragraph*.

Alle diese Bestrebungen scheiterten am Widerstand des konservativen Lagers und der katholischen Kirche. Für die katholische Kirche war Abtreibung seit jeher Mord am ungeborenen (und ungetauften) Kind. Hauptsächlich argumentierten die Reformgegner mit dem anhaltenden Geburtenrückgang, für den sie die »Abtreibungsseuche« verantwortlich machten. Noch mehr Abtreibungen, und das deutsche Volk werde in seinem Bestand gefährdet.

Dieser Meinung schloß sich auch die Hamburger Ärztekammer an: »Die meisten Aborte [sind] auf Leichtsinn und Leidensscheu der heutigen Frauen zurückzuführen...; die Haltlosigkeit der heutigen Jugend, der Mangel an ernster Lebensanschauung und an Nachdenken über den Sinn des Lebens und das Fehlen jeder Verantwortlichkeit gegenüber Staat, Gesellschaft und dem keimenden Leben berechtigt wohl dazu, mehr in solchen Beweggründen die Ursache für die vielen künstlichen Aborte zu suchen als in der Qual und Not des Hungers. Wer der Abtreibungs-seuche wirksam entgegentreten will, wird nur in der Stärkung der Tapferkeit unserer Frauen und des Sittlichkeitsgefühls unseres ganzen Volkes, die einmal kommen muß, wenn nicht das ganze Volk zugrunde gehen soll..., ein Gegenmittel dagegen finden.«[32] Die Ärzteschaft, deren Meinung im Streit um den Paragraphen 218 nicht unbedeutend war, lehnte in ihrer konservativen Mehrheit eine Reform ab. Im Blatt des Deutschen Ärztevereinsbundes, in dem die meisten Mediziner organisiert waren, wurde vor einer »hemmungslosen Zunahme des wilden Geschlechtsverkehrs« im Gefolge der Freigabe der Abtreibung gewarnt. Die Geschlechtsmoral werde sich noch mehr als ohnehin schon lockern. Denn nur die Scheu vor Schwangerschaft und ihren Folgen bilde »bei sehr vielen Mädchen und Frauen eine wirksame Schranke gegen Verlockung und Sinnestrieb«.[33]

Anders als die andern:
Lesbische Frauen

*Man ›weiß‹ bereits, daß es ›so
etwas‹ gibt, daß sowohl Männer
wie auch Frauen zu jenen ›Ab-
wegigen‹ gehören, und während
man ehemals nur zu flüstern und
sich in ganz geheimnisvollen Andeutungen zu ergehen wagte –
spricht man nun darüber als von
einer bestehenden Tatsache.*

Ruth Roellig

Die lesbischen Subkulturen in den europäischen Metropolen London, Paris und Berlin entfalteten in der Zwischenkriegszeit ein lebendigeres Leben denn je. Gerade in Berlin schossen Klubs und Lokale für Freundinnen und Damen, wie sich die lesbischen Frauen damals nannten, wie Pilze aus dem Boden. Die große Anzahl und Vielfalt dieser Lokale läßt erkennen, daß die Frauenliebe zur Lebensrealität vieler Frauen geworden war. Zeitschriften, wie *Die Freundin* und die *Garçonne*, wandten sich an ein lesbisches Publikum und bildeten ein wichtiges Kommunikationsmittel gerade für jene Damen, die nicht das Glück hatten, in Berlin zu leben. Gleichzeitig blieb die Frauenliebe auch in den liberaleren Weimarer Jahren, die verklemmten Vorkriegszeiten folgten, noch diskriminierenden Vorurteilen ausgesetzt, wenn sie auch nicht verboten war. So tritt die lesbische Frau auch heute, bemerkt Ruth Roellig in ihrem Buch *Berlins lesbische Frauen* von 1928, wohlweislich nicht in den Vordergrund. Denn »trotz aller Toleranz gerade in sexuellen Dingen, ist vorläufig eine Frau, die in diesem Punkte ihre andersgeartete Triebrichtung frei bekennen würde, gesellschaftlich noch ebenso geächtet wie ehemals«.[1]

Einige der Lokale, in denen sich lesbische Frauen in Berlin trafen, stellt Ruth Roellig in ihrem Buch vor, angefangen beim exklusiven Damenklub über internationale Bars bis zur einfachen Kneipe. Der Klub Monbijou des Westens (es gab auch noch

BERLINS LESBISCHE FRAUEN

Verfasserin
Ruth
Margarete
Roellig

Vorwort

von Dr. Magnus Hirschfeld

Wo Damen dinierten und Freundinnen schwoften, das stand im Szene-
buch über die Berliner Subkultur. Originaltitel von 1928.

einen Klub dieses Namens im Osten der Stadt) etwa war »eine
streng geschlossene Gesellschaft, in die man nur durch Einführung hineingelangen kann. Das Klublokal befindet sich, von
zwei intelligenten Freundinnen, Mali und Igel, die eine ein vollendeter Garçonnetyp, fein und bewußt, die andere mehr über-
mütiger Gamin – geschickt geleitet, im vornehmen Westen Berlins, an der Ecke der stillen Wormser- und Lutherstraße. Die
großen Fenster sind nach außen hin fest verhängt, man ahnt hinter ihren dunklen Mauern kaum die sanfte trauliche Heimlich-

keit jener kleinen Räume, die Abend für Abend erfüllt sind von eleganten Frauen. Tiefe Klubsessel machen die Ecken behaglich, zartblumige Decken liegen auf den runden Tischen, die belichtet sind vom Schein matter, bunter Lampen. An den Wänden hier und da einige forsche Zeichnungen, der Art der Besucherinnen angepaßt, zwei schöne, nackte Mädchengestalten, die verträumt einander im Schoß liegen – Frauen, die rauchend in Sessel geschmiegt sind oder tanzende Paare und ähnliches – und Bildnisse einiger großer Künstlerinnen, die ›dazu‹ gehören. Hier verkehrt die Elite der intellektuellen Welt der lesbischen Frauen, Filmstars, Sängerinnen, Schauspielerinnen, überhaupt die künstlerisch schaffende und wissenschaftlich arbeitende Frau, soweit diese überhaupt in der Öffentlichkeit anzutreffen ist. Alles ist auf die gesellschaftliche Note gestimmt im ›Monbijou‹, jeder Gast wird persönlich von den Damen begrüßt… Man kennt sich untereinander, weiß, an welchen Tagen diese oder jene bestimmt anzutreffen ist, und hat immer Gelegenheit, die geschmeidige Eleganz einer vornehmen Art von Frauen zu bewundern, die sich im Tanze wiegen.«

Einen anderen Charakter hatte der von Lotte Hahm geführte Klub Violetta im Nationalhof in der Bülowstraße. Hier trafen sich junge Geschäftsdamen, Verkäuferinnen, Handarbeiterinnen und kleinere Angestellte. Im Violetta wurde »nicht nur ausschließlich der Tanz gepflegt, man veranstaltet auch aufklärende und bildende Vorträge, hat eine Sportgruppe zur körperlichen Ausbildung der Frauen, die oft eine sitzende Tätigkeit zu führen genötigt sind, gegründet«. Gesellige Veranstaltungen – etwa der Ball der Lila Nacht – gehörten ebenso zum Violetta-Programm wie das Engagement »gegen die noch herrschende Ächtung der andersgearteten Frau«.[2]

In einem Bericht über den Damenklub Violetta in der lesbischen Zeitschrift Frauenliebe von 1927 heißt es: »Es ist so wichtig, daß die Frauen sich zusammenschließen, daß sie ihr Sicherheitsgefühl stärken können. Denn es ist so dringend zu wissen, neben dir gibt es so viel andere Menschen, die gleich dir homosexuell sind, die den gleichen Kampf zu kämpfen haben, den auch du zum guten Ende führen willst.« Wie im Monbijou waren auch im Violetta Herren gar nicht gern gesehen.

Im Gegensatz dazu waren die Frauenlokale Toppkeller und Eldorado sogenannte Schaulokale für ein gemischtes Publikum.

Im Eldorado, schreibt Ruth Roellig, »ist man völlig ›international‹, hier weiß man, daß es ›Schaustellungen‹ sind, die die anders geartete Kaste dem normalen Publikum, den erlebnislüsternen Fremden gibt – und darum sind dort die schönsten, elegantesten und – teuersten Frauen zu finden«. Während flott getanzt wurde im Eldorado, saßen die Zuschauer »zu beiden Seiten auf den Estraden, Herren und Damen der Gesellschaft und Fremde, viele Ausländer, alles Menschen, die einmal einen Blick hinter die Kulissen tun wollen, einen Blick in die Sonderbarkeiten der großen, lebensgierigen Stadt, die so viel des Wunderlichen birgt«. Verführerisch, aufreizend, geheimnisvoll – das Eldorado war, zumindest für die Ortsfremden, der Inbegriff jener für das Berlin der goldenen zwanziger Jahre sprichwörtlichen Dekadenz.

Weniger zahlungskräftigen Frauen stand als Diele der Damen etwa die Taverne offen: »Eine fast fühlbare Atmosphäre von Derbheit und Urwüchsigkeit herrscht hier vor – ungeniert wird geküßt… Alles mögliche bietet die ›Diele der Damen‹, Bockbiertrubel, Strandfeste, Maskenbälle – und alle diese Feste haben das eine Gemeinsame: Es geht sehr zwanglos dabei zu – niemand nimmt Anstoß daran, ob sich zwei Frauen nach allen Regeln der Kunst abküssen, ob sie in Hosen herumlaufen oder unverkennbar leidenschaftlich aneinander hingegeben tanzen – man ist ja ›geschlossene Gesellschaft‹.«[3]

»Dame sucht ebensolche«

Berlinerinnen konnten sich über einschlägige Angebote wahrlich nicht beklagen. Immerhin gab es hier mindestens dreißig häufig als Vereine organisierte Damenklubs, die sich eines regen Zuspruchs erfreuten. Dem Monbijou gehörten etwa 600 Frauen an, Violetta hatte ungefähr 400 Mitglieder. Berlin war allerdings in dieser Hinsicht eine Ausnahmeerscheinung, allenfalls in Paris gab es eine vergleichbare lesbische Szene. In der Provinz blieb häufig nur die Möglichkeit, über einschlägige Zeitschriften Kontakte zu anderen »gleichgeschlechtlich liebenden« Frauen aufzunehmen und mit der lesbischen Bewegung in Fühlung zu bleiben.

Die populärste Zeitschrift für lesbische Frauen war *Die Freundin*, die – mit Unterbrechungen – von 1924 bis 1933 erschien. 1928 wurde das Blatt als »Schund- und Schmutzliteratur« für zwölf Monate auf den Index gesetzt, durfte also nicht öffentlich ausgehängt werden. In dieser Zeit erschien die Zeitschrift vorübergehend nicht. Herausgegeben wurde *Die Freundin* vom Bund für Menschenrechte (BfM), der größten Homosexuellenorganisation in Deutschland mit 48 000 Mitgliedern, darunter 1500 Frauen. Der Damenklub Violetta zum Beispiel war dieser Organisation angeschlossen. Inhaltlich berichtete *Die Freundin* schwerpunktmäßig über Clubs und Veranstaltungen, auch die Unterhaltung, einschlägige im lesbischen Milieu spielende Kurzgeschichten und Fortsetzungsromane etwa, kam nicht zu kurz.

Daneben erschien seit 1930 – als Nachfolgeblatt der *Frauenliebe* – die *Garçonne*, die eine halbmonatliche Auflage von 10 000 hatte. Vor allem lesbische Mittelschichtsfrauen lasen dieses Blatt, das vom Deutschen Freundschaftsverband, einer kleineren Homosexuellenorganisation, herausgegeben wurde. Die einzige nur von Frauen für ein lesbisches Publikum gemachte Zeitschrift waren die *Blätter idealer Frauenfreundschaften (BIF)*, die ab 1924 erschienen. Alleinherausgeberin dieses Blatts war Selli Engler, die auch bei anderen Lesbenzeitschriften mitarbeitete und 1929 den beliebten Damenklub Erato in Berlin eröffnete.

Wie wichtig diese Zeitschriften gerade für lesbische Frauen in Kleinstädten und auf dem Land waren, machten Zuschriften an die *Garçonne* deutlich, als das Blatt die speziellen Probleme der Provinzlerinnen aufgriff: »Mir ist die Zeitschrift sozusagen fast alles, denn Görlitz ist zu klein, es gibt kein einziges Klublokal hier...«,[4] schreibt eine Leserin und eine andere bekennt: »Ich kann ohne diese Zeitschrift Garçonne nicht mehr sein, da ich doch mit meinen Artgenossinnen in Fühlung bleiben möchte, denn hier in Karlsruhe ist gar kein Klub, viel weniger irgendeine Zusammenkunft.«[5] Auch die Kleinanzeigen waren ein bedeutender Aspekt des lesbischen Kommunikationsnetzes. Auf diesem Weg konnten Frauen Kontakte zu Gleichgesinnten aufnehmen. In der *Freundin* beispielsweise inserierten die Damen folgendermaßen: »Salzburg. Wo treffen sich dort Freundinnen?« oder »Wien. Junge, elegante, 21jährige Dame sucht an ebensolche, liebe Freundin (evtl. Künstlerin), gesellschaftlichen Anschluß.«[6]

Frauenliebe literarisch

Für die Selbstvergewisserung lesbischer Frauen spielte auch die Literatur eine große Rolle. Mit heißen Ohren verschlangen sie etwa Anna Elisabeth Weirauchs Roman *Der Skorpion*, der in drei Teilen 1919, 1920 und 1921 erschien. Heldin des Romans ist Melitta Rudloff, genannt Mette, deren Selbstfindungsprozeß als lesbische Frau geschildert wird. Mette erlebt glückliche und weniger glückliche Beziehungen zu Frauen. Gleichzeitig leidet sie unter der Diskriminierung lesbischer Liebe, die sie etwa von seiten ihrer gutbürgerlichen Familie erfährt. Stets schwankt sie zwischen lesbischer Identität und der Flucht in die »Normalität« und zieht sich am Ende zurück aufs Land. Kein lesbisches Happy-End, immerhin wird Mette aber weder »bekehrt«, noch geht sie an ihrer Homosexualität zugrunde. Weitere einschlägige Titel waren *Der wilde Garten* von Grete von Urbanitzky (1927) und *Freundinnen* (1923) von Maximiliane Akkers.

Weit über lesbische Kreise hinausgehende Popularität erlangte Christa Winsloes Bühnenstück *Gestern und Heute*. Besonders die Verfilmung dieser Liebesgeschichte zwischen Schülerin und Lehrerin unter dem Titel *Mädchen in Uniform* mit

Ein schmachtender Blick von Hertha Thiele, Hauptdarstellerin in Mädchen in Uniform.

Hertha Thiele und Dorothea Wieck in den Hauptrollen wurde ein weltweiter Erfolg. Noch populärer sollte die Neuverfilmung aus dem Jahr 1957 mit Romy Schneider und Lilli Palmer werden. Die Geschichte: In einem mit preußischer Strenge geführten Potsdamer Stift für Offizierstöchter trifft die empfindsame Schülerin Manuela von Meinhardis auf die Lehrerin von Bernburg, die als einzige Verständnis für die Leiden der Mädchen zeigt. Manuelas Gefühle für die Lehrerin gehen bald über bloße Schwärmerei hinaus, und diese findet offensichtlich auch Gefallen an dem Mädchen. Nach einer Theateraufführung kommt es zu einem Skandal: Manuela schreit ihre Liebe zu der Lehrerin öffentlich heraus. Anschließend leidet sie dermaßen unter der allgemeinen Ablehnung, daß sie sich ins Treppenhaus stürzen will. Ihre Mitschülerinnen können sie im letzten Moment davon abhalten. Anders als in dieser entschärften Filmfassung bringt sich Manuela in der Vorlage um. Christa Winsloe hatte gerade diese Zerstörung zeigen wollen, und sie wußte, worüber sie schrieb. Sie war selbst Schülerin im Kaiserin-Augusta-Stift in Potsdam gewesen, wo sich ein Mädchen aus dem Fenster stürzte und zeitlebens behindert blieb. Regisseur Carl Froelich kam es vor allem auf die Publikumswirkung an, deshalb das filmische Happy-End.

Zu einem regelrechten Kultbuch entwickelte sich der Verteidigungsroman *Quell der Einsamkeit*, den die Engländerin Radclyffe Hall 1928 veröffentlichte. Zunächst erregte der Londoner Prozeß, in dem es um ein Verbot des Buches aus sittlichen Gründen ging, internationales Aufsehen. Englands Künstlerkreise, namentlich die Schriftstellerin Virginia Woolf, engagierten sich für das Erscheinen des Buches.

Radclyffe Hall, die selbst offen als Homosexuelle auftrat, wendet sich in dem Roman gegen die Unterdrückung homosexueller Frauen: »Ja, die ganze Welt gab sich alle Mühe, sie zu zertreten, die konventionelle, selbstzufriedene Welt mit allen ihren Regeln über Sitten und Schicklichkeit, die doch so unendlich häufig von denen übertreten wurden, die so stolz und selbstzufrieden waren, weil sie sich für normale Menschen hielten. Sie traten unbarmherzig nach den vielen Tausenden der anderen, die nicht – Gott weiß, aus welchem Grund – so waren wie sie. Sie waren von der sittlichsten Verärgerung erfüllt und blickten voller Ekel auf die unglückseligen Geschöpfe hinunter. Daß sie selber sündigten, spielte keine Rolle, daß sie den tierischen Instinkten nachgeben konnten, was machte das schon? Sie waren ja normal! Und noch die am tiefsten Gesunkenen und Lasterhaftesten unter ihnen hatten in den Augen der Welt das Recht, andere anzuspucken...«[7]

Radclyffe Hall wünschte die Aufnahme homosexueller Frauen in der sogenannten anständigen Gesellschaft. Weshalb sollte eine gebildete Dame aus guter Familie von Teekränzchen und Abendgesellschaften ausgeschlossen sein, nur weil sie »invertiert« war, wie Radclyffe Hall das Lesbisch-Sein nannte. Um ihren Appell zu unterstreichen, rückte die Autorin die lesbische Subkultur in ein anrüchiges, für die Dame von Welt eigentlich nicht in Frage kommendes Licht. Damit bestätigte sie allerdings – ganz entgegen ihrer Absicht – die ohnehin negative Einstellung zur Homosexualität. Das in einem selbsthasserischen Ton geschriebene Buch vermittelt denn auch kein überzeugtes lesbisches Selbstwertgefühl. Nicht zufällig schildert Radclyffe Hall die homosexuelle Hauptfigur Stephen Gordon als eine Frau, die lieber ein Mann wäre.

Radclyffe Hall, Verfasserin des lesbischen Kultbuchs Quell der Einsamkeit, *machte nie einen Hehl aus ihren Neigungen.*

Damen mit Stil zogen darum Virginia Woolfs *Orlando* (1928) vor. Nur aufmerksamen Leserinnen erschloß sich dieser kunstvolle Roman als ein – auch – homosexueller. Lebendiges Vorbild für Orlando war Vita Sackville-West, der Viriginia Woolf im Februar 1929 über die Wirkung des Romans berichtete:»Eine Frau schreibt, daß sie sich unterbrechen und die Seite küssen muß, wenn sie ›Orlando‹ liest. Von deiner Rasse, nehme ich an. In den USA steigt der Prozentsatz der Lesbierinnen, alles deinetwegen.«[8]

Die Garçonne

Ihrem Selbstverständnis nach fühlten sich lesbische Frauen als eine Mischung aus Garçonne und dem sogenannten Dritten Geschlecht. Erfinder der Theorie vom Dritten Geschlecht waren Karl Heinrich Ulrichs und der Sexualwissenschaftler Magnus Hirschfeld. Sie begriffen Homosexualität weder als Krankheit noch als Sünde, sondern als eine Spielart der Natur: Bei homosexuellen Frauen wohnt ein männlicher Geist in einem weiblichen Körper, bei männlichen Homosexuellen ein weiblicher Geist in einem männlichen Körper. In einer Zeit, als Homosexualität nach wie vor als Sünde, Laster oder Perversion galt, zielte die Theorie vom Dritten Geschlecht auf eine Entdiskriminierung ab. Wenn es sich dabei um ein natürliches Phänomen handelte, was die Anhänger dieser Theorie vertraten, dann konnten die Homosexuellen nicht länger Bestrafungen oder Heilungsversuchen ausgesetzt werden.

Noch wichtiger war vielleicht das schillernde Frauenbild der Garçonne für das lesbische Selbstverständnis. Um 1930, als die heterosexuelle Frauenwelt der Garçonne-Mode schon wieder den Rücken zukehrte, begannen die lesbischen Frauen diesen Begriff für sich zu vereinnahmen. Besonders gefiel ihnen an der Garçonne ihr entschieden anrüchiger Beigeschmack. Immerhin war das Romanvorbild nicht eben der Inbegriff der Sittsamkeit. *La Garçonne* des Franzosen Victor Margueritte, ein erfolgreicher Nachkriegsroman, der 1924 ins Deutsche übersetzt wurde, ließ die Wellen der moralischen Empörung hochschlagen. Nach der Flucht aus häuslichen Verhältnissen bricht die Heldin mit sämtlichen bürgerlichen Tabus, schwelgt ebenso in Rauschgiftorgien wie in lesbischer Liebe.

Eine Frau, die sich im wirklichen Leben ähnlichen Ausschweifungen hingab, riskierte nicht nur ihren gutbürgerlichen Ruf. Das zeigte der Wiener Skandal Geßmann. Leonie Geßmann wurde im März 1924 unter dem Verdacht verhaftet, ihrem Mann, dem Sohn eines bekannten Politikers, Arsen in die Kaffeetasse gestreut zu haben, was sie entschieden bestritt. Außerdem warf man ihr lesbische Liebesbeziehungen vor, die – anders als in Deutschland – in Österreich verboten waren. Im Zusammenhang mit diesem aufsehenerregenden Fall schrieb die *Neue Freie Presse* unter dem Titel »Die Garçonne in Wien. Der Fall Geßmann«: »Ohne die bohrende Sucherkraft der deutschen Propheten, die selbst in der Anpreisung des Orgasmus noch Theoretiker bleiben, gibt (Victor Margueritte) den Lesern auf leichtere und verführerische Art, wenn auch mit einem moralischen Mäntelchen, die nackte Perversität, die Perversität unter Frauen. Opiumrausch, Kokain, Verzerrung der Lüste, Schwäche bis zum völligen Verluste der Willensfähigkeit, gänzlicher Mangel an Natur, und sei es auch im verwegensten Sinne, und das alles eingehüllt in den matten Glanz des französischen Wortes, der dem Unrat doch noch eine Spur von künstlerischer Helle zu verleihen vermag. Die fleischgewordene Garçonne, das ist diese Frau, die sie jetzt im Kerker halten, und es ist die Materialisation des literarischen Irrsinns, der jetzt ins Licht kommt und die Öffentlichkeit in Schrecken versetzt.«[9]

Neben ihrer Rauschgiftsucht – angeblich war Leonie Geßmann kokain- und morphiumabhängig – machten sie vor allem ihre intimen Freundschaften zu Tänzerinnen – sie soll auch mit Anita Berber befreundet gewesen sein – und Schauspielerinnen des versuchten Mordes an ihrem Gatten besonders verdächtig. Um mit ihrer Freundin zusammenzuleben, hatte Leonie Geßmann ihren Mann verlassen. Dieser allerdings wollte sie zurückholen, um seine Ehefrau, die schon in ihrer Jugend in verschiedenen Anstalten für Geisteskranke gewesen war, in ein Sanatorium zu bringen. In dieser Situation witterte er Böses, als ihn nach dem Kaffeegenuß schwere Krämpfe und Übelkeit plagten. Er ließ die Tasse untersuchen, Arsenspuren wurden gefunden. Später entlastete er seine »krankhaft veranlagte Frau« wieder, indem er erklärte, sie habe keinen Mordversuch begangen, sondern »in vorübergehender Sinnesverwirrung« wohl nur danach getrachtet, »ihm eine Gesundheitsstörung zuzufügen«.[10]

Daraufhin ließ man auch den Anklagepunkt »Unzucht wider die Natur« fallen. Leonie Geßmann kam in ein Sanatorium.

Verschlüsselte Botschaften

In einem keineswegs freundlich gesonnenen Umfeld benutzten lesbische Frauen, wenn sie sich in der allgemeinen Öffentlichkeit verständigen wollten, eine uneindeutige oder doppeldeutige Ausdrucksweise, bei der »normale« Wörter eine neue Insiderbedeutung erhielten. Selbstbezeichnungen wie »Dame« oder »Fräulein« waren sehr verbreitet, obwohl gerade das Fräulein in der emanzipierten Frauenwelt sehr in Mißkredit geraten war. Vielleicht ein Fall von eigensinniger Umwertung. Bei längerer Verwendung erhielten diese Codes allerdings auch in einem größeren Kontext einen anderen Klang. »Meine Freundin« etwa hielt noch einiges in der Schwebe, wenn aber von »den Freundinnen« die Rede war, wußte jeder mehr oder weniger Bescheid. Nicht zuletzt der Reiz des Zweideutigen machte die lesbische oder bisexuelle Liebe zum beliebten Thema der Populärkultur. Fritzi Massary gab *Andersrum* zum besten, und die damals noch unbekannte Marlene Dietrich sang zusammen mit Margo Lion den eindeutig/uneindeutigen Schlager *Wenn die beste Freundin mit der besten Freundin.*

In ihren Lebenserinnerungen führt Marlene Dietrich die lesbische oder androgyne Besetzung ihrer Person auf die damalige Nummer mit Margo Lion zurück: »Die Kleider für diese neue Nummer wurden in größter Eile hergestellt, und ich war sehr stolz, daß mein Vorschlag, wir sollten schwarze Kleider tragen, angenommen wurde. Natürlich waren große Hüte unvermeidlich. Als ich die Kleider zum erstenmal sah, erschienen sie mir ziemlich traurig. Ich schlug vor, Veilchensträuße auf unsere Schultern zu stecken. Ich wußte damals nichts von der Bedeutung dieser Sträuße. Ich liebte Veilchen, das war alles. Aber seit das Theaterstück von Edouard Bourdet *Die Gefangene* großen Erfolg in Berlin gehabt hatte, wurde den armen Veilchen eine lesbische Bedeutung angehängt. Ich ahnte davon nichts. In der Kritik war dann die Rede von dem ›androgynen Lied, unterstrichen durch die Veilchen, die beide Darstellerinnen trugen, eine der Star, die andere eine mäßig begabte Neuerscheinung‹.

Ich wagte nicht, Margo Lion zu fragen, was damit gemeint war, da ich Angst hatte, als dumm und unerfahren zu gelten.«[11]

Marlene Dietrich, die am liebsten Männerkleidung trug, wurde spätestens seit ihrem Filmerfolg *Der blaue Engel* (1930) zum Idol lesbischer Frauen:»Es gab damals einen Trend, sich wie die Dietrich anzuziehen und möglichst so zu sein unter Freundinnen, und jede nannte sich Marlene wie sie.«[12]

Das von Marlene Dietrich erwähnte»arme Veilchen« war in den zwanziger und dreißiger Jahren Teil der lesbischen Blumen- und Farbensprache. Nach dem großen Bühnenerfolg des Stücks *Die Gefangene* war diese Bedeutung so bekannt, daß sich amerikanische Damen gescheut haben sollen, überhaupt noch Veilchensträußchen zu kaufen. Irène, die weibliche Hauptfigur, wird in diesem Stück von einer lesbischen Frau umworben. Allerdings tritt diese nicht selbst in Erscheinung, sondern nur durch die Veilchensträuße, die sie ihrer Geliebten in die Wohnung schickt.

Auch die Farbe Lila war Symbol eines kollektiven lesbischen Selbstverständnisses. Nicht zufällig hieß ein Damenklub Violetta, wurden»Lila Nächte« gefeiert, und die Kabarettistin Resi Langer sang für jedermann verständlich:»Nee, bei mir ist nischt zu machen, denn ick schwärm for lila Sachen.«[13]

Unter dem Stigma der Perversion

Auf der Suche nach der eigenen Identität hatten es junge Frauen, die sich zu Geschlechtsgenossinnen hingezogen fühlten und der traditionellen Frauenrolle der Ehefrau und Mutter nichts abgewinnen konnten, denkbar schwer. Sie zogen nicht nur die Ablehnung der»Normalen« auf sich, sie mußten sich auch»alles erst neu erobern, bestätigen, erringen«, wie die Philosophin Leonore Kühn 1923 schreibt. Sich mit dem»Verkehrt«-Sein zu identifizieren, erforderte großes Selbstbewußtsein, wobei nach Ansicht Leonore Kühns»nur die Frau als Freundin helfen« konnte,»die von Natur aus Gleichgestimmte«, die sich selbst schon einen Weg durch das Gestrüpp gebahnt hatte.[14] Allerdings wird der Ausflug in die Welt der»Lesbosmädchen« für so manche experimentierfreudige neue Frau kaum mehr gewesen sein als eine Stippvisite.

Zwar war die Frauenliebe – anders als homosexuelle Verhältnisse zwischen Männern – in Deutschland nicht verboten, obwohl es Bestrebungen gab, diesen Tatbestand wieder ins Strafgesetzbuch aufzunehmen. Frauenliebe stellte patriarchalische Verhältnisse doch vehement in Frage. Weibliche Sexualbedürfnisse, deren Existenz immerhin anerkannt wurde, hatten sich in Ehe und Mutterschaft zu befriedigen. Lesbische Frauen verweigerten sich aber sowohl als Sexualobjekt, wie der »heiligen Frauenpflicht«, Kinder in die Welt zu setzen. Eine solche Entwertung des Mannes durch seine völlige Ausschaltung und die Ablehnung der Mutterrolle provozierte die düpierte Männerwelt zu einer neuen Strategie gegen die Frauenliebe. Mediziner und Sexualwissenschaftler definierten das »konträre Sexualempfinden« als ein krankhaftes Phänomen.

Als neues Feindbild wurde das »echt homosexuelle Mannweib« erfunden, dem man das Frau-Sein absprach. Nach dieser Theorie verführt bzw. vergewaltigt das »Mannweib« Nicht-»Mannweiber«, die auf diese Weise zu unechten, also »Pseudo-Homosexuellen« werden. Daß sich lesbische Paare meist aus einem »virilen Teil«, kesser Vater oder Butch genannt, und einem »femininen Part«, der Mutti oder Femme, zusammensetzten, nahm man als willkommene Bestätigung dieser diffamierenden Theorie.

Mit einer grundsätzlichen feministischen Kritik an dem Begriff »Perversion« wendet sich die Psychologin Alice Rühle-Gerstel gegen die Unterdrückung lesbischer sowie weiblicher Sexualität überhaupt. Sie macht darauf aufmerksam, daß – aus männlicher Sicht – nicht nur lesbische Liebe, sondern jede von der männlichen Norm abweichende Form weiblicher Sexualität als pervers eingestuft wurde. Zur von Männern nach ihren Bedürfnissen geschaffenen Sexualnorm gehörte zum Beispiel, »daß der Mann für polygam, die Frau für monogam ›veranlagt‹ gilt. Jede Frau, die ein Bedürfnis nach Männerwechsel verspürt oder gar anmeldet, gilt eo ipso als ›abnormal‹.« Unter dem Diktat der herrschenden Ansicht und Sitte verfielen widerspenstige Außenseiter, also etwa die lesbischen Frauen, sofort der Ächtung, abnorm zu sein.

In ihrer Argumentation kehrt Alice Rühle-Gerstel das herrschende Verhältnis normal/pervers um: »An und für sich ist irgendeine Form des Geschlechtsakts oder des Liebesspiels nicht schon deshalb als pervers zu bezeichnen, weil sie der engen, ge-

Lesbische Subkultur: Butch und Femme-Paare beim Tanz. Foto von Georges Brassäi.

bräuchlichen, den Männern bequemen und der Fortpflanzung tauglichen Form widerspricht oder über sie hinausragt. Aber in unserer Männerkultur gilt alles als pervers, was dieser herrschenden Norm nicht entspricht; denn der Geschlechtsakt wird auch von den Männern nicht als ein Mittel gegenseitiger Beglückung und Verschmelzung empfunden, sondern als eine niedrige Angelegenheit, die nur niedrige Frauen interessiere, während die edle, die weibliche Frau über derlei ›Dirnenkünste‹ erhaben sei. Wünsche der Frau, die über die nackte Verbindung der Genitalien und über die von ihm gewünschte Häufigkeit hinausgehen, werden vom Mann als Perversionen empfunden und verbucht... Pervers ist nur, den Partner zum Instrument seiner isolierten Lust zu machen, ihn gewissermaßen zum Onaniehelfer zu bestimmen, ob er will oder nicht. Den Partner zum Lustknecht machen – das ist pervers, und gerade das war bis gestern die Haltung der meisten Männer gegenüber den Frauen, bezahlten und unbezahlten. Ist die Liebeshandlung zu gegenseitiger Beglückung erfunden und geübt, dann ist sie ›richtig‹, mag sie der Mucker als pervers schelten.«

Angesichts der »gegenwärtigen Auffassung der ehelichen Pflichten und der weiblichen Reinheit« war es eigentlich kein Wunder, fand die Autorin, daß viele Frauen sexuell unbefriedigt blieben und dann womöglich in der Frauenliebe mehr Erfüllung fänden. Homosexuelle Frauen seien häufig diejenigen, »die ihre weibliche Rolle zu gering finden«.[15]

Nur wenige Frauen besaßen verständlicherweise den Mut, sich offen zu ihrem Lesbisch-Sein zu bekennen. Selbst innerhalb der Frauenbewegung gab es massive Vorbehalte gegenüber diesem Thema. Auch bei wohlgesonnenen Frauenrechtlerinnen überwog die taktische Rücksicht auf die öffentliche Meinung. Obwohl einige Protagonistinnen der Frauenbewegung in Lebens- und Arbeitsgemeinschaft mit einer anderen Frau lebten – bekannte Beispiele sind Lida Gustava Heymann/Anita Augspurg, Helene Lange/Gertrud Bäumer, Franziska Tiburtius/ Emilie Lehmus –, kann über die Art dieser Beziehungen nur spekuliert werden. Einzig Käthe Schirmacher und Klara Schleker traten innerhalb der ersten deutschen Frauenbewegung offen als lesbisches Paar auf. Mehr solcher couragierten Frauen hätte es bedurft, um die Öffentlichkeit von der Haltlosigkeit aller Vorurteile zu überzeugen.

Von den Musen geküßt:
Künstlerinnen – Schriftstellerinnen – Filmstars

»Malweiber«

Immer mehr Mädchen drängten in die Kunstakademien, und es gab auch eine wachsende Zahl kunstschaffender Frauen. Das hieß aber noch lange nicht, daß sie einer entsprechenden öffentlichen Würdigung gewiß sein konnten. Für Künstlerinnen war es nach wie vor schwieriger als für die männlichen Kollegen, Galeristen zu finden, die ihre Werke ausstellten. Ungeachtet ihres Könnens tendierten ihre Chancen, sich einen bleibenden Platz in der Kunstgeschichte zu sichern, gegen Null. Ausnahmen wie etwa Käthe Kollwitz oder Paula Modersohn-Becker – beide waren große Vorbilder der jüngeren Malerinnen und Grafikerinnen – bestätigten nur die Regel. Der seit eh und je von Männern beherrschte Kunstbetrieb sorgte dafür, daß Malerinnen und Bildhauerinnen weiterhin die »zweite Stimme im Orchester« spielten.[1]

Künstler hatten gleichermaßen genial und intellektuell zu sein, so wollte es das herrschende Künstlerbild. Sicher, dies war ein schwer realisierbares Ideal auch für die Männer. Aber geniale Frauen, nein, die konnte es eigentlich nicht geben. Die Malerin Louise-Catherine Breslau erinnert sich in einer Rede, die sie 1925 hielt, an das »tröstliche« Wort eines Kollegen: »Ein Genie in Gestalt einer Frau ist so selten wie ein Mann, der Milch gibt! Immerhin, es ist tatsächlich schon vorgekommen!«[2]

Weibliche Genialität galt als ein Widerspruch in sich, allenfalls war man geneigt, einige wenige Künstlerinnen als begabte Ausnahmen zu akzeptieren. So wurden den kunstschaffenden Damen die weniger bedeutenden Bereiche des Kunsthandwerks überlassen, die natürlich mit »hoher« Kunst nichts zu tun hatten. Im übrigen ließ sich die reinliche Häuslichkeit, der Frauen sich zu befleißigen hatten, sowieso nicht vereinbaren mit dem liederlichen und lasterhaften Bohemienleben, auf das ein »echter« Künstler nicht verzichten konnte.

Wie über Künstlerinnen und ihre Werke gedacht wurde, läßt sich in Hans Hildebrandts vielgelesenem, einflußreichen Buch *Die Frau als Künstlerin* von 1928 gut nachlesen. Auffallend ist der Umstand, daß überhaupt Bücher zu diesem Thema geschrieben und veröffentlicht wurden. Offenbar konnte man nicht mehr die Augen verschließen vor der wachsenden Bedeutung und Zahl künstlerisch ambitionierter Frauen. In seinen Ausführungen würdigt Hildebrandt denn auch die Rolle der kunstschaffenden Frauen in der Kultur- und Kunstgeschichte. Jedoch stuft er Kunstwerke von Frauen als zweitrangig ein, weil sie emotional seien und die erforderliche geistige Durchdringung vermissen ließen. Zudem meint der Autor zu wissen, daß Malerinnen und Bildhauerinnen stets bei der Nachahmung männlicher Vorbilder stehenbleiben und keine eigenen neuen Stile hervorbringen. Hildebrandts Fazit: »Das Allerhöchste aber hat die Frau als gestaltende Künstlerin noch nie erstrebt, geschweige denn erreicht. Und es fragt sich, ob sie es je erreichen wird.«[3]

Nur wenige junge Mädchen stießen mit ihrem Wunsch, Künstlerin zu werden, auf ein solches Verständnis ihrer Eltern wie Käthe Kollwitz. »Dem Vater war es lange klar, daß ich zeichnerisch beanlagt war, er hatte große Freude darüber und wollte mich ganz zur Künstlerin ausbilden. Leider war ich ein Mädchen, aber er wollte auch so alles dran setzen.«[4] Die Künstlerin war ihren Eltern dankbar dafür, daß sie ihr damals unübliche Freiheiten eingeräumt hatten: Als Jugendliche durfte sie nachmittags frei in der Stadt umherstreifen. »Dieses scheinbar planlose Bummeln war der künstlerischen Entwicklung sicher förderlich. Wenn meine späteren Arbeiten durch eine ganze Periode nur aus der Arbeiterwelt schöpften, so liegt der Grund dazu in jenen Streifereien durch die enge, arbeitsreiche Handelsstadt.«[5]

In der Regel waren die zumeist gutbürgerlichen Eltern wenig erbaut, wenn ihre Töchter künstlerische Neigungen zeigten. Neben der »Brotlosigkeit« dieses Berufs schreckten die Eltern mehr oder weniger realistische Vorstellungen vom lasterhaften Bohemeleben großstädtischer Künstlerkreise, dem ihre Töchter schutzlos preisgegeben wären. Manchmal kam es über dieser Frage gar zum Bruch mit der Familie. Die Bildhauerin Renée Sintenis etwa, eine im Berlin der zwanziger Jahre sehr bekannte Künstlerin, überwarf sich völlig mit ihrem Vater. Dieser konnte es nie verwinden, daß sie sich geweigert hatte, Sekretärin zu werden. Andere Künstlerinnen belastete der Konflikt mit der Familie, das heißt mit den traditionellen Rollenerwartungen, psychisch so sehr, daß sie nie zu einer freien Entfaltung ihrer Kreativität gelangten. Auch die Hamburger Malerin Anita Rée konnte sich nicht aus dem Bann der elterlichen Zurückweisung befreien. Obwohl die Eltern ihre Arbeit mißbilligten, blieb sie bei ihnen wohnen. Nur sehr wenige Menschen bekamen die Bilder der kontaktscheuen Künstlerin zu Gesicht, deren Werk ihre Selbstzweifel und psychischen Krisen deutlich widerspiegelt.

Erst 1919 hatten Frauen Zugang zu den staatlichen Kunstakademien erhalten. Zuvor hatten sie auf private Kunstschulen oder Kunstgewerbeschulen ausweichen müssen. Die Künstlerin Hannah Höch etwa, deren Eltern von ihrem Berufswunsch alles andere als begeistert waren, besuchte zunächst die Kunstgewerbeschule in Berlin, wo sie sich der Glasmalerei widmete. Erst nach diesem »weiblichen« Zugang zur Kunst begann sie nach dem Ersten Weltkrieg ein regelrechtes Kunststudium.

Viele zog es in die Kunstmetropole Paris, die bessere Ausbildungsmöglichkeiten bot. Die Malerin Louise-Catherine Breslau erinnert sich: »Ich bin im Alter von 19 Jahren hierher [nach Paris] gekommen. Das war meine größte Chance. Ich war nicht reich und kannte hier keinen Menschen. Das einzige, worüber ich im Überfluß verfügte, war meine Begeisterung für die Kunst. Ich fieberte danach, zu studieren und zu lernen, und sehr schnell erkannte ich, daß das nur hier in Paris möglich war. In der Tat war diese Stadt in jener Zeit der einzige Ort auf der ganzen Welt, wo für eine Frau alle Voraussetzungen gegeben waren, die für ein ordentliches Kunststudium notwendig sind. Gleich vom ersten Tage an habe ich mich hier gefühlt wie der Fisch im Wasser... Ach wie schön, wie herrlich war dieser erste Sommer, den ich unter heißen Blechdächern der ›Passage des Panoramas‹ mit Zeichnen verbrachte! In Paris galt eine Frau, die malte, weder als größenwahnsinnig noch als übergeschnappt. Man betrachtete sie als von der Natur besonders begünstigt, ja als begnadet. Man liebte sie und feierte sie.«

In der Rückschau mag sich manches für Louise-Catherine Breslau verklärt haben, denn sie berichtet an anderer Stelle von den Kämpfen, Ängsten und Seelenqualen, die ihre Künstlerinnenkarriere begleiteten. Gerade für Frauen, die ihr Leben der Kunst verschreiben, sei »die Schwierigkeit so groß und anhaltend, daß wir die Fähigkeit besitzen müssen, von unserem Erfolg zu träumen, ja an ihn zu glauben, damit wir eine so steinige Karriere durchstehen können. Dies darf ich sagen, zumindest, was meine eigene Karriere betrifft, und ich bekenne, daß es mir so ergangen ist. Und ich glaube nicht, daß ich eine Ausnahme bin.«[6]

Verheiratet mit einem Künstler

Der Grundkonflikt zwischen künstlerischer Arbeit und familiären Pflichten als Mutter und Hausfrau prägte das Leben vieler Künstlerinnen. Nur schwer ließen sich diese beiden Bereiche zufriedenstellend miteinander verbinden, und so manche vielversprechende Karriere endete mit der Heirat. Kontinuierliche Arbeit blieb für die Frauen, die gleichzeitig Mann und Kinder zu versorgen hatten, oft genug ein Wunschtraum. Die Selbstverwirklichung als Künstlerin mußte gegen die alltäglichen Ansprüche der lieben Angehörigen mühsam erkämpft werden. Charlotte Berend-Corinth gibt eine plastische Schilderung davon: »Wenn ich zurückdenke, wie ich es stets durchgesetzt hatte zu malen, trotz Schwangerschaft, trotz Arbeit bei den kleinen Kindern, trotz Wirtschaft, Kochen jahrelang, Modell stehen, Kranksein viel, Pflegen viel, Geldeinschränkungen in den ersten Jahren, trotz aller Kraftausgaben an [den Malergatten Lovis] Corinth und an die Kinder jederzeit, durchs ganze Leben hin. Und immer ruft eine innere Stimme: Gib dich nicht auf! Sei achtsam, energisch, sei auch auf dich bedacht, geh nicht unter im Kleinkram, in all den immer neu geformten Arten der Pflicht.«

Daß ihre Arbeit unter diesen Belastungen litt, wundert nicht. »Wie oft glaubte ich zu ersticken... Ich bin trotz Fleißes nur sprunghaft vorangekommen, denn ich durfte nur einen Teil meiner Kraft für mich gebrauchen.«[7] Nicht zuletzt die emotionale Bindung an die Familie stand dem kreativen Schaffen im Wege. Käthe Kollwitz, die mit einem Arzt verheiratet war und zwei

Charlotte Berend-Corinth.

Söhne hatte, schreibt in ihr Tagebuch: »Wochenlang komme ich
schon zu keiner Arbeit, es ist die alte Sache, sobald einem Kind
etwas fehlt, ist man unfähig zur Arbeit.«[8] Andere Frauen verzichteten um ihrer künstlerischen Ambitionen willen ganz auf
Ehe und Mutterschaft.

Selbst Künstlerehen waren für Frauen keine Garantie für größere Freiräume zur eigenen Entfaltung. Die Hoffnung, daß ein Künstler ihrem Schaffen mehr Verständnis entgegenbringen würde, trog. Im Gegenteil, nicht selten verschwand die Künstlerin im Schatten ihres berühmteren Ehegatten, der den Vorrang seiner Arbeit stets zu wahren wußte. Charlotte Berend-Corinth, Tochter eines jüdischen Kaufmanns in Berlin, war eine selbstbewußte, eigensinnige junge Malerin, als sie 1903 den 22 Jahre älteren Lovis Corinth heiratete. Sie war zuvor die Starschülerin in dessen privatem Atelier für »Malweiber« gewesen. Ihr Tagebuch aus den Jahren nach dem Tod ihres Ehemannes im Jahr 1925, *Mein Leben mit Lovis Corinth*, ist ein beredtes Zeugnis für die völlige Unterordnung Charlottes in der Ehe. Nicht nur übernahm sie auf Kosten ihrer eigenen Arbeitsfähigkeit in traditioneller Rollenteilung Haushaltspflichten und Kindererziehung. Die »Kraftausgaben an Corinth« gingen noch viel weiter.

»Einmal, als wieder eine Depression über ihm war, hatte ich ihm ein großes Stilleben in seinem Atelier aufgebaut, Tulpen, Mandelblüten, Goldlack, eine Decke dazu, wie er sie liebte. Davor auf eine Staffelei stellte ich eine schöne neue Leinwand, überm Stuhl lag ein frischer Malkittel, daneben eine neue Palette, neue Pinsel und Farben. Ich weiß nicht, wie er empfand, als er es am andern Morgen sah, zu Mittag murmelte er: ›Ganz gut gemeint, aber doch nicht was Besonderes.‹ Jedoch am Nachmittag ging er nochmals nach oben und malte eine Anlage, und am andern Tag arbeitete er intensiv, und es wurde das schöne Bild, das jetzt im Salon immer vor mir hängt.«

Charlotte unterstützte und inspirierte ihren Mann bei seiner Arbeit, wo sie nur konnte, wobei ihre eigene Malerei oft genug auf der Strecke blieb. »Da hat mir ein Schüler Rosen verehrt, sie sind auserlesen fein in den Farben, aber weder habe ich die Zeit noch die Frische zum Malen. Unwillkürlich, wie seit Jahren gewohnt, kam es mir: ›Willst du sie nicht malen, Lovis?‹ Wie oft entstand auf diese Weise ein Bild.« Wohlgemerkt, ein Bild von ihm!

Ohne Frage war Charlotte eine wichtige Inspirationsquelle für das künstlerische Werk ihres Mannes. Daß sie umgekehrt eine solche Unterstützung entbehren mußte, stellte sie später allerdings sehr zaghaft in Frage: »Ich behaupte sogar, daß große Leistungen von einem Mann nur ausgeführt werden, wenn eine Frau neben ihm steht, ohne sich vordrängen zu wollen, nicht einen Schritt – eher noch hinter ihm mag sie verbleiben. Er aber weiß, daß er, wann immer er den Kopf zur Seite oder ein wenig nach rückwärts wendet, er in die Augen der Frau sieht. Selbst wenn der Mann es selten ausspricht, so ist es dennoch so, daß jedesmal sein Dank und seine Liebe zu ihr sich erhöht – und seine Leistungskraft. Ich behaupte ferner, daß auch eine Frau mehr Leistungen von Wert hervorbringen würde, wenn ein Mann so neben ihr stünde, aber – er möge mir verzeihen – dafür ist der Mann noch nicht reif! Tatsächlich, es gibt keine Frauenemanzipation – es gibt nur eine Entwicklung beim Manne, auf die zu hoffen wäre.«

Während ihrer Ehe kam Charlotte nicht auf den Gedanken, entsprechende Hilfe von Corinth für ihr eigenes Werk einzufordern. Wenn auch teilweise unter heftigem Widerstreben, unterwarf sie sich seinen Anforderungen und stellte eigene Bedürfnisse zurück. Daß sie damit seiner »Unreife« ständig Vorschub geleistet haben könnte, ist ihr offenbar nicht aufgegangen. Sie litt still vor sich hin.

»Oft stand ich allein in meinem Schlafzimmer und knetete die Hände ineinander und biß die Zähne fest zusammen, wenn ich nicht das geringste Verständnis für mich fühlte – aber ich ging jedesmal ein Stück gestärkter aus dieser einsamen Stunde hervor; es hieß stets allein fertig werden… Corinth hatte bei unserer Eheschließung Angst, er würde unter den Skrupeln meiner Künstler-Laufbahn mitzuleiden haben. Litt er doch schon schwer genug an sich.« Also versprach die junge Braut, ihren Malergatten nicht mit ihren Problemen zu belasten. Im Gegenteil, sie opferte sogar ihre kostbare Zeit für dessen Korrespondenz, obgleich ihr dies verhaßt war. Oft »graute mir davor, wenn ich seinen Schritt hörte; in der Hand hielt er Briefe: ›Möchtest du mal durchlesen? Ich weiß nicht recht, was diese Leute wollen. Mir scheint, man muß da aufpassen.‹ Ich nahm, las, beantwortete. Ach, ich tat es nicht gern, denn ich hatte eigentlich nur Pause für mich zwischen all diesen Obliegenheiten. Es war bis in die späte Abendstunde und schon vor dem Frühstück zu tun.«⁹

Nach dem Tod ihres Mannes, dessen Nachlaß sie aufopferungsvoll verwaltete, lebte Charlotte allmählich wieder auf. Sie eröffnete eine eigene Malschule und entwickelte ihr Werk – nun mit voller Kraft – weiter. Das Selbstporträt von 1937 zeigt eine Malerin, der es nicht an Selbstbewußtsein mangelt, ganz »grande dame« der Malerei.

Im Schatten des Kunstbetriebs

Aus verschiedenen Gründen war es für Frauen nach wie vor sehr viel schwieriger als für Männer, im Bereich der Kunst Erfolg und Anerkennung zu erlangen. Zum einen mußten sie, das zeigt das Beispiel Charlotte Berend-Corinths in aller Deutlichkeit, ihre Energie zwischen ihrer Arbeit und familiären Pflichten aufteilen. Nur wenigen Frauen gelang es, kontinuierlich an ihrem Werk zu arbeiten. Zum anderen begegnete ihnen der Kunstbetrieb mit seinen immer nur männlichen Galeristen, Kunstkritikern und Kunsthistorikern häufig mit einer mehr oder weniger ausgeprägten Geringschätzung, die sich gegen das weibliche Kunstschaffen insgesamt richtete. So hatten es Künstlerinnen schwer, sich einen Namen zu machen, Bilder zu verkaufen.

Sonia Delaunay etwa, die mit ihrer avantgardistischen Kunst Aufsehen erregte und deren Mode-Kollektionen sehr gefragt waren, ist heute weit unbekannter als ihr Ehemann Robert Delaunay, woran die Kunstkritik nicht unschuldig ist.[10] Die aus der Ukraine stammende Sonia hatte, als sie 1910 Robert Delaunay ehelichte, ein Design-Studium und ein Malerei-Studium sowie eine aus Rücksichten auf ihre Familie geschlossene Ehe mit dem Kunsthändler Wilhelm Uhde hinter sich. Zusammen mit Robert entwickelte sie in den folgenden Jahren Theorien über das Primat der Farbe in der Malerei. Bei dem Orphismus – so nennt man diesen Ableger des Kubismus – geht es um gegenstandslose »reine« Malerei, die ausschließlich auf Farben, Licht und Bewegung basiert. Abstrakte Elemente, etwa Bögen und Kreise, werden mit leuchtenden Farben kombiniert. Dabei spielt der Simultankontrast eine große Rolle: Durch bestimmte Farbkombinationen wird das Auge dazu gereizt, zu jeder einzelnen Farbe gleichzeitig eine andere, die Komplementärfarbe, zu »sehen«.

Während Robert sich meist auf »richtige« Bilder konzentrierte, ging Sonia mit dem Anspruch, die Isolation der Künste aufzubrechen, sehr viel weiter. Wie die zeitgenössische Avantgarde, etwa des Bauhauses, experimentierte sie mit sehr verschiedenen Materialien und Anwendungsbereichen. Sie gestal-

Das Auto passend zum Mantel. Aufsehenerregendes Design von Sonia Delaunay.

tete »simultane« Stoffmuster, Kleider, die sie ab 1924 in einem eigenen Mode-Atelier in Paris verkaufte, Theaterkostüme und Bucheinbände, bemalte Autos und Wände. Sonia ignorierte die Trennung zwischen »angewandter« und »freier« Kunst vollständig – und nicht ungestraft. Bis heute ist sie in Kunstgeschichte und Kunstbetrieb weit geringer geschätzt als ihr Ehemann, obwohl sich beide Delaunays in dem Ziel ihrer Kunst und den verwendeten Mitteln gar nicht sehr unterschieden.

Vor allem mit ihrer Tätigkeit auf dem Gebiet der »angewandten«, »niederen« Kunst hat sich Sonia in den Augen der Kunstkritik disqualifiziert. Man unterstellt ihr eine Nähe zum Kunstgewerbe, spricht von »typisch weiblicher« Textilkunst. Wer solche Handarbeit machte, konnte kein Künstler sein, dessen Werke einem ebenso genialen wie intellektuellen Geist entspringen sollten. Dabei geht die ohnehin fragwürdige Unterscheidung zwischen »freier« bzw. »hoher« und »angewandter« bzw. »niederer« Kunst, dem Kunsthandwerk eben, an dem Werk Sonia Delaunays, das diese Grenze gerade übersprang, völlig vorbei.

Auch andere avantgardistische Künstler und Künstlerinnen befaßten sich in dem Bestreben, Kunst und Leben wieder miteinander in Verbindung zu bringen, mit Mode und Industriedesign. Besonders radikal war die russische bildnerische Avantgarde, die sich nach der Revolution von 1917 für den Aufbau einer neuen Gesellschaft engagierte. Überraschend viele Frauen spielten eine wichtige Rolle in der russischen Avantgarde. Künstlerinnen wie Alexandra Exter, Natalia Gontscharowa, Ljubow Popowa und Warwara Stepanowa, um nur einige zu nennen, waren von Anfang an in so legendären Ausstellungen wie »Karo-Bube« (1910) oder »Tramway V« (1915) vertreten. Bei der futuristischen Ausstellung »5 × 5 = 25« im Jahr 1921 waren die Künstlerinnen gar in der Mehrheit.

Sie alle hatten mit kubistischer und futuristischer Malerei angefangen, sahen dann aber keinen Sinn mehr in nur zum Selbstzweck gemalten Bildern. Alexandra Exter begann als Bühnenbildnerin zu arbeiten, Warwara Stepanowa und Ljubow Popowa zeichneten Flugblätter und entwarfen riesige Straßendekorationen für die politische Propaganda. Kunst wurde ihnen immer suspekter.

In einem »Produktivistischen Manifest«, das sie zusammen mit dem Künstler Wladimir Tatlin unterzeichneten, heißt es: »Kunst ist die genau gleiche Lüge wie die Religion. Wir proklamieren einen erbarmungslosen Kampf der Kunst im allgemeinen Sinne. Wir müssen Kontakte mit allen industriellen Zentren des sowjetischen Staates anknüpfen, welche die kommunistischen Lebensformen in Praxis umsetzen.« Folgerichtig verstanden Warwara Stepanowa und Ljubow Popowa sich nicht mehr als Künstlerinnen, sondern als Technikerinnen. Sie arbeiteten in der Textilfabrik Tsindel in Moskau und entwarfen Stoffe. Über diese Zeit schrieb Warwara Stepanowa später: »Nie war ich so glücklich wie damals, als ich gesehen habe, daß die Arbeiter und Bauern tatsächlich meine Stoffe tragen.«[11]

Hannah Höch erfuhr lange Zeit die Geringschätzung der Kunstkritik, die in ihr bis in die 6oer Jahre hinein nur »das kleine tüchtige Klebemädchen mit Sammelalbum, Spitzen, Schnittmusterbogen und Schneiderschere« sah.[12] Spät erst erkannte man die bedeutende Rolle an, die sie bei der Erfindung und Entwicklung der Fotomontage spielte.

Die junge, aus gutbürgerlicher Familie stammende Kunststudentin Hannah Höch lernte 1915 in Berlin den Dadaisten Raoul Hausmann kennen, mit dem sie bis 1922 eine intime Beziehung hatte. Im Dada-Freundeskreis, dem auch George Grosz, John Heartfield, Wieland Herzfelde, Johannes Baader angehörten, suchte man nach neuen künstlerischen Ausdrucksformen; die etablierten Kunstrichtungen wurden in den Augen der Dadaisten der Umbruchsituation in den Jahren um den Ersten Weltkrieg überhaupt nicht gerecht und von ihnen entsprechend scharf abgelehnt. Immerhin mußten die Zeitgenossen in jener kurzen schockierenden Zeitspanne einiges verkraften: einen verheerenden Krieg, das Ende des Kaiserreichs, Revolution und die Errichtung einer demokratischen Republik.

Und diese Republik litt von Anfang an unter dem krassen Bruch zwischen kaiserzeitlichen Traditionen und modernen Tendenzen: Auf der einen Seite blieben die altgewohnten Herrschafts- und Produktionsverhältnisse weiter bestehen, auf der anderen Seite sorgten neue Produktionsmethoden (Fließband), die Technikbegeisterung, die zunehmende Mobilität (Auto- und Flugverkehr), die Urbanisierung, das Kino für einen gesellschaftlichen Aufbruch.

Die Dadaisten erfanden die Fotomontage, die sich eines modernen Mediums bediente und bewußt Bezug nahm auf einen nichtkünstlerischen Arbeitsbereich. Mit dieser bildnerischen Technik ließen sich Brüche darstellen; provokante Kombinationen an sich harmloser Versatzstücke sollten Seh- und Denkgewohnheiten irritieren. Während sich die politischen Ambitionen – der Club Dada verstand sich als antibourgeoise Bewegung – in radikalen Parolen erschöpften, sicherten sich die Dadaisten mit der Erfindung der Fotomontage und der Collage verschiedenster Materialien einen bleibenden Platz in der Kunstgeschichte.

Als einzige Frau im Berliner Dada-Kreis war es für Hannah Höch nicht einfach, ihre künstlerische Identität zu entwickeln und zu behaupten. Trotz aller Bekenntnisse der Dada-Bohemiens zur Emanzipation der Frau durfte die Freundin Hausmanns in diesem »ausgesprochen exklusiven Männerbund« nur eine Nebenrolle spielen. Später sagte Hannah Höch: Die »meisten männlichen Kollegen betrachteten uns [die Künstlerinnen] lange Zeit als reizende, begabte Amateure, ohne uns je einen beruflichen Rang zuerkennen zu wollen«.[13]

Während in Dada-Manifesten das Ende der männlichen Besitzrechte an der Frau und die unbegrenzte Freiheit sexueller Beziehungen jenseits der miefig-bürgerlichen Kleinfamilie propagiert wurden, taten sich die Dadasophen mit der Umsetzung dieser Ideen schwer. So anarchisch-revolutionär sich gerade Raoul Hausmann gebärdete, so wenig war er bereit, mit seiner bürgerlichen Lebensweise zu brechen, gerade auch in Hinblick auf seine Frauenbeziehungen.

Hannah Höch wird von dem Dada-Chronisten Hans Richter als »das kleine Mädchen im Raubtierkäfig Raouls« beschrieben. »An den ersten Dada-Veranstaltungen in Berlin hat sie außer mit ihren Collagen kaum teilgenommen. Ihr Stimmchen wäre sowieso von dem Tosen ihrer männlichen Kommilitonen überdröhnt worden. Aber als Vorsteherin der Atelier-Abende bei Hausmann war sie unentbehrlich, sowohl durch den grellen Kontrast ihrer leicht klösterlichen Grazie zu dem Schwergewichtsanspruch ihres Meisters, als auch durch die belegten Brötchen mit Bier und Kaffee, die sie trotz Geldmangel auf irgendeine Weise hervorzuzaubern verstand. An solchen Abenden durfte sie auch ihre kleine, aber sehr präzise Stimme erheben, und, wenn Hausmann die Anti-Kunst proklamierte, für die Kunst und für Hannah Höch in die Bresche springen. Ein tüchtiges Mädchen!«[14]

Wenn auch Hannah Höch diesen Bericht später als »ein Märchen, das mal durch ein Mißverständnis entstand«, zurückweist, so wirft er doch ein bezeichnendes Licht auf das Bild, das die Berliner Dadaisten von ihr hatten. An ihre Liaison mit dem Monokel tragenden Bürgerschreck Raoul Hausmann erinnert sich die Künstlerin: »In meinen Augen besaß Hausmann unter den ersten Dadaisten die reichste Phantasie, die größte Erfindungsgabe. Aber Raoul Hausmann war ein ruheloser Geist. Um seine Ideen verwirklichen, etwas Bleibendes schaffen zu können, brauchte er eigentlich Ankurbelung. Soviel ich weiß, ist es ihm nach unserer Trennung schwergefallen, sich als Künstler durchzusetzen, obwohl ich sicher bin, daß er noch heute für seine Freunde eine unversiegbare Quelle von Einfällen ist. Ich selbst danke ihm viel, wenn ich auch, durch Hintansetzung meiner Persönlichkeit, spät zu meiner eigenen Entwicklung kam.«[15]

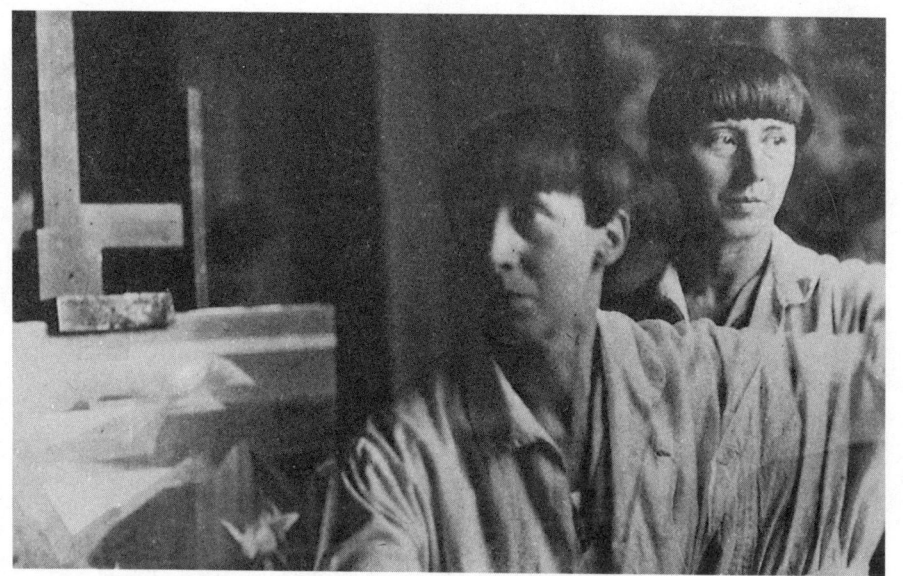

Zweimal Hannah Höch; das experimentelle Foto mit Doppelbelichtung zeigt die Malerin und Objektgestalterin im Atelier.

Daß auch Hausmann die Inspiration seiner Freundin in besonderem Maße gebraucht haben könnte, hat dieser nie zugegeben. Im Gegenteil, er machte ihr immer wieder die Erfindung der Fotomontage streitig. Sicher nicht zufällig erscheint Hannah Höch ihr Leben an der Seite Hausmanns rückblickend als eine »harte und schmerzliche Lehrzeit«. Erst nachdem sie sich von Hausmann trennte, sei sie »richtig zu Wort gekommen«, konnte »persönliche Kontakte gewinnen«.[16]

Wenn sie auch von Raoul Hausmann, der vor Ideen nur so überschäumte, und seinen Freunden sehr fasziniert gewesen sein muß, so ganz erlag sie nie dem Bann der schillernden Dada-Szene. Ausdruck für die innere Souveränität, die sie sich zu bewahren verstand, ist zum Beispiel die Collage »Da-Dandy« aus dem Jahr 1919, mit der sie den exaltierten Habitus ihrer Dada-Freunde satirisch aufs Korn nimmt. Nüchterner als ihre männlichen Kollegen wird sie schon deshalb gewesen sein, weil sie während ihrer Studien- und Dada-Zeit nebenbei als Zeichnerin beim Ullstein-Verlag arbeitete, um ihren Lebensunterhalt zu verdienen.

Immer wieder setzte sich Hannah Höch in ihrem Werk mit der

Rolle der Frau kritisch auseinander, entlarvte die Ehe als erstarrte bürgerliche Konvention. Etwa das heftig streitende »Bürgerliche Brautpaar«, Fotomontage aus dem Jahr 1919, treibt dem Betrachter jene Sentimentalitäten aus, die sich rund um den »schönsten Tag« im Leben der Frau ranken. Während sich die verkrüppelt wirkende, puppenhafte Braut – im modischen Badeanzug – entschieden von ihrem ebenfalls sportlich gekleideten Gemahl abwendet, windet sich dieser in einer seltsamen Körperhaltung. Kopf und Oberkörper streben zur Angetrauten hin, Unterleib und Beine von ihr weg. Hintergrund der Auseinandersetzung bilden Arbeitsgeräte der künftigen Hausfrau, Hochzeitsgeschenke, die in diesem Fall nicht die gebührende Freude auslösen.[17]

Mit ihrer Collage »Entwurf für das Denkmal eines bedeutenden Spitzenhemdes« von 1922 stellt Hannah Höch die traditionelle Frauenrolle ironisch in Frage. Ausgeschnittene Teile verschiedener Schnittmusterbogen sind zu einem »Denkmal« zusammengefügt. Die Künstlerin, die während ihrer Tätigkeit für den Ullstein-Verlag auch Schnittmusterbögen zu entwerfen hatte, versetzt die üblicherweise von Frauen hervorgebrachten textilen »Spitzenleistungen« in den Bereich öffentlicher Denkwürdigkeit, die historischen Taten, von Männern versteht sich, vorbehalten ist. Die Schnittmuster verlieren durch das Zerschneiden ihren Zweck für die »unbedeutende« Näharbeit, aber gerade so machte Hannah Höch sie für ihre »bedeutende« künstlerische Arbeit nutzbar.[18]

Künstlerinnen organisieren sich

Bildnerisch tätige Frauen schlossen sich zusammen, um ihre Interessen gemeinsam wahrzunehmen. In Hamburg gründete Ida Dehmel, Lebensgefährtin des Schriftstellers Richard Dehmel, 1926 die Gemeinschaft deutscher und österreichischer Künstlerinnen (Gedok). Alma del Banco, Hilde Hamann, Dorothea Maetzel-Johannsen, Alexandra Povorina-Hestermann, Anita Rée und Gretchen Wohlwill, allesamt Hamburger Künstlerinnen, beteiligten sich an dieser Initiative, um kunstschaffenden Frauen in einer von Männern dominierten Kulturlandschaft neue Chancen zu eröffnen. Mit eigenen Konzerten, Vorträgen,

Ausstellungen – 1931 zeigte die Gedok im Hamburger Kunstverein die Ausstellung »Frauen von Frauen gemalt« – wurden Künstlerinnen unterstützt und der Öffentlichkeit vorgestellt. Außerdem leistete die Gedok Künstlerinnen, von denen nicht wenige unter wirtschaftlicher Not litten, finanzielle Hilfen. In größeren deutschen und österreichischen Städten entstanden Ortsgruppen der Gedok.

Daneben gab es etwa in Berlin teils schon im 19. Jahrhundert gegründete Künstlerinnenvereine und den Frauenkunstverband von 1913, dessen Vorsitz Käthe Kollwitz innehatte. Aber auch dieses beachtliche Netzwerk änderte wenig an der männlichen Beherrschung des etablierten Kunstbetriebs. Frauen wurden an Ausstellungen nur spärlich beteiligt. Von den Frauenausstellungen, die meist relativ unbeachtet blieben, stießen nur umfassende Werkschauen wie »Die Frau von Heute« von 1929 oder »Die Gestaltende Frau« von 1930 auf größeres Interesse.

Aus weiblicher Feder...

Schreibende Frauen hatten inzwischen ihren festen Platz im Literaturbetrieb erobert. Namen wie Vicki Baum, Irmgard Keun oder Marieluise Fleißer sind aus den kulturell so lebendigen zwanziger Jahren nicht wegzudenken. Eine andere Autorin, die heute niemand mehr kennt, erregte mit einem höchst ungewöhnlichen Roman seinerzeit großes Aufsehen: Rahel Sanzaras *Das verlorene Kind* war die literarische Sensation von 1926.[19] Nach dem Vorabdruck in der renommierten *Vossischen Zeitung* folgte noch im gleichen Jahr die Buchausgabe im Ullstein-Verlag. Binnen kurzer Zeit erreichte der Erstlingsroman der bis dahin nur als Schauspielerin bekannten Autorin mehrere Auflagen. Der Bestseller wurde in elf Sprachen übersetzt.

Für Rahel Sanzara war das Schreiben ein Versuch der Identitätsfindung, nachdem sie ihre Schauspielkarriere aufgegeben hatte. Die unter dem bürgerlichen Namen Johanna Bleschke 1894 in Jena geborene Tochter eines Stadtmusikers war früh durch ihre musische und tänzerische Begabung aufgefallen. Gegen den Willen ihrer Eltern, die sie in eine Buchbinderlehre steckten, ging sie nach Berlin, um eine Tanzausbildung zu machen. Dort traf sie um 1913 auf den Arzt und Schriftsteller Ernst Weiß, mit dem sie eine langjährige, nicht unkomplizierte Liebesbeziehung einging. Weiß wurde zu einem jener Männer im Leben der Sanzara, deren bestimmendem Einfluß sie sich völlig unterwarf. Er modellierte die junge, gelehrige Geliebte nach seinen Vorstellungen.

Mit der Darstellung der Tanja, Titelrolle in einem eigens für sie geschriebenen Drama von Ernst Weiß, gelang ihr der Durchbruch als Schauspielerin. Die Prager Aufführung dieses expres-

Erst Schauspielerin, dann Schriftstellerin: Rahel Sanzara.

sionistischen Revolutionsdramas machte die junge Bühnenkünstlerin 1919 auf einen Schlag berühmt. Rahel Sanzara verkörpert in dem Stück eine herzlose, zynische Frau, die ihr eigenes Kind zu Tode quält, um ungestört eigenen Interessen – Geld und Sex – zu frönen. Nach der Trennung von Ernst Weiß geriet Rahel Sanzara in eine erneute persönliche Abhängigkeit von einem dominierenden Mann. Diesmal war es Gustav Hartung, Intendant des Hessischen Landestheaters in Darmstadt. Als er »von ihrem Debüt hörte, kam er, sie anzusehen. Er fand eine gespannt schmale Erscheinung, eher klein als mittel, schöne, klar gezeichnete Gesichtszüge, große schwarze, meist kalt glitzernde Augen, denen eine gewisse Verschlossenheit entsprach; und er fand Ehrgeiz und eisernen Willen... und auch er zweifelte nicht am schauspielerischen Material, aus dem sich eine Darstellerin für das neue Drama formen ließe. Deshalb verpflichtete er sie für Darmstadt unter der Bedingung, daß sie sich völlig seiner fördernden Schulung unterwerfe.«[20]

Unter Hartungs Anleitung brachte Rahel Sanzara Höchstleistungen, wurde als ideale Verkörperung expressionistischer Frauenrollen gefeiert. Es war ihr aber auch anzumerken, daß ihre Schauspielkunst nicht ihrer eigenen Persönlichkeit entströmte, daß sie nicht aus eigener Quelle schöpfte. Die Sanzara sei »keine Gestalterin, sondern eine erregte Rezitatorin«, so lautete das Urteil des bekannten Kritikers Herbert Ihering.[21] Nach einem Mißerfolg mit der *Tanja* am Renaissancetheater in Berlin im Jahr 1924, wo Rahel Sanzara einen selbstbestimmten Neuanfang versuchen wollte, gab sie die Schauspielerei endgültig auf und begann zu schreiben.

Die enorme, wenn auch nicht nur positive Resonanz auf ihren ersten Roman läßt sich wohl am ehesten damit erklären, daß sich hier eine Frau an ein Tabuthema heranwagt: *Das verlorene Kind* ist die Geschichte eines Sexualmordes an einem vierjährigen Mädchen. Die Handlung kreist um dieses grausige Verbrechen, wobei die Verfasserin besonders aufmerksam die Entwicklung des Mörders und der Familie des Opfers vor und nach der Tat verfolgt. Zunächst wird der Leser mit einer ausführlichen Beschreibung in das idyllisch anmutende Leben auf einem brandenburgischen Gutshof um die Mitte des 19. Jahrhunderts versetzt. Einer heilen Welt gleicht die festgefügte Ordnung dieses bäuerlichen Betriebes, den der Herr Christian B. voller Umsicht und Fürsorge, wenn auch in patriarchalischer Manier führt. Zur Gutsfamilie gehören seine lebensfrohe und sinnliche Frau Martha sowie zwei ältere Söhne und die erst nach fünfzehnjähriger Ehe geborene Tochter Anna. Sie ist das ganze Glück ihres Vaters, der in seiner Liebe zur Tochter auch sich selbst erstmals völlig lieben und begreifen lernt.

Wie ein plötzliches Unwetter über eine strahlende Landschaft bricht das Unglück über das Gutsleben herein, als kurz nach ihrem vierten Geburtstag die kleine Anna plötzlich verschwindet. Ein auf dem Hof lebender junger Knecht vergewaltigt und ermordet das kleine Mädchen, dessen Leiche er in einer Scheune vergräbt. Während dem Leser das Innenleben dieses Triebtäters wie auch der Tathergang ausführlich beschrieben wird, bleiben die anderen Personen ahnungslos. Auf dem Hof beginnt eine hektische, immer verzweifeltere Suche nach dem Kind. Der Vater scheut weder Mühe noch Kosten; monatelang reist er umher, um die polizeiliche Fahndung zu verfolgen. Schließlich weichen die Hoffnungen, Anna doch noch wiederzufinden, der fürchterlichen Gewißheit: Die Leiche wird in der Scheune gefunden. Der Knecht, von Anfang an verdächtig, weil er zuletzt mit dem Kind zusammen gesehen worden war, wird verhaftet. Obwohl er nie ein Geständnis ablegt, wird er zu einer langjährigen Gefängnisstrafe verurteilt.

Über diesen schrecklichen Ereignissen zerbrechen die Familie und das bisherige Glück: Die Mutter stirbt, die Söhne werden fortgeschickt – zunächst in ein Internat, dann nach Amerika –, der Hof wird nach Mißernten und Seuchen aufgegeben. Einzig der Vater lebt weiter unter der schweren Last eines zerstörten Lebens. Er verliert alles, ringt sich aber in einem langen, qualvollen Prozeß zu einer Rache und Strafe verleugnenden Menschlichkeit durch: Er nimmt den Mörder seines Kindes nach dessen Freilassung bei sich auf, um ihm eine neue Existenz zu sichern.

Schon der – leicht gekürzte – Vorabdruck des Romans rief, wie der verantwortliche Ullstein-Lektor Max Krell später schreibt, »stürmische Proteste hervor, die sich nach der Buchausgabe weiter steigerten. Es gab aber auch viele verständnisvolle Zustimmungen und bewundernde Äußerungen. Der Erfolg war groß.«[22] Ohne Zweifel gehört *Das verlorene Kind* zu den herausragenden Werken aus weiblicher Feder. Berufene Zeitgenossen wie etwa der Dichter Gottfried Benn lobten die gelungene literarische Bearbeitung eines tatsächlichen Kriminalfalls, den Rahel Sanzara dem *Neuen Pitaval*, einer Sammlung aufsehenerregender Kriminalfälle aus dem 18. und 19. Jahrhundert, entlehnt hatte, in höchsten Tönen. Die im übrigen sehr gespaltene Rezeption des Romans bei Leserschaft und Kritikern war nicht zuletzt davon geprägt, daß man es mit einer Autorin zu tun hatte. Gerade die negativen Urteile atmen jenen frauenfeindlichen Geist, den Schriftstellerinnen immer wieder zu spüren bekamen.

Voller Entrüstung stieß man sich an der für damalige Verhältnisse ziemlich offenen Beschreibung einer so entsetzlichen Geschichte, die ungebührlicherweise eine Frau verfaßt hatte. Dies
sei kein Thema für eine Frau, meinte eine Rezensentin, und erst
das künftige Werk Rahel Sanzaras werde zeigen, ob die Autorin
selbst womöglich krankhaft veranlagt sei.[23] Hielt sich eine Autorin nicht daran, daß weibliches Schreiben gemäß der zeitgenössischen Literaturkritik »befreiend und befriedend«, also
möglichst harmlos zu sein hatte, verfielen ihre Werke nur allzu
leicht dem Verdikt »mannweiblicher Sensationsliteratur«. Eine
Frau mußte besser als ihre Kollegen schreiben, um als literarisch
niveauvoll anerkannt zu werden. Bei Rahel Sanzara vermochte
man aber nur das »gewöhnliche, mehr oder weniger geschwollene Deutsch jeder beliebigen halbgebildeten Unterhaltungs-
schriftstellerin«[24] zu entdecken.

Darüber hinaus mußte sich die Verfasserin den – völlig halt-
losen – Vorwurf des Plagiats machen lassen, weil der Fall des
verlorenen Kindes aus dem *Neuen Pitaval* stammte. Die Kritiker
störte es dabei nicht, daß schon so ehrwürdige Dichter wie Kleist
(*Michael Kohlhaas*) und Schiller (*Verbrecher aus verlorener
Ehre*) aus dieser Quelle schöpften. Kein Geringerer als Gottfried
Benn unterstützte die ihm unbekannte Rahel Sanzara: Jeder Ur-
sprung sei materieller Art, aber die Autorin habe aus der Vorlage
einen Roman von künstlerischer Integrität gemacht, der Notwendigkeit atme und deshalb »jenseits der Nachprüfung« und
»aller literarischer Intellektualismen« sei.[25]

Schließlich machte man Rahel Sanzara auch noch die Urhe-
berschaft an dem Roman *Das verlorene Kind* streitig. Als sie
überraschend den Kleist-Preis ablehnte, der ihr 1926 für den
Erstlingsroman verliehen werden sollte, kamen Gerüchte auf,
nicht sie, sondern Ernst Weiß, mit dem sie inzwischen wieder
zusammenlebte, habe den Roman geschrieben. In der Frau, die
eben noch als exzentrische Schauspielerin von sich reden
machte, vermochte man einfach nicht die Autorin eines literarischen Meisterwerks zu sehen. Ihr Lektor Max Krell war
jedenfalls von ihrer Autorschaft überzeugt: »Ein Stilkritiker un-
tersuchte den Fall: so nahe in Stoffwahl und Tonlage ›Das verlorene Kind‹ den Büchern von Ernst Weiß stand, die Diktion
hatte keineswegs Weißsche Akzente. Das Phänomen bestand:
der Roman hatte Geist von seinem Geist, aber nicht Wort von

seinem Wort... Es ist sicher, daß ›Das verlorene Kind‹ von Rahel Sanzara geschrieben wurde.«

Gegenüber Krell äußerte sich Weiß selbst folgendermaßen: »Rahel Sanzara war eine Membrane, die Schwingungen aufnahm. Etwas fing an, in ihr zu brennen. Ich konnte nichts anderes tun, als sie unter Arbeitsdruck zu halten. Regiearbeit, wenn Sie so wollen. Bis sie, fast ohne eine Korrektur, bei der letzten Seite angelangt war und plötzlich wie ein ausgewrungener Lappen zusammenfiel. Diese ganze Zeit über befand ich mich in ihrer Nähe. Ich habe das Manuskript erst kennengelernt, als es abgeschrieben vor mir lag, und ich versichere, ich habe weder ein Wort noch ein Komma daran geändert.«[26] Allerdings hat sich Weiß zu dieser Frage sehr widersprüchlich geäußert. Ein anderes Mal behauptete er, der Sanzara einen Roman geschrieben zu haben, »in dem sie hier und da auch ein paar Worte verfaßt habe«.[27] Vermutlich wird sie mit der ihr eigenen extremen Aufnahmefähigkeit beim Schreiben nicht unbeeinflußt geblieben sein von ihrem Lebensgefährten, was ihre Identitätsfindung nicht gerade erleichtert haben dürfte.

Rahel Sanzara, die 1927 den jüdischen Börsenmakler Walter Davidsohn heiratete, hatte mit weiteren Büchern keinen Erfolg mehr. Der Roman *Die glückliche Hand* wurde 1936 in der Schweiz veröffentlicht. Unter dem Naziregime durfte die Schriftstellerin nicht mehr publizieren. Wegen ihres Pseudonyms galt sie als vermutliche Jüdin. Obwohl nicht jüdischer Herkunft, lehnte sie es »als zu schäbig« ab, entsprechende Nachweise zu führen. So verarmte und vereinsamte sie immer mehr und starb 1936 schließlich an den Folgen einer – vermutlich falsch behandelten – Unterleibserkrankung.

Die Romanfrauen emanzipieren sich

Schon durch die Wahl des Themas unterscheidet sich Rahel Sanzara von den Verfasserinnen populärer Frauenliteratur. Von Vicki Baum über Grete von Urbanitzky bis zu Marieluise Fleißer – die neuen Heldinnen ihrer Romane waren fast immer berufstätige Frauen, die sich unter erheblichen Schwierigkeiten einen Weg durch die von Männern beherrschte Arbeitswelt bahnen. Und sie wußten, wovon sie schrieben, diese Autorinnen,

schließlich war ihr Beruf auch nicht gerade ein leichter Broterwerb.

Die teils herzergreifenden Geschichten von Angestellten, Lehrerinnen, Ärztinnen und Studentinnen faszinierten ein breites
weibliches Publikum, das sich in den Heldinnen und ihren Problemen wiedererkennen konnte. Verständlicherweise interessierte sich die junge, selbst im Berufsleben stehende Frauengeneration nicht mehr für den gelangweilten Müßiggang jener auf
den Bräutigam wartenden Mädchen, die bisher das Personal un-
terhaltender Frauenromane gestellt hatten. Aktuelle, spannende
Schicksale berufstätiger Frauen waren nun gefragt und gut ver-
käuflich.

Vicki Baum, Schriftstellerin und seit 1926 Lektorin des Ull-
stein-Verlags in Berlin, erhielt denn auch von ihrem Verlag den
Auftrag, einen Roman über ein »tüchtiges Mädchen« zu schreiben, eine Aufgabe, derer sie sich mit Bravour entledigte. *Stud.
chem. Helene Willfüer*[28] von 1928 wurde zu einem der erfolg-
reichsten Bücher der Autorin. Für ihre Romane pflegte die agile
Schriftstellerin sehr lebensnah zu recherchieren. Ihr Ullstein-
Kollege Max Krell weiß zu berichten: »Um ›stud. chem. Helene
Willfüer‹ zu schreiben, nahm sie ein Chemiestudium an der Berliner Universität auf. Als der Roman erschien, der natürlich
keine wissenschaftlichen Theorien aussprach, sondern die inneren Kontraste zwischen Studium und Leben der Studentinnen
behandelte, luden die Kandidatinnen sie zu einem Diskussions-
abend ein, der die Universitätskreise stark beschäftigte.«[29] Für
einen anderen Roman, *Menschen im Hotel*, ließ sich Vicki Baum
als Stubenmädchen in einem noblen Berliner Hotel anstellen,
um die Hotel-Atmosphäre aus eigener Anschauung beschreiben
zu können.

Doch zurück zu Helene Willfüer. Als einschlägig erfahrene
Autorin wußte Vicki Baum natürlich, daß Liebe und Tod in
einem Unterhaltungsroman nicht fehlen dürfen, weshalb die
fleißige, ehrgeizige Studentin Helene Willfüer allerlei Verwicklungen zu bestehen hat, bevor sie am glücklichen Ende als anerkannte Chemikerin auch noch den geliebten Professor ehelicht.
Helene, anfänglich als brave, arme Studentin geschildert, wird
nach einer Liebesnacht mit ihrem Freund, einem Medizinstu-
denten, schwanger. Vergeblich bemüht sie sich um eine – illegale
– Abtreibung. Der depressive Vater des Kindes plant einen Dop-

pelselbstmord zusammen mit Helene. Obwohl diese in ihrer ausweglosen Situation zunächst einwilligt, ergreift sie im letzten Moment die Flucht, nachdem sich ihr Freund schon die tödliche Spritze gegeben hat. Die Polizei glaubt nicht an Selbstmord, Helene wird als Tatverdächtige verhaftet.

In der Untersuchungshaft beginnt sie ihre Schwangerschaft zu bejahen, beschließt, das Kind zur Welt zu bringen. Nach ihrer Freilassung, inzwischen erscheint die Selbstmordversion auch der Polizei glaubhaft, beginnt die härteste Zeit im Leben der jungen Studentin. Sie wechselt die Universität und schließt, obwohl beinahe mittellos, unter großen Entbehrungen und Anstrengungen ihre Doktorarbeit noch vor der Geburt ihres Kindes ab. Anschließend schlägt sie sich mehr schlecht als recht durch, bis sie bei einem Forscher landet, der fanatisch nach einem »Wundermittel« gegen den natürlichen Alterungsprozeß sucht.

Jahrelang lebt Helene nun völlig zurückgezogen in dessen Haus und arbeitet Tag und Nacht an dessen Forschungsprojekt mit. Schließlich wird das gesuchte Mittel gefunden. Helene bekommt bei einer Chemiefirma, die die Herstellungslizenz übernimmt, eine leitende Stellung. Auf dem Höhepunkt ihrer beruflichen Laufbahn diktiert sie – ganz Karrierefrau – dem Vorstand dieser Firma ihre Bedingungen und steht nun auch finanziell sehr gut da. Um das Glück zu vollenden, trifft sie während einer Urlaubsreise mit ihrem Kind zufällig jenen Professor wieder, den sie schon als junge Studentin mehr als verehrte. An einem romantischen Abend macht er Helene einen Heiratsantrag, die angesichts dieses langersehnten Glücks völlig außer sich gerät.

Mit diesem Schluß mindert Vicki Baum den emanzipatorischen Gehalt des Romans wieder. Selbst eine Frau, die sich trotz aller Widerstände erfolgreich und selbstbewußt in einer typischen Männerlaufbahn durchsetzt, findet die letzte und höchste Erfüllung in der Ehe. Vielleicht ist es ein Zugeständnis an die Verkäuflichkeit des Romans, daß Vicki Baum ihre Heldin zu guter Letzt doch noch ganz »weiblich« empfinden läßt.

Vicki Baum selbst verstand es, eine erfolgreiche Berufstätigkeit mit familiären Pflichten zu vereinbaren. Die ausgebildete Harfenistin sammelte während ihrer ersten Ehe mit dem Journalisten Max Prels erste eigene Erfahrungen als Journalistin und Feuilletonistin. Als sie mit ihrem zweiten Ehemann, dem Dirigenten Richard Lert, zwei Söhne bekam, gab sie ihre Kar-

Emanzipiert und erfolgreich wie ihre Romanheldinnen: Vicki Baum.

riere nicht auf. Im Gegenteil, trotz der Doppelbelastung gelang es ihr, sich als erfolgreiche Schriftstellerin zu etablieren. Zahlreiche, auch international erfolgreiche Romane, vor allem spannende und milieugerechte Unterhaltungsliteratur, zeugen von einem intensiven Schaffensdrang. Daneben arbeitete Vicki Baum auch noch als Lektorin. Als ihr Roman *Menschen im Hotel* verfilmt wurde, reiste sie 1931 nach Hollywood, wohin sie wenig später angesichts der politischen Verhältnisse in Deutschland ganz übersiedelte. Ihre Bücher wurden von den Nazis verboten. Zu ihren Lebzeiten war Vicki Baum eine der meistgelesenen Autorinnen der Welt.

Frauen, die sich einer wissenschaftlichen Karriere verschreiben, tauchen in verschiedenen zeitgenössischen Romanen auf. Offenbar war dies angesichts der rasch steigenden Studentinnenzahlen ein gefragtes Thema, und die Schriftstellerinnen selbst hatten teilweise einschlägige Erfahrungen an den Universitäten gemacht. Grete von Urbanitzky, die in Zürich studiert hatte, schildert in ihrem Roman *Eine Frau erlebt die Welt* (1931) das Zürcher Studentenleben in aller Ausführlichkeit, wobei sie sich hauptsächlich für die Frauen interessiert. Mara, die Heldin des Romans, studiert mit Erfolg Astronomie. Da ein unbekannter Gönner für den Unterhalt der verwaisten Mara sorgt, kann sie sich ganz ihrem wissenschaftlichen Fortkommen widmen. Sie macht ihren Doktor und wird wissenschaftliche Assistentin bei ihrem Professor. Zu dessen anfänglichem Erstaunen steht die ebenso schöne wie intelligente Mara ihren »Mann« bei den gemeinsamen Forschungsarbeiten.

Während die eher biedere Helene Willfüer keinerlei sinnlichen Anfechtungen ausgesetzt ist, lebt Mara ihre Sexualität ohne Hemmungen aus. Überhaupt nimmt dieses Thema in dem Roman einen breiten Raum ein. Grete von Urbanitzky greift die zeitgenössische Diskussion um eine neue Sexualmoral in aller Ausführlichkeit auf. Von der freien Liebe bis zur ehelichen Treue werden dem Leser alle möglichen Varianten unterbreitet. Über allem schwebt aber die Sehnsucht nach der Erfüllung in einer glücklichen Liebe. Diese bleibt Mara letztendlich versagt. In ihren gelegentlichen kurzen Affären findet sie keine Befriedigung, denn so richtig lieben kann sie keinen ihrer wechselnden Partner. Als sie nach einem dieser Abenteuer schwanger wird, erlebt sie ein nie empfundenes Glück und beschließt, das Kind allein aufzuziehen. Zu einer Krise und völligen Neuorientierung kommt es, nachdem ihr Sohn unter mysteriösen Umständen verschwunden ist. Mara entsagt der hoffnungsvollen wissenschaftlichen Karriere und wird Organistin. Gleichzeitig sucht sie neues Glück in einer Ehe, die allerdings bald scheitert. Auch das bewegte Leben als berühmte Künstlerin erfüllt sie nicht. Schließlich zieht sie sich in die Einsamkeit eines süditalienischen Fischerdorfes zurück, wo sie monatelang ganz allein in einer Hütte haust und versucht, zu sich selbst zu finden.

Der Schluß des Romans ist vermutlich von der damals neuen psychoanalytischen Theorie inspiriert, die in den zwanziger Jahren eifrig diskutiert wurde. Die Autorin konstruiert jedenfalls eine klassische ödipale Situation: In ihrem Rückzugsort trifft Mara auf einen jungen Engländer, der mit seiner Segelyacht Urlaub macht. Beide verlieben sich. Tragischerweise handelt es sich bei dem jungen Mann um Maras Sohn, der vor vielen Jahren verschwand. Als sie dies feststellen muß, stürzt sie sich voller Verzweiflung ins Meer.

Freie Liebe, so könnte man diese Geschichte verstehen, führt die Frauen ins Unglück. Obwohl Grete von Urbanitzky mit Mara eine in sexuellen Dingen äußerst experimentierfreudige Heldin präsentiert, der falsche Prüderie fremd ist, erteilt sie der hemmungslosen Freizügigkeit eine Absage. Denn schließlich wird Mara nicht glücklich damit und endet tragisch. Gleichzeitig macht die Autorin aber auch deutlich, daß weder die traditionelle Ehe noch die zölibatäre Enthaltsamkeit einer ganz in der Karriere aufgehenden Frau lebbare Alternativen bieten. Jedenfalls spiegelt der Roman die zeittypische Umbruchsituation, was die Sexualmoral angeht, und die Suche der Frauen nach neuen Wegen zum Liebesglück wider, ohne daß er eine Lösung anbietet. Eingedenk der Tatsache, daß Grete von Urbanitzky auch Romane über lesbische Liebe geschrieben hat, könnte man zu folgender Lesart kommen: Mara sehnt sich insgeheim nach Frauen, gesteht sich diese Neigung aber nie ein. Der einzige Mann, den eine Frau lieben kann, ist ihr Sohn, obgleich diese Liebe platonisch bleiben muß.

Während Lust und Liebe in diesem und anderen Frauenromanen eine wichtige Rolle spielen, legt so manche Autorin ihrer Heldin eine moralische Zwangsjacke an. Die Volksschullehrerin Marie-Louise Büchner, Hauptfigur des Romans *Die mit den tausend Kindern* (1929) von Clara Viebig, ist eine jener überaus tüchtigen Berufsfrauen, die um ihrer Arbeit willen der Liebe entsagen. Immer wieder beschäftigt sich die bereits um die Jahrhundertwende sehr bekannte Schriftstellerin, die wegen ihrer Charakterisierungen einfacher Menschen, Landschafts- und Milieuschilderungen im naturalistischen Stil als »deutsche Zolaide« galt, mit Frauenschicksalen.

Der bereits 1899 erschienene Künstlerinnen-Roman *Es lebe die Kunst* wurde 1928 – das Thema »Frau« lief gut – neu aufgelegt. Besonders interessierte sich Clara Viebig für die Mutterrolle, wobei sie allerdings in unkritischer Weise die verbreitete Auffassung bestätigt, daß Frauen sich tunlichst für Beruf oder

Familie zu entscheiden hätten. Gerade die zwangsweise unverheirateten Lehrerinnen waren in dieser Hinsicht ein Paradebeispiel; sie trösteten sich über den schmerzlichen Verzicht auf eigenes Mutterglück, so ist der Titel *Die mit den tausend Kindern* zu verstehen, mit »ihren« Schulkindern hinweg.

Für Marie-Luise, die nach längerer Wartezeit endlich eine Stelle an einer Berliner Schule bekommt, gibt es kein höheres Glück als den unermüdlichen pädagogischen Dienst an den ihr anvertrauten Kindern. Rasch entwickelt sie sich zu einer bei Schülern und Kollegen beliebten Lehrerin. Sicher, Marie-Luise ist noch jung, und auch sie kann die Stimme ihres Herzens nicht verleugnen. Sie verliebt sich in den jungen Arzt Alwin, lehnt es aber ab, ihn zu heiraten. Als die Ältere zwingt sie sich zu einer vernünftigen Entscheidung. Sie will ihm nicht zur Last fallen, denn Alwin muß sich erst noch etablieren und kann sich eine Familiengründung eigentlich gar nicht recht leisten. Gleichzeitig will sie aber auch nicht ihre geliebte Arbeit aufgeben müssen. Heiraten und weiterarbeiten, das ging nicht, denn in der Regel wurden verheiratete Lehrerinnen entlassen. Außerdem hat Marie-Luise jenes Idealbild der Lehrerin verinnerlicht, die ihre ganze Kraft in den Beruf steckt. Eine solche Berufsauffassung ließ sich nicht mit einer eigenen Familie vereinbaren.

Einzigartig in seiner Art, wie das Thema Frauenemanzipation behandelt wird, ist Marieluise Fleißers Roman *Die Mehlreisende Frieda Geyer* von 1931.[30] In der positiv gezeichneten Gestalt Friedas präsentiert die Autorin eine nicht nur in sexueller Hinsicht emanzipierte Frau.

Marieluise Fleißer verarbeitet ganz offensichtlich eigene Erfahrungen. Nachdem sie 1919 aus der Provinzstadt Ingolstadt, wo sie aufwuchs, nach München kam, um dort Theaterwissenschaft und Germanistik zu studieren, verkehrte sie bald in linken Künstlerkreisen. Über Lion Feuchtwanger lernte sie Bertolt Brecht kennen, dessen Geliebte und Protegé sie in den Jahren 1925 bis 1929 war. An der Seite Brechts, der bekannt war für seine Frauengeschichten, wird sie vielfältige Begegnungen mit der freien Liebe gehabt haben. Nach einem von Brecht bewußt kalkulierten Skandal im Zusammenhang mit der Uraufführung ihres zweiten Stücks *Pioniere in Ingolstadt* (1928) trennte sich Marieluise Fleißer von ihm und verlobte sich mit dem Tabakwarengroßhändler und Sportschwimmer Bepp Haindl.

In dem Roman *Die Mehlreisende Frieda Geyer* tritt Haindl kaum verschlüsselt als Gustl Gillich auf, mit dem Frieda (die Autorin selbst) ein Verhältnis hat. Frieda, schon äußerlich als Emanzipierte erkennbar, gilt im kleinbürgerlich-provinziellen Umfeld als suspekt, als »ein nicht ganz unbeschriebenes Blatt«. Sie trägt einen »unmenschlich langen Herrenmantel«, Herrenschuhe »zum Shimmy tanzen«, Bubikopf und Lederjacke. Als

Konsequente Anwältin der freien Liebe:
Marieluise Fleißer.

Vertreterin in Sachen Mehl ist sie ökonomisch einigermaßen unabhängig. Ihre Liebesbeziehung zu Gustl, lokaler Schwimmstar und Besitzer eines kleinen Geschäfts, ist – jedenfalls von Friedas Seite aus – im wesentlichen von Fleischeslust geprägt. Probleme tauchen erst in dem Moment auf, als Gustl auf Heirat drängt.

»Es ist nicht Friedas fixe Idee, ein Nest zu bauen, sich darin einzusperren, sondern seine. Wenn es nach Frieda ginge, sie würden die längste Zeit bei der Anziehung der Geschlechter bleiben. Gustl will weiter. Er drängt nach der ökonomischen Verwertung.« Dabei weiß Gustl sehr genau, daß ihm durch eine

Eheschließung Besitz und Einkünfte Friedas zufallen. Außerdem könnte er frei über ihre Arbeitskraft verfügen. Frieda jedoch lehnt es ab, sich auf den Kuhhandel der bürgerlichen Ehe einzulassen.

Die Autorin legt ihr eine für die zeitgenössische Literatur einmalige feministische Kritik der Ehe in den Mund: »Daß Frieda den Unterschied zwischen mein und dein macht, wo er nur darauf brennt, ihr seinen mannbaren Schutz zu verleihen, wird ihm ewig unfaßbar bleiben. Er hat sich keine reiche Braut gesucht. Er wählte ausschließlich nach seinem Herzen... Der Spießer bricht durch. Er ist verliebt, aber keine Ausnahme unter den Menschen. Er kann sich die Ausnahme einfach nicht leisten. ... Er ist ja nicht hermetisch abgeschlossen von allen, die dem Vorrecht des Mannes frönen. An anderen hat er es erfahren, wie andere ihre Ehe aufbauen. Gewohnheit sagt ihm, daß Hochzeiterei ein ewiger Kuhhandel ist. Zwar hat er die Geschichte der Geschlechter nicht bis in die Urzeit verfolgt. Die innere Stimme sagt es. Auch ihm ist die Aneignung zur zweiten Natur geworden.«[31]

In der kleinstädtischen Umgebung, wo Ehefrauen selbstverständlich im Familienunternehmen oder auf dem Hof mitarbeiten und man die neue Frau der Großstädte nur vom Hörensagen kennt, stößt Friedas Unabhängigkeitsdrang auf Unverständnis, ja offene Feindseligkeit. Nachdem sie sich von Gustl getrennt hat, wandern die Kunden ab, sie verliert ihre Arbeit. Schließlich wird sie – das ist der Höhepunkt der antifeministischen Hetze – als »Hexe« gesteinigt.

Freie Liebe, so kann man dieses Ende verstehen, bleibt in der patriarchalisch geprägten Gesellschaft ein Traum. Marieluise Fleißer läßt ihre Pionierin der Emanzipation in der Männergesellschaft scheitern, wie es ihren eigenen Erfahrungen entsprach. 1932 versuchte sie sich – zutiefst verunsichert und finanziell in Nöten – das Leben zu nehmen. Dann kamen die Schwierigkeiten während der Zeit des Dritten Reichs, Marieluise Fleißer erhielt eingeschränktes Schreibverbot. 1935 heiratete sie ihren früheren Verlobten Bepp Haindl, in dessen Geschäft sie mitarbeitete und der sie vom Schreiben abzuhalten versuchte. 1938 erlitt sie einen Nervenzusammenbruch. Wiederentdeckt wurde die Autorin, die sich wie kaum eine andere zur Anwältin freier Liebe machte und die Ehe aus purer Bequemlichkeit scharf angriff, erst Ende der 1960er Jahre.

Der erste deutsche Kinostar

Henny Porten, die Tochter eines Opernsängers, hatte schon vor dem Ersten Weltkrieg die Herzen des Kinopublikums im Sturm erobert. In mehr oder minder trivialen Melodramen, Lustspielen und Heimatfilmen verkörperte Henny Porten immer biedere Frauengestalten, die von Schicksalsschlägen gebeutelt werden, sich in unerfüllter Liebe zu einem Mann verzehren oder in aufopferungsvoller Mutterliebe aufgehen. Indem sie sich so ganz im Rahmen des traditionellen Frauenbildes bewegte, wurde sie zum Schwarm ungezählter Hausfrauen und Mütter. Gerade während des Weltkriegs kamen die »Romane aus dem Leben« − so nannte man in der Filmbranche jene Filme, die Henny Porten spielte − sehr gut an. Das Publikum liebte diese Frau, mit der man lachen mußte, wenn sie lachte, und weinen, wenn sie weinte.

Henny Porten mit ihrer »deutschen« Frisur − züchtige Zöpfe oder ein Knoten − war gar nicht einmal besonders schön. Es waren ihre Ehrlichkeit und ihre Natürlichkeit, die ihr die Herzen eines Millionenpublikums öffneten. Bei den Dreharbeiten des Films *Anna Boleyn* von 1920 kam es zu einem Zwischenfall, der die Volkstümlichkeit Henny Portens deutlich werden ließ: Als der festliche Krönungszug gedreht werden sollte, hatte die Ufa einige Regierungsmitglieder eingeladen, um dieses großartige Schauspiel anzusehen. Als die 5000 Statisten, meist arbeitslose Frauen und Männer, die Herren Politiker erkannten, kippte die Szene um. Statt dem Königspaar zuzujubeln, rückte die Masse bedrohlich gegen die Zuschauertribüne vor. Alles floh, außer Henny Porten. In ihrem schweren Goldbrokatkleid konnte sie sich allein keinen Zentimeter bewegen, und ihre Schleppenträger waren davongerannt. Nach einigen Sekunden voller Angst hörte sie eine Stimme: »Nu hab' man keene Bange, Henny. Dir tun wa nischt. Du bist 'ne nette kleene Jöre!«[32]

Henny Porten galt geradezu als Inbegriff einer »deutschen« Frau, lange bevor sich die Nationalsozialisten dieses Frauenbildes bemächtigten. In einer Biographie von 1920 wurde sie als die »große blonde Frau mit dem märchenhaft reinen Profil, den Augen in unverwelklichem Blau, dem klassischen Nacken und dem traumhaft blonden Haar« gefeiert, die schon »beim ersten Anblick einen berauschenden Eindruck machte«. Ungerührt von der Tatsache, daß sie in Wirklichkeit braune Augen hatte, sahen ihre Verehrer in ihr den »reinsten Germanentyp« verkörpert, eine »Gestalt der blonden deutschen Frau, die wir in den Bildern der alten Meister lieben«.[33] So wundert es denn auch nicht, daß gewisse Nazigrößen bis hin zu Adolf Hitler zu den Bewunderern Henny Portens gehörten. Gleichwohl wurde sie in der Zeit des Dritten Reichs künstlerisch kaltgestellt, weil sie sich weigerte, ihren jüdischen Ehemann zu verlassen.

Bei all ihrer treuen Biederkeit ging bisweilen unter, was der Kritiker Herbert Ihering für das größte schauspielerische Talent Henny Portens hielt: ihre Komik. Als ebenbürtige Partnerin der komödiantischen Kraftnatur Emil Jannings stellte sie dieses Talent zum Beispiel in Ernst Lubitschs Schwank *Kohlhiesels Töchter* von 1920 unter Beweis. Mit Bravour spielte sie in diesem Film gar eine Doppelrolle, nämlich sowohl die hübsche als auch die häßliche Tochter eines Gastwirts. Wegen des großen Erfolgs übernahm die inzwischen 40jährige noch einmal diese Doppelrolle, als der Stoff 1930 in einer neuen Fassung, diesmal als Tonfilm, verarbeitet wurde.

Vorübergehend schien es so, als würde Henny Portens Stern schon verblassen, als wäre ihre Zeit als Publikumsliebling abgelaufen. Sie hatte in einigen künstlerisch anspruchsvollen Filmen mitgespielt, und prompt sank sie in der Gunst der Zuschauer, die von ihr anderes gewohnt waren und kannten. Reumütig kehrte sie ins angestammte Revier zurück: In *Das alte Gesetz* spielte sie 1923 die Erzherzogin, wie ein Kritiker schrieb, »mit einer feinen, bezaubernden Liebenswürdigkeit. Menschlich empfindend und mit einer schelmischen Ruhe, die ihr früher den Erfolg gebracht hat, den sie leider zum Teil durch falsche Experimente verlor«.[34]

Die Diva war rehabilitiert. Auch mit der Titelrolle in dem Melodram *Gräfin Donelli* knüpfte sie an alte Erfolgszeiten an. »Ein ausgesprochener Publikumsfilm. Ein Henny-Porten-Bild wie einst in der Vorkriegszeit. Das Genre, das die Diva groß und beliebt gemacht hat. Eine Abkehr von künstlerischen Experimenten. Ein reumütiges Zurück zu dem, was die große Masse der Kinobesucher wirklich wünscht.«[35] Um diesen Wünschen des Publikums weiterhin zur Erfüllung zu verhelfen, gründete Henny Porten zusammen mit ihrem zweiten Mann, dem Arzt

Geliebt und bewundert: Henny Porten.

Wilhelm von Kaufmann, und dem Regisseur Carl Froelich im Jahr 1924 eine eigene Produktionsgesellschaft. Die meisten der zahlreichen Porten-Froelich-Filme waren denn auch durchweg wenig anspruchsvolle, aber solide gemachte Publikumsfilme.

Der blaue Engel

Ganz das Gegenteil von Henny Porten war Marlene Dietrich, die mit dem Film *Der blaue Engel* 1930 über Nacht zum Star wurde. Verkörperte jene eine ganz und gar traditionelle Weiblichkeit, war diese die Femme fatale der Epoche. In ihrer Gegensätzlichkeit sind diese beiden Frauenbilder typisch für die zwischen Tradition und Modernität schwankende Weimarer Zeit.

In *Der blaue Engel*, eine Verfilmung von Heinrich Manns Roman *Professor Unrat*, von der sich der Autor allerdings distanzierte, spielt Marlene Dietrich die halbseidene Chansonsängerin Lola-Lola. Sie tritt in dem Vorstadt-Kabarett Blauer Engel auf, wo Professor Rath vom Städtischen Gymnasium, ein als »Professor Unrat« verspötteter Pedant und Spießer, ihren Reizen und Verlockungen verfällt. Wenn Lola-Lola, den Zylinder schräg auf dem Kopf, die Beine in hochhackigen Schuhen und schwarzen Seidenstrümpfen so übereinandergeschlagen, daß – scheinbar absichtslos – unter den Strapsen ein Stück weißes Fleisch zu sehen ist, ihre rauchig-sinnliche Stimme erhebt, ist der Professor wie gebannt. Er liebt sie abgöttisch, und sie läßt sich von ihm heiraten, wodurch er in der kleinen Stadt ganz und gar unmöglich wird. Das ist ihm aber egal, solange er Lola-Lola hat. Als ihre Truppe weiterzieht, geht er mit und wird – vollendeter Ausdruck seiner Lächerlichkeit – zum Clown.

Für das bis dahin unbekannte Fräulein Dietrich begann mit dem *Blauen Engel* eine einzigartige Diva-Karriere. Dank ihrer unnachahmlichen rauchigen Stimme haben sich die Film-Songs von Friedrich Holländer einem Millionenpublikum eingeprägt, wurden zu regelrechten Schlagern: »Ich bin von Kopf bis Fuß / auf Liebe eingestellt. / Das ist meine Welt / und sonst gar nichts.«

Weder Marlene Dietrich selbst noch die Ufa-Verantwortlichen hatten mit dem sensationellen Erfolg des Films und dem kometenhaften Aufstieg der Hauptdarstellerin gerechnet. Allein Regisseur Josef von Sternberg hatte das richtige Gespür gehabt. Er war es nämlich gewesen, der Marlene Dietrich, die zuvor nur kleine Theaterrollen gespielt hatte und in Revuen aufgetreten war, für die Lola entdeckt und ihr Engagement gegen jeden Widerstand durchgesetzt hatte. Und die Widerstände waren vielfältig. Die Ufa-Gewaltigen wollten keine Unbekannte; Emil Jannings, berühmter Schauspieler und Darsteller des Professor Unrat, wünschte sich die bekannte Schauspielerin Lucie Mannheim als Filmpartnerin; Heinrich Mann schließlich, immerhin der Autor, wollte seiner Geliebten, der Kabarettistin Trude Hesterberg, zu dieser Rolle verhelfen.

Später schreibt Marlene Dietrich über diesen Wendepunkt in ihrem Leben: »Mein ›Filmleben‹ begann mit dem Film *Der*

Blickfang auch auf dem Plakat: Die unwiderstehlichen Beine der Marlene Dietrich betörten Millionen Zuschauer.

blaue Engel. Im Gegensatz zu dem, was in vielen Büchern, die über mich geschrieben wurden, berichtet wird, war ich damals keine ›bekannte‹ Schauspielerin. Ich war absolut unbekannt, ein Niemand, eine von Hunderten von Amateuren, Studenten und hoffenden Schauspielerinnen. Ich war eine Schülerin der Reinhardt-Schule – das war alles. [Max] Reinhardt hatte vier Theater in Berlin. Ich spielte manchmal ein Dienstmädchen im ersten Akt eines Stückes, fuhr dann mit der Straßenbahn oder dem Autobus ins nächste Theater, spielte dort im zweiten Akt eine Amazone, und am Ende des Abends war ich in einem anderen Stück im dritten Akt vielleicht als Hure verkleidet. Jeden Abend war etwas anderes. Wir alle waren da, wohin man uns schickte, und wir taten das, was man uns sagte. Bezahlung gab es nicht. All das gehörte zu unserer Ausbildung...

Von Sternberg sah mich, wie gesagt, in *Zwei Krawatten*. Ich wußte nicht viel mehr von dem Stück, als daß ich eine amerikanische Dame spielte, die einen einzigen Satz zu sagen hatte: ›Darf ich Sie alle bitten, heute abend mit mir zu speisen?‹ Was auch immer behauptet wurde – dort sah mich von Sternberg zum ersten Mal. Am nächsten Tag ließ er mich zur Ufa kommen. All diese Ufa-Gewaltigen hielten offenbar nichts von mir, aber bald drohte von Sternberg, er werde nach Amerika zurückgehen, ohne den geplanten Film zu drehen, wenn es ihm nicht gelinge, seine Ideen durchzusetzen. Und – wie man weiß – er gewann. Er beschloß, eine Probeaufnahme von mir zu machen – am gleichen Tag, an dem er auch die aussichtsreichste Bewerberin für diese Rolle, Lucie Mannheim, vor die Kamera stellte.

Lucie Mannheim war eine anerkannte Schauspielerin. Sie wollte die Rolle um jeden Preis, obwohl sie dafür vollkommen ungeeignet war. Allerdings hatte sie – außer ihrem unbestreitbaren schauspielerischen Talent – auch ein ziemlich großes Hinterteil, und Emil Jannings, der große Star, der die Hauptrolle spielte, liebte dicke Hinterteile. Ich hatte trotz meinem Babyspeck niemals ein dickes Hinterteil. Ich war überall gut gepolstert, nur nicht da. Da war ich zwar rund und, meiner Meinung nach, gerade ›richtig‹, aber vermutlich nicht so, wie es Jannings liebte. Um seine Bereitwilligkeit zu zeigen, machte von Sternberg also eine Probeaufnahme mit Jannings' Favoritin, wobei er die Kamera besonders langsam über den auffallendsten Teil ihrer Anatomie gleiten ließ. Dann war ich an der Reihe. Ich fühlte mich völlig hilf- und hoffnungslos, ohne deswegen unglücklich zu sein, denn ich war nicht unbedingt auf diese Rolle versessen. Als man mich dann auch noch in ein viel zu enges Kleid steckte und meine Haare mit einer Brennschere bearbeitete, bis der Dampf an die Decke stieg, bekam ich fast ein bißchen Heimweh. Aber als echte Berlinerin nahm ich alles mit Galgenhumor und ging auf die Bühne, als man mich rief.

Da stand er vor mir, ein Fremder – und doch sollte er später für mich die vertrauteste Gestalt hinter der Kamera werden. Ein Klavier war da, und davor saß ein Pianist. Der Fremde forderte mich auf, mich auf das Klavier zu setzen, einen Strumpf herunterzurollen und ein Lied zu singen, das ich angeblich hätte mitbringen sollen. Ich hatte kein Lied mitgebracht, weil ich sowieso überzeugt war, keine Chance zu haben. Man mag sich über meine Einstellung wundern. Warum bin ich dann überhaupt hingegangen? Es gibt nur eine Antwort: Ich ging, weil man mir gesagt hatte, daß ich hingehen solle. Von Sternberg war sehr geduldig. Er sagte: ›Da Sie kein Lied mitgebracht haben, obwohl man Sie darum gebeten hat, singen Sie irgendein Lied, das Ihnen gefällt.‹ Das erhöhte nur meine Verlegenheit. ›Ich liebe amerikanische Lieder‹, sagte ich. ›Dann singen Sie ein amerikanisches Lied‹, sagte er… Von Sternberg führte am nächsten Tag beide Probeaufnahmen den Direktoren der Ufa vor, und alle wählten – Lucie Mannheim! Daraufhin sprach er den inzwischen berühmt gewordenen Satz: ›Jetzt weiß ich, daß ich recht habe. Marlene Dietrich wird die Rolle spielen!‹«

Während der Dreharbeiten kam Marlene Dietrich der Gedanke, daß der Film doch manchmal »recht ordinär« sei. »Jede Szene wurde mit vier Kameras gefilmt, die zur gleichen Zeit liefen, und ich wußte, daß sie meistens auf meine Schenkel zielten. Ich sage es ungern, aber es war so. Wann immer man mich filmte, wurde mir befohlen, ein Bein hoch zu heben, links oder rechts, das war egal.«[36]

Von Hollywood abgeworben

Anders als den amerikanischen Filmgrößen entging den Ufa-Chefs offenbar, daß mit Marlene Dietrich soeben ein Star geboren worden war. Da die Ufa ihre vertraglich vereinbarte Option nicht aufnahm, entschloß sich Marlene Dietrich, den Sprung über den großen Teich zu wagen. Unmittelbar nachdem *Der blaue Engel* uraufgeführt worden war, schiffte sie sich in Richtung Amerika ein. So wie die Dinge lagen, schien ihr Hollywood die bessere Zukunft zu bieten. Sie unterschrieb einen Paramount-Vertrag, den Josef von Sternberg vermittelt und den sie zunächst im Hinblick auf ihre Familie abgelehnt hatte. Noch 1930 wurde ihr erster Hollywood-Film *Marokko* gedreht: Ein Star ging am internationalen Filmhimmel auf.

Nicht nur bei Marlene Dietrich mangelte es den Herren von der Ufa an dem nötigen Gespür für hoffnungsvolle Talente. Zuvor hatten sie schon die junge Schwedin Greta Garbo sang- und klanglos nach Hollywood ziehen lassen. Und das, obwohl ihr erster Spielfilm *Gösta Berling* in Berlin enthusiastisch gefeiert worden war. Mit ihrer Rolle der Gräfin Dohna, der weiblichen Hauptrolle in dem Film, begann Greta Garbos Karriere als »Mythos«.

Zur Berliner Premiere im Jahr 1924 war die junge Schauspielerin zusammen mit dem Regisseur Mauritz Stiller zum erstenmal in die Kinometropole gekommen, die ihr allerdings nichts zu bieten hatte. Nur ein junger Regisseur, Georg Wilhelm Pabst, interessierte sich für Greta Garbo. Er engagierte sie für seinen Film *Die freudlose Gasse* über das Wien der Inflationszeit, in dem sie eine der Hauptrollen neben Werner Krauß und Asta Nielsen spielte. Es blieb ihr einziger deutscher Film, denn die Kritik war nicht begeistert, und weitere Angebote bekam sie nicht.

Als Mauritz Stiller ein Hollywood-Engagement erhielt, akzeptierte er unter der Bedingung, daß Greta Garbo ebenfalls einen Vertrag bekam. Beide gingen also nach Hollywood, und es dauerte nicht lange, daß die junge Schwedin zur Kultfigur wurde. Nach dem Film *Das göttliche Weib* von 1928, in dem sie die Hauptrolle verkörperte, nannte man die Filmdiva nur noch »Die Göttliche«. Zwischen 1924 und 1941, als sie sich für immer vom Filmgeschäft zurückzog, drehte Greta Garbo insgesamt 28 Spielfilme, darunter so berühmt gewordene wie *Anna Karenina* und *Die Kameliendame*. Über die Gründe ihres geheimnisvollen Rückzugs ins Privatleben hat sich die Schauspielerin, die schon zu Lebzeiten zur Legende geworden war, nie geäußert.

Von der Verkäuferin zum Filmstar

So manche der jungen Büroangestellten und Verkäuferinnen, die zu Tausenden in die Kinos strömten, wird sich in ihren kühnsten Träumen einen Lebensweg à la Greta Garbo oder Asta Nielsen ausgemalt haben. Wenn sie in den dunklen Kinosälen ihre Idole anhimmelte, mag es ihr gar nicht mal unwahrscheinlich vorgekommen sein. Denn auch diesen beiden Schauspielerinnen war der spätere Erfolg nicht in die Wiege gelegt. Greta Garbo stammte aus einer Arbeiterfamilie. Sie mußte früh arbeiten gehen, zunächst als »Seifenschaummädchen« beim Friseur, dann als Hutverkäuferin. Die hübsche Verkäuferin durfte dann in Werbefilmen als Modell auftreten – auf diese Weise wurde sie von Mauritz Stiller entdeckt. Und auch bei der Dänin Asta Nielsen hatte alles ganz unscheinbar angefangen.

Aus ärmlichen Verhältnissen kommend, arbeitete die sechzehnjährige Asta in einem Milchladen als Verkäuferin. Mit einem solchen Schicksal wollte sie sich aber nicht abfinden, nahm Schauspielunterricht und bewarb sich schließlich am Neuen Theater in Kopenhagen. Zwar entsprach sie so gar nicht dem damaligen Schönheitsideal – sie war zu mager –, aber der weitsichtige Direktor engagierte sie trotzdem.

Während ihrer Theaterarbeit lernte sie den Dramaturgen und Bühnenbildner Urban Gad kennen. Beide fühlten sich durch ihre Theaterengagements nicht ausgelastet und drehten gemeinsam den Film *Abgründe*. Er wurde dank Asta Nielsen zu einem Welterfolg, womit niemand gerechnet hatte. Mit Urban Gad, den sie heiratete, arbeitete Asta Nielsen in der Folgezeit eng zusammen, zahlreiche ihrer Filme sind von ihm inszeniert. Asta Nielsen wurde zu einem internationalen Star des neuen Mediums Film. In den Kinos in aller Welt waren die Zuschauer fasziniert von der schlanken Dänin mit den dunklen ausdrucksstarken Augen und den sparsamen Gesten, die sich an unterschiedlichsten Rollen versuchte. Sie spielte Backfische und ältliche Kurtisanen, sie war der erste Vamp des Films, und sie spielte die erste Hosenrolle.

Dabei war Asta Nielsen nie auf billige Erfolge aus. Sie verstand sich als Künstlerin, und sie war es, die den Film als Kunstwerk durchsetzte. Kaum einer anderen Schauspielerin der Stummfilm-Ära gelang eine derartige Vervollkommnung der spezifischen Ausdrucksmittel des Stummfilms: Gestik und Mimik. Immer suchte sie die künstlerische Herausforderung, etwa in der Darstellung einer alternden Frau in dem Film *Absturz* von 1923. Sie wußte sehr gut, daß Zuschauer lieber junge hübsche Frauen als alte häßliche sehen, aber das war ihr egal. Sie spielte in diesem Film, der im übrigen entgegen allen Erwartungen ein Erfolg wurde, eine Sängerin, die, obwohl noch schön, einen jüngeren Liebhaber abweist. Sie fühlt sich zu alt für ihn. Als dieser aus Verzweiflung einen Mord begeht und eine zehnjährige Zuchthausstrafe verbüßen muß, schreibt ihm die Sängerin, daß sie auf ihn warten wolle. Fortan träumt er von seiner Geliebten, die er sich so schön und glänzend wie am ersten Tag ausmalt.

Jedoch – die zehn Jahre gehen nicht spurlos an ihr vorüber, im Gegenteil, sie wird alt und häßlich. Am Tag seiner Entlassung steht die schäbig gewordene Frau vor dem Gefängnistor, aber er erkennt sie nicht mehr, glaubt, sie habe ihn im Stich gelassen, und geht enttäuscht an ihr vorbei. Ein zeitgenössischer Kritiker beschreibt diese große Szene: »Und jetzt kommen über hundert Meter Großaufnahmen von Asta Nielsens Gesicht! Ein bebendes Hoffen, tödlicher Schreck, Augen, die um Hilfe schreien, daß es einem in den Ohren gellt, dann stürzen die Tränen – sichtbar wirkliche – über die mageren Wangen, die jetzt plötzlich, vor unseren Augen, verwelken, und wir sehen eine Seele sterben – premier plan, auf dem Gesicht Asta Nielsens.« Fast noch eindrucksvoller waren die beiden Schminkszenen des Films. Anfangs schminkt sich die gefeierte Diva in ihrer Garderobe mit Übermut und ohne es eigentlich nötig zu haben. Am Ende malt dieselbe Frau ihr nun schon verwelktes Gesicht an, um sich auf das Wiedersehen mit ihrem viel jüngeren Geliebten vorzubereiten.

»Das ist das Höchste, was ich bisher in der Filmkunst gesehen habe. Es ist eine letzte, hoffnungslose, verzweifelte Schlacht. Kein spielerisch-koketter Übermut. Mit einem bleichen, düsteren Ernst blickt sie in den Spiegel, mit Sorge und unsagbarer Angst. Wie ein Feldherr, der, umzingelt, noch ein letztes Mal sich über die Karte beugt: ›Was ist da noch zu machen?‹ Und sie fängt mit bebender Hand zu *arbeiten* an. Sie hält den Stift wie Michelangelo in seiner letzten Nacht den Meißel halten mochte: es geht um Leben und Tod. Dann mustert sie das Resultat und zuckt die Achseln. Dieses kleine Achselzucken sagt: jetzt bin ich

Asta Nielsen, ein vielseitiges Talent. Hier mit Conrad Veidt in Der Reigen.

tot. Dann nimmt sie einen schmutzigen Fetzen und wischt die Schminke weg. Diese kurze Bewegung ist, wie wenn sich einer vor unseren Augen aufhängt.«[37]

Ab Mitte der zwanziger Jahre wurde es still um Asta Nielsen, die sich, sehr zum Ärger so manches Produzenten, standhaft weigerte, schlechte Drehbücher zu akzeptieren. Sie erhielt immer weniger Angebote. Siegfried Kracauer schrieb 1931 über »Asta Nielsen und die Filmbranche«: »Worum es hier geht, ist einzig und allein dies: daß die Filmbranche es fertiggebracht hat, eine Darstellerin vom Range Asta Nielsens beiseite zu schaffen. Das ist nicht ein trauriges Einzelereignis, das ist ein Zeichen des allgemeinen Niedergangs… In den Fragen der Qualität – ich muß mich leider dieses scheußlichen Wortes bedienen – verhalten sich die eigentlichen Herstellerfirmen kaum minder laienhaft und fantastisch wie der Verleih. Das läßt sich gerade im Falle Asta Nielsen exemplarisch belegen. Man stelle sich vor, was diese

Schauspielerin sich herausnimmt: sie verlangt die Manuskripte zu lesen, ehe sie zu spielen beginnt, und wagt es nicht nur schlechten Drehbüchern kritisch zu begegnen, sondern lehnt auch die Beteiligung an solchen Elaboraten ab. Kurzum, sie legt ein noch durch Offenheit verschlimmertes Betragen an den Tag, dem sie selber die Hauptschuld daran beimißt, daß sie in Produzentenkreisen unbeliebt ist.«[38] Nach ihrem ersten und letzten Tonfilm *Unmögliche Liebe* von 1932, der beim Publikum nicht gut ankam, verließ Asta Nielsen Berlin und kehrte in ihre dänische Heimat zurück.

Für diese große Künstlerin war kein Platz mehr im boomenden Filmgeschäft. Kinos schossen wie Pilze aus dem Boden; in den Großstädten entstanden immer gewaltigere Lichtspielpaläste. Der 1929 in Hamburg als damals größtes Kino Europas eröffnete Ufa-Palast bot 2667 Zuschauern Platz. Auch waren die »Theater des kleinen Mannes« zunehmend prächtiger ausgestattet. Die Vorstädte hatten ihre einfacheren »Eck-Kinos«, und auch die kleineren Orte konnten meist ein Filmtheater vorweisen. Schließlich war das Kino ein ausgesprochenes Massen-Vergnügen geworden; 1929 zählte man in Hamburg über 14 Millionen Kinobesuche, also hatte sich im statistischen Durchschnitt jeder Hamburger mehr als dreizehn Filme angesehen. Aber die eigentliche Filmmetropole Deutschlands war natürlich Berlin. Hier, genauer in Neubabelsberg und Tempelhof, hatte die mächtige Ufa ihre Ateliers. Hier lebten die Stars und Sternchen, hier saßen einflußreiche Kritiker. Nicht zuletzt waren es die Berliner, die mit ihrer Kinobegeisterung den Film zum neuen Massenmedium werden ließen.

Hausfrau, Gattin und Mutter –
immer noch der Hauptberuf

Schafft uns gute Mütter, dann
wird es mit Deutschland wieder
besser werden.

Muttertag-Propaganda, 1927

Die Mütter in Deutschland kamen – dank der keineswegs un-
eigennützigen Anstrengungen von seiten der Blumenhändler –
in den Genuß eines Muttertags.[1] Angeregt von den Erfahrungen
in den USA – hier wurde schon seit 1914 das geschäftsfördernde
Mutter-Blumenfest gefeiert –, organisierte der Verband Deutscher Blumengeschäftsinhaber einen umfangreichen Werbefeld-
zug. Eilig wurden Broschüren verfaßt, die noch ungeübte Väter
in der Gestaltung der stillen, traulichen Familienfeier unterwie-
sen, die erstmals 1923 begangen wurde: »An diesem Tag wollen
wir unser Heim festlich schmücken. Der Mutter gehört der Eh-
renplatz. Er werde bekränzt. Blumengrüße sollten ihr unseren
Dank, unsere Liebe kundtun... Im trauten Kreise unserer Lieben wollen wir der Mutter aussprechen, was unser Herz für sie
bewegt. Wir wollen ihr aufs neue geloben, in Treue und Hinge-
bung zu ihrer Freude und zu ihrer Ehre unser Tagwerk zu tun.
Aus den Tiefen der Mutterseele soll unser besseres Selbst neue
Kraft und neuen Mut schöpfen.«[2] Beflissene Blumenhändler
spendeten Sträußchen für öffentliche Mutter-Ehrungen in Kran-
kenhäusern und Altersheimen.

Obwohl nie ein mehr oder weniger diskreter Hinweis auf die
»Sprache der Blumen« fehlte, die sich doch gerade für den Muttertag so wunderbar eigne, waren die Blumenhändler immer
sorgfältig darauf bedacht, das geschäftliche Interesse möglichst
zu kaschieren. Dank dieser Strategie konnten sie gewichtige Ver-
bündete gewinnen: Die Arbeitsgemeinschaft für Volksgesun-
dung, in der die großen Wohlfahrtsverbände, Frauenverbände,
aber auch zahlreiche Behörden organisiert waren, nahm sich des
Muttertags an. Sie organisierte hinfort nicht nur die Werbear-
beit. Wichtiger noch: Durch das Engagement unverdächtiger

Volkserzieher war die Muttertags-Initiative endgültig von dem Ruch des Geschäftsinteresses befreit.

Weltanschaulich gehörten die Muttertags-Propagandisten dem konservativen bis völkischen Spektrum an. Sie fühlten sich als Kämpfer gegen den allgemeinen Sittenverfall, den die Weimarer Republik in ihren Augen mit sich brachte, überall orteten sie schlimmste Krisensymptome: Ehescheidungen und freie Liebe, Kameradschaftsehe und Nacktkultur, schlüpfrige Kinofilme und Theatervorführungen. All dies mündete in ihren Augen in eine fürchterliche Verwilderung des ganzen Sexuallebens mit schlimmsten Folgen vom Alkoholismus bis zu Abtreibungen und Geburtenrückgang. Eine sittliche Erziehung des Volkes schien unerläßlich, um die Entwicklung wieder in die »richtigen« Bahnen zu lenken. Und der Muttertag wurde als Teil dieser Volkserziehung verstanden.

Unter der Parole »Ehret die Mutter« sollten sich die Familienmitglieder am zweiten Sonntag im Mai zu einer trauten Festrunde versammeln. Einmal im Jahr galt es, der Mutter für ihre Hingabe, Selbstaufopferung und Treue zu danken. In der Muttertags-Werbung wurde die einschlägige Rollenzuschreibung der Nur-Mutter und Hausfrau zum verehrungswürdigen Ideal hochstilisiert. Die Mutter hatte bis zur Selbstaufgabe für ihre Familie zu arbeiten, das war die Botschaft des neuen Festtags. Schließlich wurde sie ja deshalb geehrt. Zugleich diente der Muttertag als Feigenblatt für das schlechte Gewissen der männlichen Nutznießer ihrer permanenten Ausbeutung und Überlastung.

Die Bedeutung der Mutter-Verehrung ging aber für die Muttertags-Propagandisten weit über die einzelne Familie hinaus: In der Mutter als Hüterin des Familienlebens sah man die entscheidende Kraft für die sittliche Wiedergeburt des Volkes. Sie sollte der Zerstörung des Familienlebens und damit der Verrohung der Sitten und dem allgemeinen Mangel an Gemeinschaftssinn und Opferwilligkeit endlich Einhalt gebieten. Der Muttertag galt als ein Mittel, dem beängstigenden Niedergang der Weiblichkeit und Mütterlichkeit entgegenzuwirken und die Frauen wieder auf ihren »natürlichen« Beruf einzustimmen.

Solche Gedanken waren durchaus verbreitet und populär. Das Lamento über den Niedergang der Mütterlichkeit und die Krise der Familie entsprang einer tiefen Verunsicherung, die viele Männer angesichts weiblicher Emanzipationsanläufe empfanden: Sie mußten zusehen, wie Frauen Fabriken und Kontore eroberten, nicht mehr bereit waren, ein Kind nach dem anderen in die Welt zu setzen und insgesamt immer selbstbewußter auftraten. Der Muttertag war ihre – wenig angemessene – Antwort auf die »gebärunwillige« und »genußsüchtige« Frau der Weimarer Zeit.

Wie wenig der Muttertag mit den wirklichen Bedürfnissen der Gefeierten zu tun hatte, erkannten bereits hellsichtige Zeitgenossinnen. Alice Rühle-Gerstel schreibt in ihrem 1932 veröffentlichten Buch *Das Frauenproblem der Gegenwart:* »Einmal im Jahr feiert das deutsche Volk seine Mütter. An einem Tag im Jahr werden sie ans Licht gezerrt, mit Reklamen gepriesen, mit Sentimentalitäten verziert, mit Sinnsprüchen gewürdigt und mit beweglicher Pathetik gerühmt... Dann, abends schleichen die Mütter allmählich wieder in das bescheidene Halbdunkel ihrer Alltage zurück, wo sie nun bis zum nächsten Jahr ihre schlichten und vielfältigen Aufgaben erfüllen werden.«[3]

»Vom Nähtisch zum Bureau«

»Vor etwa 25 Jahren erschien in einer sehr bekannten Backfischzeitschrift ein Roman, in dem u. a. die Rückkehr eines jungen mutterlosen Mädchens aus der Pension geschildert wird, das nun vor der Aufgabe steht, den väterlichen Haushalt zu leiten. Die Anmaßung und Verstiegenheit dieses Geschöpfs wird dadurch charakterisiert, daß sie ihren Vater um einen – Schreibtisch bittet, an dem sie ihre Schreibereien und Rechnungsführungen erledigen könne. Der Vater weist dieses Ansinnen mit gebührender Schärfe zurück: ›Deine Mutter hat sich immer mit ihrem Nähtischchen zu begnügen gewußt‹.«[4]

Nebenbei, am Nähtisch ließ sich die Verwaltung eines modernen Haushalts nicht mehr abwickeln. Schließlich stand die Hausfrau neuerdings an der Spitze eines nach betriebswirtschaftlichen Gesichtspunkten geführten Kleinstbetriebes. Zahllose Ratgeber propagierten jene Professionalisierung und Rationalisierung der Hausarbeit, die ein Hausfrauen-Büro unerläßlich machten. Nicht mehr das Heimchen am Herd war gefragt, sondern die – nach entsprechender Selbsterziehungsarbeit – souveräne Meisterin des kleinsten Betriebs überhaupt, des Haushalts also. Mit einem wirklichen Berufsbewußtsein und einer neuen Würde erfüllt, trete die Hausfrau endlich aus ihrem Schattendasein heraus. Dann werde sich die bisher schmerzlich vermißte Anerkennung des Hausfrauentums als ernsteste Berufsarbeit kampflos einstellen. Endlich sollte die Hausfrau selbst, aber auch die Gesellschaft, die volkswirtschaftliche Bedeutung ihrer Arbeit und ihrer Rolle als Konsumentin angemessen würdigen.[5]

Solche hehren, wenn auch gutgemeinten Worte richteten sich besonders an Mittelschichtsfrauen, die nach dem Weltkrieg vor einer völlig neuen Situation standen. Verarmt durch die Inflation, konnten sie sich die vorher üblichen Dienstboten nicht mehr leisten. Zum »Scheuerlappen verurteilt«, wie es in einem Haushalts-Ratgeber anschaulich heißt, mußten sie nun wohl oder übel die ungeliebten schweren Hausarbeiten eigenhändig erledigen. »Grethe mußte also selbst staubsaugen, dem Mädchen Lisa ist gekündigt worden –... und die große Wäsche ist auch kein Pappenstiel. Man könnte es machen wie der Apotheker Dahlbusch, der sein Dienstmädchen weiter bei sich behält, als ›Freundin des Hauses‹, die Essen und Wohnung frei hat und alle Arbeit macht, sich das Bargeld aber vom Arbeitsamt holt, als ›Arbeitslosenunterstützung‹. Aber das ist irgendwie unreell.«[6]

In dieser mißlichen Lage kamen die populären Ratgeber gerade recht. Konkrete Tips zur rationelleren Haushaltsführung versprachen Zeit- und Krafterparnis. Hausfrauen, die sich der Rationalisierung verschrieben, durften sich als Pionierin des Haushaltsfortschritts fühlen. Ihre Arbeit wurde dadurch allerdings auch nicht angenehmer. Bei allem Pathos, das die Hausfrauenbewegung zu einer geistigen Bewegung hin zum Weib im höchsten Sinne verklärte, wurde die traditionelle Hausfrauenrolle nie grundsätzlich in Frage gestellt. Haushalt und Kindesbetreuung waren nach wie vor Frauensache. Daß diese Tätigkeit nunmehr als ernstzunehmender Beruf verstanden werden sollte, hatte keine handgreiflichen Konsequenzen. Nicht einmal die Interessenvertretung der Hausfrauen, die seit 1915 im Reichsverband Deutscher Hausfrauen zusammengeschlossenen Hausfrauenvereine, kam auf den an sich naheliegenden Gedanken, eine Bezahlung der Hausarbeit zu verlangen.

Hausarbeit war zeitraubend, mühevoll und oft auch körperlich anstrengend. Wöchentliche Arbeitszeiten von 70 und mehr Stunden waren durchaus keine Seltenheit, wenn die Frau gleichzeitig noch Kinder zu betreuen hatte und ohne fremde Hilfe auskommen mußte. Besonders in den Notzeiten nach dem Weltkrieg und während der Weltwirtschaftskrise hing das Wohl und Wehe der Familien vom Geschick der Hausfrau ab, das Beste aus den knappen Mitteln zu machen. Sie versuchte möglichst billig einzukaufen, mußte dafür aber oft lange anstehen. Das tägliche Einkaufen und Kochen empfand so manche Hausfrau als »ein sehr kompliziertes Rätsel«. Denn: »Gut schmecken soll's und viel kosten soll's auch nicht.« Das war nicht immer unter einen Hut zu bringen. Es mache ihr immer viel Sorge, so die gängige Hausfrauenklage, »alle Tage etwas zu kochen. Soviel ich auch rechne, immer langt das Geld nicht«. Glücklich schätzte sich, wer einen Garten hatte und selbst Gemüse ziehen konnte. Wichtig war die Vorratswirtschaft, die allerdings auch viel Arbeit machte.

Der Schrecken jeder Hausfrau war allerdings die »große Wäsche«, mußte sie doch stundenlang in der nassen, von Dampf erfüllten Waschküche beim Ruffeln, Spülen und Wringen Knochenarbeit leisten. Das »schönste« Wochenende habe sie immer, meint ironisch eine Textilarbeiterin, »wenn Wäsche ist. Dann kann ich schuften zum Gotterbarmen, das verwehrt mir dann niemand. Ich möchte mal meinen letzten Sonnabend als Waschtag beschreiben. Also von 7 bis 1 Uhr in der Fabrik ohne Pause, dann schnell etwas kochen, inzwischen macht mir mein Mann im Waschhaus Feuer. Die Wäsche muß Freitag abend schon eingeweicht werden und dann geht's so ungefähr um 2 Uhr los mit dem Waschen bis 7 Uhr. Ich bin dann gewöhnlich so müde, daß ich hinfallen möchte. Aber was hilft's. Nun heißt es Flur wischen, Stube und Klosett. Ein Zittern und Zucken in allen Gliedern ist zu spüren und vor lauter Müdigkeit kommt kein Schlaf. Am Sonntag setzt sich die Arbeit im Waschhaus fort.«[7]

»Umwälzung in der Waschküche«

Abhilfe versprachen hier die Waschmaschinenhersteller, die nach dem Weltkrieg auch den deutschen Markt zu erschließen begannen. Von dieser segensreichen Neuerung hatten allerdings die meisten Hausfrauen wenig, denn die Kosten für elektrische Geräte sprengten das Familienbudget. Wer sich eine Waschmaschine anschaffen konnte, gehörte den Kreisen an, in denen man zuvor eine Waschfrau beschäftigt hatte. Für einen elektrischen »Protos«-Waschautomaten der Firma Siemens etwa mußten 180 Reichsmark auf den Tisch gelegt werden, mit eingebauter Schleuder kostete so ein Gerät gar 575 Reichsmark. Unerschwinglich für Arbeiterhaushalte, die mit ihren durchschnittlich 315 Reichsmark monatlich ohnehin kaum auskamen.[8]

Was heute zur Grundausstattung jedes Haushalts gehört, war in den zwanziger Jahren Familien mit einigermaßen guten bis sehr guten Einkommen vorbehalten. Ein Kühlschrank zum Beispiel, der die mühselige Vorratswirtschaft überflüssig machte, war ein ausgesprochener Luxusartikel. Die Arbeiterfrau träumte meist nur von den in der Werbung gepriesenen »Prometheus«-Gasherden und plagte sich eben weiter mit der mühseligen Feuerung ihres Küchenherdes. Auch eine »Dampfwaschmaschine Krauß« oder ein »Vampyr«-Staubsauger lagen für die Mehrheit der Haushalte außerhalb des Erschwinglichen. Eine komplett eingerichtete moderne Reformküche mit Gasherd, Eisschrank, elektrischer Rühr- und Knetmaschine sowie Warmwasserapparat kam für den Normalhaushalt erst recht nicht in Frage. So fanden nur die kleineren, billigeren Geräte – wie das elektrische Bügeleisen – eine breitere Käuferschaft.

Ein anderer Grund für die nur langsame Ausbreitung der technischen Geräte war die primitive Ausstattung vieler Wohnungen. Gas- und Stromanschlüsse waren keineswegs selbstverständlich. Als in Berlin im Jahr 1933 endlich 76 % der Wohnungen an das Stromnetz angeschlossen waren, feierte man das als einen großen Fortschritt. In kleineren Städten oder gar auf dem Land war man noch längst nicht so weit.

Eine Küche der kurzen Wege

Arbeitssparende Geräte waren gut und schön, aber dabei durfte die moderne Hausfrau nicht stehenbleiben. Die Rationalisierungswelle, die die industrielle Produktion erfaßt hatte, machte vor dem Haushalt nicht halt. Auch die Hausarbeit ließ sich mit

Von der berufstätigen Schönen bis zur biederen Hausfrau – Die Frau als Konsumentin wird heftig umworben.

Hilfe von Arbeitsplatzanalysen, Zeit- und Bewegungsstudien auf Vordermann bringen. Dabei wurde die Arbeit zunächst in kleinste Einheiten zerlegt, um dann den minimalen Aufwand für einzelne Tätigkeiten zu ermitteln.

Wie man vergeudeter Arbeitszeit und -kraft auf die Spur kam, führt Erna Meyer in ihrem vielgelesenen Haushalts-Ratgeber *Der neue Haushalt* der erstaunten Hausfrau eindringlich vor Augen: »Nehmen wir an, ich wolle als vielbeneidete Besitzerin einer ›Riesenküche‹ eine ganz einfache Reissuppe (ohne Fleisch) kochen. Da mein Herd (oder Gaskocher) in der einen Ecke, der Küchentisch in der Mitte, Vorrats- und Geschirrschrank an der dem Herd entgegengesetzten Wand stehen, habe ich folgende Wege zu machen: 1. vom Geschirrschrank mit dem gewählten Topf zum Herd (zehn Schritte), 2. zurück zum Schrank (zehn Schritte), 3. mit Messer und Brettchen zum Zwiebelschneiden zum Tisch (fünf Schritte), 4. zum Vorratsschrank (oder sogar hinaus in die Speisekammer), um Zwiebel und Butter zu holen (fünf bis zwanzig Schritte), 5. zum Tisch zurück (fünf bis zwanzig Schritte), 6. mit der geschnittenen Zwiebel und der Butter zum Herd (fünf Schritte), 7. Holen des bisher vergessenen Kochlöffels aus dem Schrank (zehn Schritte hin und zehn Schritte zurück, 8. nach dem Anbräunen der Zwiebel Holen von Mehl und Reis aus dem Vorratsschrank oder gar der Speisekammer (zehn Schritte hin und zehn Schritte zurück), 9. Holen des notwendigen Wassers aus der Leitung (vier Schritte hin und vier Schritte zurück), 10. nach dem Aufkochen Holen der Suppenwürze oder Würfel (zehn Schritte hin und zehn Schritte zurück).«

Nur einer Reissuppe wegen, rechnet Erna Meyer vor, müsse die Hausfrau 138 Schritte, also einen Weg von mindestens 70 m, zurücklegen. Durchleuchte man sämtliche Hausarbeiten auf diese Weise, komme man »bald zu dem Ergebnis, daß wir den größten Teil unseres Lebens ›auf der Walz‹ zubringen«. Und zwar überflüssigerweise, wie die Ratgeberin nicht müde wird zu betonen. Die Hausfrau müsse nur ihre Küche so einrichten, daß bei der Arbeit möglichst wenige Wege entstehen. Auch durch verbesserte Arbeitsmethoden – richtige Körperhaltung, wenn möglich sitzend, und zweckmäßige Arbeitshöhe – könne sie ihren Energieaufwand deutlich mindern. Schließlich solle sie sich eine rationelle Arbeitsorganisation zu eigen machen, indem sie

Zweckmäßige Möbelstellung

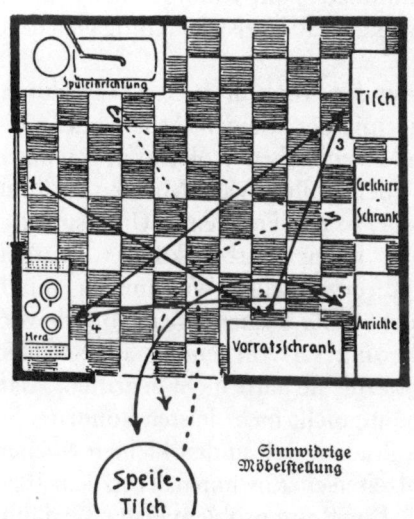

Sinnwidrige
Möbelstellung

Mit dem Haushalts-Ratgeber auf richtigem Kurs.

alle Arbeiten und ihre Abfolge vorher genau plane. Durch eine richtige Disposition lasse sich »das sinnlos scheinende Chaos der Verrichtungen zu planvoller Hausarbeit« umwandeln. Für die Buchführung – ein Muß für jede moderne Hausfrau – und andere Schreibarbeiten sei dann auch die Einrichtung eines »häuslichen Büros« unerläßlich.[9]

Die Küche stand im Mittelpunkt der haushaltsreformerischen Bemühungen. An die Stelle der herkömmlichen Wohnküche, die gemütlich, aber unpraktisch war, sollte die hygienische und funktionale »Fabrik des Hauses« treten. Wegweisend wirkte hier Grete Schütte-Lihotzky mit ihrer Frankfurter Küche von 1926, die zur Ausstattung von Neubauwohnungen in Frankfurt am Main gehörte. Arbeitsplatte, Einbauschränke und sonstige Geräte waren in dieser kleinen »Arbeitsküche« von maximal 6 m² so angeordnet, daß nur noch minimale Wegstrecken anfielen. Ein Beispiel für die praktischen Details dieser Küche war der Einwurfschlitz in der Arbeitsplatte, »unter dem eine Emailleschublade angebracht war, um Abfälle während der Arbeit aufzunehmen. Die Abfälle wurden von der Küche aus durch eine Klapptür in einen Eimer geschüttet, der vom Flur aus herausgenommen werden konnte.«[10] Schiebetüren oder wenigstens eine Durchreiche schufen Verbindungen zum Wohnbereich. Schließlich hatte die in der Küche arbeitende Hausfrau häufig gleichzeitig Kinder zu beaufsichtigen.

So modern die Konzeption der Frankfurter Neubauwohnungen auch sein mochte, die mit der kleinen Arbeitsküche die Hausarbeit vermindern und zusätzlichen Wohnraum gewinnen wollte, so wenig konnten oder wollten viele Mieter von ihren Gewohnheiten lassen. Leider, so das Fazit einer Untersuchung über »Erfahrungen mit der kleinen Arbeitsküche«, würden »auch hygienisch einwandfrei erstellte Wohnungen durch Wohnunsitten und Gebräuche ihrer hygienischen Vorteile verlustig gehen«. Die Bevölkerung sei von einer »sinngemäßen Wohnkultur« noch weit entfernt, sie hätte nicht begriffen, »daß wir uns eine ›gute Stube‹ heute nicht mehr leisten können«. So bedauerten viele befragten Frauen, daß in den kleinen Küchen kein Raum sei, um die Mahlzeiten einzunehmen. Trotzdem aßen viele Familien in der Küche. Das Raumproblem lösten sie dann, indem sie zum Beispiel in Schichten aßen. Alle Unbequemlichkeiten wurden in Kauf genommen, »weil das elegant möblierte

Wohnzimmer zur Benützung zu schade schien«. Eine Frau hielt, »um ihre polierten Möbel vor den Kochdünsten zu schützen, die Verbindungstür zwischen Küche und Wohnraum dauernd abgeschlossen und ließ ihre Kinder aus Schonung für das kostbare Wohnzimmer unbeaufsichtigt in der dahintergelegenen Schlafkammer spielen. Gegessen wurde natürlich in der Küche.« Nur in seltenen Fällen »wurde der Wohnraum aufgefaßt als das, was er eigentlich sein soll, nämlich der Aufenthaltsraum für die ganze Familie«.[11]

Die moderne Hausfrau kennt keine Muße

Selbst wenn die Hausfrau all den gutgemeinten Ratschlägen folgte und eifrig Zeit sparte, blieb ihr beileibe keine Gelegenheit zum Faulsein. Neue Anforderungen kamen auf sie zu. Die Wohnung mußte neuerdings picobello sein, so wollte es der aus Amerika kommende Sauberkeits- und Hygienetrend. Für die Hausarbeit und auch die Kindererziehung kamen neue Standards auf. Um nicht als »Schlampe« oder »Rabenmutter« zu gelten, mühten sich die Hausfrauen von früh bis spät ab. Erstaunlicherweise förderte der Vormarsch der Waschmaschinen und Staubsauger einen vermehrten Arbeits- und Zeitaufwand der Hausfrauen. Diese paradox anmutende Entwicklung konnte man zuerst in den USA beobachten, wo die Rationalisierung des Haushalts schon lange vor dem Weltkrieg begonnen hatte.

Hausfrauen nutzten die Zeit, die sie durch ihre Geräte gewannen, nicht für mehr Freizeit, »sondern für die Bereitstellung von mehr Gütern oder Dienstleistungen derselben Art. Die Erfindung der Nähmaschine hatte die Herstellung von mehr Kleidung zur Folge, diejenige der Waschmaschine und des Staubsaugers häufigeres Waschen und Reinigen; und neue Küchengeräte zogen mehr Kochkurse und anspruchsvoller zubereitete Mahlzeiten nach sich.«[12]

Wenn sich die Hausfrau wirklich um das Wohl ihrer Familie sorgte, so konnte sie, wollte sie einer Siemens-Werbung für den »Protos«-Staubsauger glauben, nicht gut auf ein solches Gerät verzichten. Das entscheidende Argument war die Gesundheit: Anders als mit dem Protos sei der »Staubplage«, die allgemein für die verbreitete Lungentuberkulose verantwortlich gemacht

wurde, nicht beizukommen. Bei herkömmlichen Reinigungs-
methoden würde der Staub nur verlagert, »aber der Protos
schafft ihn weg«, versprach die Siemens-Werbung.[13]

Weshalb die Hausfrauen so empfänglich waren für derlei Ein-
flüsterungen, versucht Alice Rühle-Gerstel mit dem »quälenden
Gefühl der Geltungslosigkeit« zu erklären, das mit diesem Beruf
verbunden sei und entschieden nach Kompensation dränge.
»Die Verlockung der Vergötzung des Haushalts ist groß. Die
Tätigkeit, die er erheischt, ist unscheinbar und schwer. Niemand
sieht sie, niemand scheint sie zu würdigen. Der Familie gilt es als
selbstverständlich, daß alles klappt… So sieht die Hausfrau sich
tagein tagaus, ohne Aussicht, jemals fertig zu werden, an eine
Arbeit gespannt, die niemand anerkennt und die ihr niemand
dankt. Da liegt es nahe, von dieser Arbeit anderes zu erpressen,
als sie sachlich zu geben geeignet ist, allerhand Ersatzwerte aus
ihr zu ziehen und in sie hineinzulegen, die Haushaltung gewissermaßen mit Werten zu laden, die sie von sich aus nicht besitzt… Sehr viele Frauen stehen so unsachlich zu ihrer Hauptar-
beit… Die Hausfrau erscheint zur Karikatur verzerrt im ›Scheu-
erteufel‹. Die Bedürfnisdeckung der Familie, doch eigentlich der
Sinn des Hauswesens, wird hier geradezu zu einer Störung der
Bedürfnisbefriedigung. Der Mann kann nicht ausgehen, weil
das Gekochte gegessen werden muß, der Sohn kann keine Schularbeiten machen, weil alle Möbel aufeinanderstehen. Die Mutter selbst kann sich nicht sauber und nett kleiden, weil sie das
Frischgebügelte schonen will. Vernunft wird Unsinn, Wohltat
Plage. Am unbefriedigtsten bleibt die Hausfrau selbst. Die andern flüchten schließlich in die Kneipe, auf den Sportplatz, ins
Kino. Die wütige Hausfrau aber muß zu Hause bleiben, denn es
gehört mit zu ihrer Religion, daß man die Wohnung nicht allein
verlassen darf.«[14]

Nicht zuletzt in der Säuglings- und Kinderpflege standen die
Mütter unter einem enormen sozialen Druck, möglichst die letzten Erkenntnisse in Sachen Hygiene anzuwenden. Ein neues, flä-
chendeckendes Netz von Säuglingsberatungsstellen sorgte für
die Durchsetzung von Hygienevorschriften. Niemand dachte allerdings daran, daß diese unbestreitbare Notwendigkeit – die
Säuglingssterblichkeit ging deutlich zurück – mit einer Mehrar-
beit der Mütter erkauft wurde, geschweige denn, diese zu vergü-
ten. Erst als sich die Frauen entschlossen, zum Ausgleich weni-

Der Traum einer jeden geplagten Hausfrau: Sauberkeit wie von Zauberhand.

ger Kinder in die Welt zu setzen, begann das Lamento über den Bevölkerungsrückgang.

Die moderne Hausfrau und Mutter hatte sich ferner intensiv um die Erziehung der Kinder zu kümmern, wollte sie neuen pädagogischen Grundsätzen genügen. Schließlich durfte sie auch ihre Aufgaben dem Gatten gegenüber nicht vernachlässigen. Für den von der Arbeit ermüdeten Mann galt es, eine erholsame häusliche Atmosphäre zu schaffen. Vor allem um Zeit für die lieben Angehörigen zu gewinnen, sollte die Hausfrau die eigentliche Hausarbeit rationalisieren. So wollte es jedenfalls die Haushaltsreformbewegung, wobei sie sich auf die mittelständische Heimideologie berufen konnte: Das traute Heim wurde zum Rückzugsort vor der feindlichen Arbeitswelt hochstilisiert. Da eine erwerbstätige Ehefrau weniger Zeit und Kraft für häusliche Pflichten hatte, warb die Hausfrauenbewegung für die moderne Nur-Hausfrau. In diesem Sinne sollten verheiratete Frauen tunlichst nicht mehr arbeiten.

Große Elektrofirmen erkannten rasch die Gewinnperspektiven, die sich aus solchen Ansichten ergaben. Siemens etwa arbeitete eng mit den Hausfrauenverbänden zusammen, die sich eifrig an der Verbreitung moderner Elektrogeräte beteiligten. Folgender Aufruf »prominenter Hausfrauenführerinnen« fand eine denkbar positive Aufnahme in der Werkszeitung »Siemens-Mitteilungen«: »Die aus allen Teilen Deutschlands an der Tagung ›Die Frau und das Heim‹ versammelten deutschen Frauen geben ihrer Überzeugung Ausdruck, daß die Einführung des elektrischen Betriebes in den Haushalt… das wirksamste Mittel ist, um den deutschen Frauen ihren schweren Beruf zu erleichtern und ihnen Zeit und Kräfte frei zu machen für die Betätigungen neben der eigentlichen Hausarbeit, die für das Volkswohl sehr wichtig sind, insbesondere die Kindererziehung und die Pflege des Körpers und des Geistes.«[15]

In den »Siemens-Mitteilungen« waren auch regelmäßig Reklameerzählungen von der idealen Siemens-Familie Buschmüller zu lesen. Herr Buschmüller ist Angestellter, Frau Buschmüller nicht erwerbstätig, beide haben ein Kind. In der Regel unterhält sich das Ehepaar über die Anschaffung eines weiteren Elektrogeräts, wobei Vor- und Nachteile sorgfältig, aber immer mit positiver Bilanz, erwogen werden. Einmal wünscht sich Frau Buschmüller etwa einen Staubsauger, weil sie »dem Kleinen…

ein gut Teil Zeit widmen« muß.[16] Diesem schlagenden Argument kann sich Herr Buschmüller nicht entziehen. Außerdem sind Elektrogeräte, wie die Buschmüllers immer wieder vorrechnen, schlicht billiger als Hausangestellte. Technischer Fortschritt und Rationalisierung im Haushalt waren laut »Siemens-Mitteilungen« unerläßlich: Allein die »Planmäßigkeit in der Haushaltsführung« macht die «Mutter und Gattin frei für die Gemütswerte des Familienlebens, die in der heutigen Zeit des unendlich schweren Kampfes ums tägliche Brot zu pflegen die vornehmste Pflicht der deutschen Frau« ist.[17]

Die typische Käuferin elektrischer Haushaltsgeräte war die nicht erwerbstätige, verheiratete Frau aus Ober- und Mittelschicht. Sinnigerweise kamen gerade die doppeltbelasteten Frauen selten in den Genuß der unbestreitbaren Arbeitserleichterung, den diese Geräte boten. Sie mußten nicht nur darauf verzichten, sondern sich auch noch wegen angeblicher Unvereinbarkeit von Erwerbsarbeit einerseits sowie Hausfrauen- und Mutterpflichten andererseits Vorhaltungen machen lassen. Selbst in gewerkschaftlichen Kreisen sah man durch die weibliche Berufstätigkeit »den Instinkt zur Mutterschaft und zum Hausfrauentum« in Gefahr, gelähmt, »wenn nicht ertötet« zu werden. Frauen, die tagsüber ihrer Erwerbsarbeit nachgingen, mangelte es bisweilen an der von liebenden Ehefrauen und Müttern erwarteten Hingabe. Die Herren der Schöpfung mußten zähneknirschend ein »Minus an Reinlichkeit« und ein »Minus an Gemütlichkeit« in Kauf nehmen.[18] Auf die an sich naheliegende Idee, selbst im Haushalt mitzuhelfen, kamen die wenigsten Männer. Eine Umfrage unter Wiener Industriearbeiterinnen ergab, daß nur 14 % der Frauen von ihren Männern bei Hausarbeit und Kinderbetreuung unterstützt wurden.[19]

Modernes Wohnen kontra Plüsch und Pomp

Grundprinzip der modernen Wohnkultur, die sich vor allem in den Neubauwohnungen bemerkbar machte, war die Funktionalität. Wohnungen sollten möglichst zweckmäßig gestaltet und eingerichtet sein. Avantgardistische Architekten und Designer etwa des Bauhauses hielten dies nicht nur aus sachlichen Gründen für erstrebenswert. Sie meinten, nur zweckmäßige Gegenstände seien auch schön. Bei den Neubausiedlungen, die zum Beispiel von Bruno Taut in Berlin und Ernst May in Frankfurt am Main gebaut wurden, verbanden sich wirtschaftliche und soziale Überlegungen mit modernen Formvorstellungen. Die Wohnungen waren meist klein, verfügten dafür aber über eine moderne Ausstattung wie Zentralheizung und Warmwasser. Richtungweisend waren in dieser Hinsicht auch mit öffentlichen Mitteln errichtete Siedlungen in Wien. Aus der Überlegung heraus, daß von mehreren Mietern zugleich genutzte Einrichtungen in ökonomischer und sozialer Hinsicht vorteilhaft seien, gab es dort Gemeinschaftseinrichtungen wie Waschküchen, Bäder, Kindergärten, Büchereien. Leider konnten sich – entgegen der ursprünglichen Zielsetzung – Arbeiterfamilien diese Wohnungen nicht leisten.

Passend zu den kleinen Neubauwohnungen wurden ganze Innenausstattungen entworfen: Zweckdienliche, platzsparende Schleiflack-, Stahlrohr- und Metallmöbel, Einbauschränke, Sofas mit Bettkasten und verstellbare Liegen trugen den beengten Gegebenheiten Rechnung, signalisierten aber auch ein neues Lebensgefühl. Designer und Architekten fanden die ornamentale Pracht der herkömmlichen bürgerlichen Wohnkultur schrecklich. Sie erhoben die »Form ohne Ornament« zum neuen Schönheitsideal, also ein klares, einfaches Design ohne überflüssigen Dekor. Einrichtungen im neuen Stil gab es zu halbwegs erschwinglichen Preisen, etwa das bekannte WK-Aufbaumöbelsystem, das »den bürgerlichen Konventionen mit Anstand und Verantwortung der Form gegenüber« entgegenkam.

Nicht zuletzt die Hausfrauenbewegung setzte sich für die neue Wohnkultur ein. Vom Standpunkt der praktisch denkenden Hausfrau her gesehen, machte das verschnörkelte Buffet, einst Zier jeder »guten Stube«, nur überflüssige Arbeit. So manches junge Ehepaar machte sich, wenn es an die Einrichtung des gemeinsamen Haushalts ging, diese Ansichten zu eigen: »Wir waren für das Einfache, viele hatten so aufgeklebte Rosetten am Buffet, das mochten wir nicht, das waren nur Staubfänger.«[20] Fehlte das nötige Geld für die Anschaffung neuer Möbel, gab man den alten einen zeitgemäßen Schliff: »Manche haben das Gedrechselte damals wegmachen lassen, alles sollte ja technisch glatt und gerade sein. Deine Möbel haben ja Dackelbeine, sagte man.«[21]

Trotz der unbestreitbaren Vorteile – mehr Platz in der Wohnung, weniger Aufwand beim Saubermachen – fanden die modernen Möbel keine flächendeckende Verbreitung. Teurer waren sie gar nicht mal unbedingt, aber viele mochten nicht von dem altgewohnten Plüsch und Pomp, den gewaltigen Buffets, den gedrechselten Tischchen mit den Stickdeckchen Abschied nehmen. Während in jungen, bürgerlichen Kreisen die Aufgeschlossenheit für das Neue größer war, gaben junge Paare aus dem Arbeitermilieu häufig dem traditionellen Möbelstil den Vorzug. Da konnten die Arbeiterparteien noch so sehr gegen die mit altdeutschem Mobiliar und Nippes vollgestopfte »gute Stube« wettern, die in Arbeiterwohnungen nichts anderes sei als der dürftige »Abklatsch einer Bourgeoisieheimstätte«.[22]

Abklatsch oder nicht, ihre Klientel konnte sich eben nicht so recht für die modernen klassenbewußten Möbel begeistern. Viele empfanden sie als ärmlich und wertlos. Daß sie kleiner waren und deshalb mehr Raum in den Zimmern ließen, galt nicht als Vorteil, sondern wurde als zu kahl und zu kalt abge-

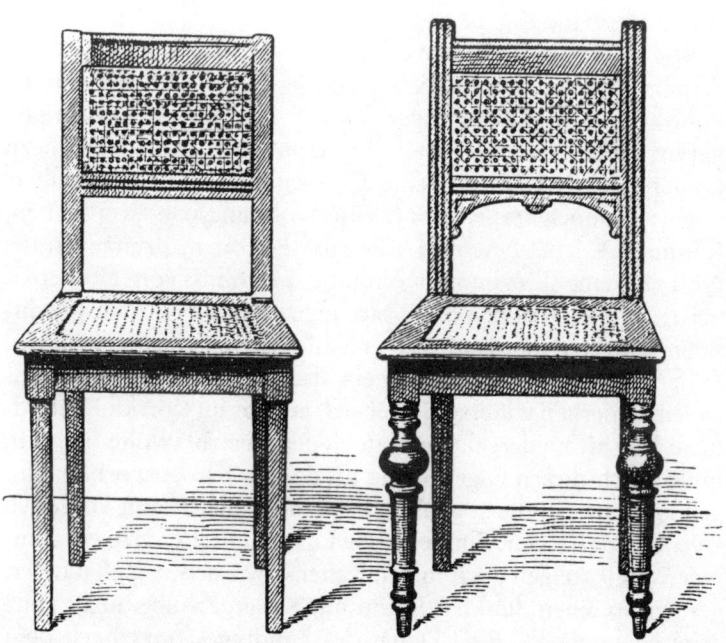

Die ornamentale Pracht fällt der neuen Mode zum Opfer.

lehnt. Außerdem war es nicht üblich, ohne Notwendigkeit neue Möbel zu kaufen, denn »wenn man eingerichtet war, war man eingerichtet«. Solange die Möbel ihren Zweck erfüllten, wäre kaum jemand auf die Idee gekommen, neue zu kaufen. Solche Gebrauchsgegenstände wurden, wenn man heiratete, fürs Leben angeschafft. Alles andere hätten sich die meisten gar nicht leisten können.

Erwägungen über Einrichtungsfragen konnten angesichts der bedrückenden Wohnungsnot leicht frivol wirken. Obwohl viel neu gebaut wurde, blieb der Bedarf hoch. Nach dem Weltkrieg fehlten etwa 1,5 Millionen Wohnungen, im Jahr 1927 waren es immer noch 700 000 und 1933 dann schon wieder 1,1 Millionen.[23] Natürlich litten unter diesem Problem nicht ausschließlich die Frauen. Jedoch prägten die katastrophalen Wohnverhältnisse vieler einkommensschwacher Familien die Lebens- und Arbeitsbedingungen gerade der Hausfrau und Mutter entscheidend, hielt sie sich doch meistens zu Hause auf und mußte hier auch arbeiten. Ganz anders die Ehemänner, die gern aus der beengten Wohnung in die Kneipe auswichen.

Wie furchtbar die Wohnverhältnisse teilweise waren, geht aus dem Bericht eines Berliner Stadtrats, der gemeinsam mit anderen Politikern Altbauwohnungen in der Hauptstadt besichtigte, hervor: »Was sich am ersten Tag dem Auge bot, ist geradezu grauenhaft. Es wird uns eine Liste einiger Wohnungen überreicht: Brunnenstraße Nr. 15: eine Wohnung von zwei Stuben, Kammer, Küche, bewohnt von zehn Personen, Brunnenstraße Nr. 178: eine Einzimmerwohnung, bewohnt von elf Personen… Wir besichtigen die Wohnungen in der Friedrichsgracht. Beim Eintreten muß man sich erst an die Dunkelheit gewöhnen. In der Ecke des Korridors sitzt ein alter Mann. Bei unserem Eintreten bemerken wir erst, daß er sich auf das im Korridor befindliche Klosett niedergelassen hat. Jeder, der zur Wohnung will, muß durch diesen engen Gang an diesem Klosett vorbei, man gelangt dann in die sogenannte Küche, einen Raum von etwa zwei Quadratmeter, dunkel, ohne Licht und Luft, dazu ein Zimmer… Wir steigen auch in den Keller, etwa sieben Stufen tiefer, geraten in einen dunklen Raum mit Kellergewölbe, nicht ganz zwei Meter hoch. Eine Dame des Landtages fragt nach dem Wohnzimmer, die Frau antwortet: ›Sie befinden sich in demsel-

ben‹, ›Und Ihr Schlafzimmer?‹ ›Dasselbe‹. ›Und die Küche?‹
›Auch diese befindet sich in diesem Raume‹... Es befindet sich in
der Wohnung ein älteres Ehepaar und der Vater. Der ganze
Raum ist etwa zehn Quadratmeter groß, und für diesen Raum
zahlt die Familie 17 Mark monatlich Miete.«[24]

Nicht nur waren viele Wohnungen hoffnungslos überbelegt,
auch die hygienischen Verhältnisse in den teils abbruchreifen
Altbauwohnungen schrien zum Himmel. Fehlte fließendes Wasser, mußte dieses von Zapfstellen mühselig herangeschafft werden. Das Beschwerlichste an der ganzen Hausarbeit sei das Was-
sertragen, erzählt eine Arbeiterin, als sie ihren Alltag beschreibt.
Da das Wasser eine halbe Treppe tiefer sei, müsse sie jeden
Abend vier bis fünf Eimer holen und wieder forttragen.[25] Nicht
untypisch für die Wohnsituation in vielen Arbeiterquartieren
wird auch die folgende Schilderung des Braunschweiger Arbeiters Alfred Berger sein: »Und es gab keine Wasserleitung in den
zehn Wohnungen. Im Vorderhaus ja, da ging eine Leitung...
[Die Leitung für das Seiten- und das Hinterhaus befand sich auf
dem Hof.] Und wenn es Winter war, machte mein Großvater –
er hatte eine große Glocke – ›bim, bim, bim‹; dann wurde das
Wasser für eine halbe Stunde angestellt. In der Zeit kamen diese
zehn Familien und holten sich einen oder zwei Eimer voll Wasser. Und jeder hatte in der Küche eine Bank stehen: Das war die
Wasserbank. Da stand der Eimer mit sauberem Wasser drauf;
der mit Schmutzwasser stand darunter...«[26]

Leitungswasser in der Wohnung war immerhin häufiger anzutreffen als ein Abort, wie es damals hieß. Gut ein Drittel der
Berliner Wohnungen hatte 1925 keinen Abort innerhalb der
Wohnung. Ein außerhalb der Wohnung liegender mußte nicht
selten mit anderen Mietparteien geteilt werden. Überhaupt spot-
teten die hygienischen Verhältnisse in den Arbeiterquartieren jeder Beschreibung. Eine plastische Schilderung gibt die Altonaer
Arbeiterfrau Anni Staudinger, die 1921 als Mädchen mit ihren
Eltern nach Hamburg kam. Da der Vater keine Arbeit hatte,
wohnte die Familie zunächst am Zeughausmarkt »in so
einem..., das darf man gar nicht sagen, ›Kötelhof‹, ganz schmal
war der Hof, da konnten zwei nicht zusammen gehen. Wenn
zwei Leute die Fenster aufmachten, stießen die Flügel aneinander. Und die Toilette... die war so ein Graben hinter einer
Mauer, auf die 'ne Platte gelegt war, mit lauter Löchern drin. Da

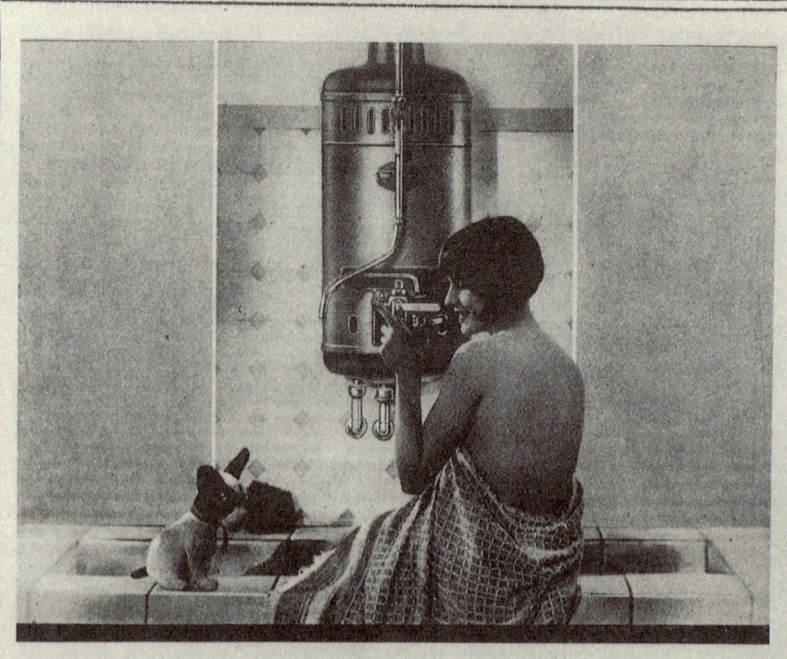

So, nun wird gebadet!

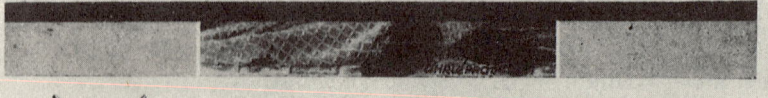

Baden ohne das leidige Wasserschleppen – ein Luxus, nur für wohl-situierte Frauen.

konnten wir unsere Notdurft verrichten. Alle acht bis zehn Tage kam ein Wagen und pumpte das aus, und wenn er's nicht auspumpte, dann lief das auch in den Torweg rein, in den wir von der Straße aus reingingen. Deshalb nannten wir das ›Kötelhof‹.«[27]

Badezimmer gar waren nur in den größeren, teureren Wohnungen zu finden, etwa 75 % der Berliner Bevölkerung mußten ohne diese Wohltat auskommen. Wollte sich die Familie einmal in der Woche – üblicherweise am Samstag – einer gründlicheren Reinigung unterziehen, mußte das Wasser auf dem Küchenherd erhitzt und in eine eigens zu diesem Zweck ebenfalls in der Küche aufgestellte Wanne gefüllt werden: ein weiterer Programmpunkt im Arbeitsplan der Hausfrau.

»Die psychologische Einstellung der Frau zur Ehe hat sich also verschoben.«

Als wenn die Hausarbeit nicht schon genug der Plage gewesen wäre, brachte auch das Eheleben so manches Problem mit sich. »Die Ehe ist nicht nur der einzige erlaubte Ort der Sexualgemeinschaft, Lebensgemeinschaft, Mutterschaft. Die Ehe ist auch der hauptsächliche Ort der sozialen Geltung der Frau. Das zeigt sich schon darin, daß eine verheiratete Frau mehr ›darf‹ als ein Mädchen. Sie genießt mehr Ansehen, wird respektvoller behandelt, sie darf Sexualverkehr pflegen, Kinder haben, einem eigenen Haushalt vorstehen, auf Kosten ihres Mannes leben, kurz, sie hat allerhand Vorteile… Aber diesen positiven Seiten in der Ehe stehen so manche negative gegenüber. Das Gesetz gestattet der großjährigen Frau alles, was es dem Manne gestattet. Sobald die Frau sich aber verheiratet, büßt sie einen Teil ihrer staatsbürgerlichen Rechte ein… Sie ›darf‹ juristisch sehr viel weniger als eine ledige Frau.«[28]

Nicht ohne Ironie zieht die Psychologin Alice Rühle-Gerstel hier eine Bilanz über die Vor- und Nachteile, die eine Frau gewärtigen mußte, wenn sie einem Mann das Jawort gab. Während die verheiratete Frau einen ganz anderen sozialen Status genießen durfte, war sie auf der rechtlichen Ebene der ledigen Frau gegenüber deutlich benachteiligt. Das lag an dem Bürgerlichen Gesetzbuch von 1900, nach dem Ehefrauen völlig von der Laune und dem Geld ihres Mannes abhängig waren. Sicher, die Verfassung von 1919 war viel liberaler, sie sah schließlich die Gleichberechtigung der beiden Geschlechter in der Ehe vor. Hehre Worte, die den Frauen aber wenig nützten – da waren die frauendiskriminierenden BGB-Paragraphen vor.

Zwar sollten beide Ehegatten einander »gegenseitigen Beistand in allen Lebenslagen« geben und waren nicht zuletzt zum »ehelichen Verkehr« verpflichtet. Damit endeten die Gemeinsamkeiten aber auch schon. Der Ehemann allein entschied über alle Angelegenheiten des gemeinschaftlichen ehelichen Lebens. Er war es, der Wohnort, Wohnung und Lebensführung des Paares bestimmen konnte. Er war es auch, der über Körper und Arbeitskraft seiner Angetrauten nach eigenem Gutdünken verfügen durfte. Seine Frau mußte den Haushalt führen und, wenn er es verlangte, im »Hauswesen und im Geschäft des Mannes« mitarbeiten. Wenn sie selbst berufstätig sein wollte, war sie auf die Zustimmung ihres Gatten angewiesen. Dieser konnte nämlich mit dem Argument, sie vernachlässige ihre ehelichen Pflichten, eine Kündigung ihres Arbeitsverhältnisses erzwingen. Kaum nötig zu erwähnen, daß dies umgekehrt nicht galt.

Darüber hinaus fiel das Vermögen der Frau, wenn sie heiratete, der Verwaltung und Nutznießung ihres Mannes anheim. Auch das Geld, das sie etwa als Ehefrau verdiente, »gehörte« letztlich nicht ihr, sondern ihrem Gatten. Rein rechtlich blieben die Frauen, ob sie nun arbeiteten oder nicht, von ihrem Mann wirtschaftlich abhängig wie eh und je. Nicht zu Unrecht verglich die SPD-Reichstagsabgeordnete Antonie Pfülf, eine entschiedene Streiterin für eine Reform des antiquierten Eherechts, diese unwürdige Rechtslage der Ehefrauen mit bäuerlicher Erbuntertänigkeit.Natürlich hatten die Eheleute, wie könnte es anders gewesen sein, auch keineswegs gleiche Rechte gegenüber ihren Kindern. Allein der Vater durfte das Kind erziehen, beaufsichtigen und gegebenenfalls »Zuchtmittel« anwenden. Die Mutter mußte sich mit dem Recht und der Pflicht begnügen, für das Kind zu sorgen. Bei Meinungsverschiedenheiten zwischen den Eltern ging »die Meinung des Vaters vor«.

Ungeachtet der Rechtslage ließen sich die Frauen nach wie vor gern zum Traualtar führen. Allerdings gingen sie den Bund fürs Leben mit einer deutlich gewandelten Einstellung ein. Die selbstbewußte, berufstätige junge Frau war nicht mehr ohne weiteres

bereit, als »Gebärmaschine«, »Haushälterin« und »geschlecht-
liches Genußobjekt« des werten Ehegatten zu fungieren. Auf die
Ehe als Versorgungsanstalt konnte sie verzichten, schließlich
verdiente sie ihr eigenes Geld. Die Zeiten, als Eltern ihre erwachsenen Töchter unter die Haube brachten, waren endgültig vorbei. Solche Zwangsehen waren der jungen Frauengeneration ein
Greuel.

Eifrig diskutierte und probierte man neue Modelle des Zu-
sammenlebens – von der freien Liebe bis zur Kameradschaftsehe. Nur noch aufgrund gegenseitiger Zuneigung wollte man
sich binden. Grundbedingung solcher Beziehungen mußte die
Trennung von Sexualität und Fortpflanzung, also eine wirksame Verhütung sein, um die verbreitete Zwangsheirat wegen
einer ungewollten Schwangerschaft auszuschließen.

Dies forderten denn auch die emanzipierten Sozialdemokratinnen, die das Modell der Kameradschaftsehe favorisierten.
Ohne einem wilden außerehelichen Liebesleben das Wort zu reden, schwebte ihnen als Eheideal eine auf Liebe und Gleichberechtigung der Partner fußende »trennbare Monogamie« vor.
Das hatte man sich so vorzustellen: »Der Geist der Ehe besteht
in der Liebe, in der Ausschließlichkeit, mit der sich ein Wesen
auf ein anderes einstellt, in der Treue, mit der eins zum anderen
spricht: Ich bin dein und du bist mein... Ja, die Freiheit, die
absolute Freiheit, sich zu trennen, wenn die Fortsetzung einer
Ehe zur inneren Unmöglichkeit geworden ist, die muß sein!
Aber Freiheiten innerhalb der Ehe, wo Mann und Frau heute
dahin, morgen dorthin glauben äugeln zu können, ohne das eheliche Verhältnis zu gefährden, die entwürdigen die Ehe und lassen sie bestenfalls als eine Wirtschaftsgemeinschaft mit gegenseitiger Duldung in sexuellen Dingen erscheinen.«[29]

Die Ehe an sich sollte also nicht abgeschafft, sondern im Sinne
einer gleichberechtigten Liebesbeziehung erneuert werden. Das
war Zukunftsmusik, und die Ehereformerinnen wußten sehr
wohl, wie weit der Ehealltag, wie ihn die Frauen erlebten, von
einer »Kameradschaft der Geschlechter« entfernt war. Nur all-
zuoft war die Frau der neuen Generation, »die durch ihre Be-
rufs-, Bildungs- und Sportleistungen sich dem Manne gleichwer-
tig« fühlte, »in ihrem Liebesleben in einem dramatischen Kampf
mit dem traditionellen Herrenstandpunkt des Mannes verwik-
kelt«. Gleichwohl bekundete sich in dem Streben der jungen

Frau, die dem Manne eine ebenbürtige Kameradin sein wollte, »die tiefste Umwälzung in den Beziehungen zwischen Frau und Mann, die die Geschichte jemals aufzuweisen hatte«.[30]

Gerade Frauen, die mit ihrer Erwerbstätigkeit ein neues Selbstbewußtsein gewonnen hatten, sträubten sich gegen die bisher gängige Entmündigung und Unterdrückung durch den Ehemann. Nur wenige allerdings wählten ganz bewußt ein eheloses Leben wie etwa die Berliner Ärztin Käte Frankenthal, die auch politisch – für die SPD – aktiv war. In ihrem ausgefüllten Leben hatte ein Ehemann keinen Platz, allenfalls wechselnde

Selbstbewußt und unkonventionell: Käthe Frankenthal.

Bekanntschaften: »Ein Ehemann hätte mir die kleinen Schwierigkeiten des täglichen Lebens nicht abgenommen, sondern nur vergrößert. Über Einsamkeit hatte ich gewiß nicht zu klagen. Wenn jemand Privatrechte an meiner Zeit gehabt hätte, konnte das die Sache nur komplizieren. Mütterliche Instinkte hatte ich nicht. Ein Kind würde eine völlige Umstellung meines Lebens erfordert haben, und dazu hatte ich keinen Augenblick die Absicht… Das Sexuelle war für mich nie ein Problem… Eine Dauerbindung kam für mich von vornherein nicht in Frage, und daraus habe ich keinen Hehl gemacht. Ich glaube nicht, daß mir ein

Mann auf dem Gebiet etwas vorzuwerfen hat. Die Frage wurde im allgemeinen zufriedenstellend gelöst.«[31]

Solche Einstellung erforderte einen gewissen Mut. Unverheiratete galten nach wie vor als »Frauen zweiter Wahl«, ein Schicksal, das sehr viele ereilte, hatte doch der Weltkrieg eine ganze Generation potentieller Ehemänner dahingerafft. Mit dem Frauenüberschuß – etwa ein Viertel der erwachsenen Frauen war in den zwanziger Jahren ledig – sanken die Chancen, einen Mann abzukriegen, nicht unerheblich. Margret Boveri, Tochter des Zoologen Theodor Boveri, die 1919 Abitur machte und später als Journalistin und Schriftstellerin bekannt wurde, schreibt rückblickend: »Die weiblich Geborenen und bürgerlich Erzogenen zweifelten nicht daran, daß ein anständiges Mädchen vor der Hochzeitsnacht mit keinem Mann ins Bett gehen dürfte. Das galt zumindest für die Provinz... Die Männer für die Hochzeitsnächte fehlten; zwei Millionen waren im Krieg gefallen. Wer trotzdem entschlossen war zu heiraten, hatte die Wahl zwischen solchen, die zwanzig bis dreißig Jahre älter waren, oder Jugendlichen. Die Alternativen: Verhältnisse mit verheirateten Männern, Onanie, lesbische Liebe.«[32]

Wenn auch die meisten Frauen durchaus noch heiraten und eine Familie gründen wollten, so hatte die moderne Ehefrau allerdings nicht mehr vor, Mutter möglichst zahlreicher Kinder zu werden. Der Kindersegen früherer Zeiten kam endgültig aus der Mode. Wie erfolgreich die junge Frauengeneration diese Einstellung mit allen – legalen und illegalen – Mitteln verwirklichte, zeigen die rückläufigen Geburtenziffern. Nicht länger ließen sich Frauen auf jenen »schicksalhaften« Gebärzwang festlegen, den ihre Mütter noch fraglos geduldet hatten. Sie wollten selbst entscheiden, ob und wann sie ein Kind bekommen würden. Gerade Frauen, die arbeiteten, weigerten sich, die zusätzliche Belastung vieler Kinder auf sich zu nehmen. Ihre Männer dachten vor allem an das Familienbudget. »Wir wollen vorwärtskommen und unsere Tochter soll es besser haben, als meine Frau und meine Schwestern es hatten«, erklärte ein 34jähriger Schlossermeister, der 1917 an einer Befragung des Arztes Max Marcuse über den »ehelichen Präventivverkehr« teilnahm.[33] Deshalb befürwortete er die Geburtenkontrolle und hatte mit seiner Frau – nach fünfjähriger Ehe – auch nur eine Tochter.

Unaufhaltsam setzte sich der Trend zur modernen Kleinfamilie durch: Hatten die Eheleute im Jahr 1900 durchschnittlich noch fast fünf Kinder in die Welt gesetzt, so waren es 1925 nur noch knapp über zwei. So manches Ehepaar verzichtete gleich auf jeglichen Kindersegen; in Berlin waren das um 1933 immerhin 35 %. Die »Rationalisierung der Fortpflanzung«, wie man die Geburtenkontrolle zu nennen pflegte, setzte sich immer mehr durch. Das Bewußtsein hatte sich geändert, und der medizinische Fortschritt tat ein übriges. Erstmals konnten sich Frauen darauf verlassen, daß einmal geborene Kinder wirklich aufwachsen würden. Denn die Säuglingssterblichkeit ging zwischen 1900 und 1925 um mehr als die Hälfte zurück. Die medizinisch-hygienische Versorgung von Mutter und Kind während und nach der Geburt verbesserte sich erheblich. Immer mehr Frauen gingen zur Entbindung in die Klinik: 1925 wurden schon 46 % der Berliner Mütter im Spital entbunden, 1910 waren es gerade 16 % gewesen.

Zunehmend geriet der Geburtenrückgang in die öffentliche Diskussion. Konservative Kreise sahen mit dem »Gebärstreik« eine nationale Katastrophe heraufziehen. Bevölkerungsstatistiker warnten vor einer »Vergreisung des Volkskörpers«, der sich negativ auf die wirtschaftliche Entwicklung Deutschlands auswirken würde. Konservative und nationale Interessen vermengten sich zu einer schwer verdaulichen Demagogie wider die gebärunwilligen Frauen. Karl Burgdörfer, ein angesehener Statistiker, verkündete: »Wer die Jugend hat, hat die Zukunft!... Ein Volk, das keine Jugend hat, hat keine Zukunft. Ein Volk ohne Jugend ist ein Volk ohne Hoffnung... Nicht Niederlage und politische Unterdrückung entscheiden letztlich über die Zukunft eines Volkes, sondern die Stärke seines biologischen Lebenswillens. Ein gesundes Volk kann geknechtet, unterdrückt, zerrissen, aber nicht ausgetilgt werden. Ausgelöscht und ausgetilgt kann ein Volk nur durch sich selber, durch seine eigene Unfruchtbarkeit werden. Das ist der gefährlichste Feind jeden Volkes. Kein Volk stirbt eigentlich aus, es wird ausgeboren.«[34]

Man verdammte das »Ein- und Zweikinder-System« und idealisierte im gleichen Atemzug die kinderreiche Mutter und die traditionelle Familie. Schließlich biete die Einehe immer noch die beste Gewähr für die Aufzucht gesunder Kinder. Alle Bestrebungen, die eine Lockerung oder Auflösung der Familie zum Ziel hatten, wurden heftig bekämpft. Schuld an der Krise der Familie hatte natürlich die moderne Frau, die in grenzenlosem Egoismus und schrankenloser Genußsucht ihren angestammten Beruf als Hausfrau und Mutter gröblich vernachlässigte.

Und ist die Ehe zerrüttet...

Ganz ähnliche Ressentiments hegten wohl auch die meist konservativ eingestellten Scheidungsrichter. Sie entschieden so häufig zu ungunsten der Frau, daß eine solche Vermutung naheliegt. Offenbar paßten ihnen die modernen Frauen, die sich weniger denn je auf die Ehe als Versorgungsinstitut angewiesen fühlten und entsprechend scheidungsbereiter waren, überhaupt nicht. Damit kamen sie auch dem Interesse jener Ehemänner entgegen, die ihrer Geschiedenen nichts zahlen wollten.

Ein von der Frauenärztin Else Kienle beschriebener Fall zeigt das ganze Scheidungselend, das eine Frau erleben konnte:»Vor zwei Jahren ist sie von ihrem Mann geschieden worden. Der hatte sie gereizt und gequält und schließlich geprügelt, um sie loszuwerden, ohne für den Unterhalt sorgen zu müssen. Als sie dennoch sich hartnäckig einer Scheidung widersetzte, brachte er es durch geschickte Manöver dahin, daß sie in eine Irrenanstalt gebracht wurde. Darauf zog er mit einer anderen zusammen. Es gelang der Frau, sich mit einem Freunde aus ihrer Mädchenzeit in Verbindung zu setzen. Der besorgte einen Anwalt. Die Entlassung aus der Anstalt wurde durchgesetzt. Jetzt wollte sie die Scheidung, selbstverständlich mit voller wirtschaftlicher Sicherstellung durch den Mann. Endlich erreichte sie das. Aber nach wenigen Monaten wurde sie plötzlich verhaftet. Und nun saß sie schon ein Jahr lang in Untersuchungshaft. Ihr geschiedener Mann hatte sie wegen Meineid angezeigt. In der Scheidungsverhandlung hatte sie eidlich bestritten, mit ihrem Jugendfreund intime Beziehungen gehabt zu haben. Durch diese Aussage erlangte sie volle wirtschaftliche Versorgung. Jetzt wurde sie in immer wiederholten Kreuzverhören befragt, ob sie nicht damals die Unwahrheit gesagt hätte... Sie war durch die lange Haft völlig zermürbt. Sie hatte nicht mehr die Kraft, sich entschlossen zur Wehr zu setzen.«[35]

Obwohl es wahrlich nicht leicht war, vor den Richtern Gnade zu finden, entschlossen sich immer mehr Ehepaare zur Scheidung. Eine Vorreiterrolle spielten auch in dieser Hinsicht mal wieder die dekadenten Berliner. Eine gütliche Trennung vor Gericht war nicht möglich. Das verdankten die scheidungswilligen Paare dem bereits erwähnten Bürgerlichen Gesetzbuch. Danach mußte einer der beiden Ehepartner wohl oder übel die Schuld übernehmen, denn eine »tiefe Zerrüttung des ehelichen Verhältnisses« allein reichte nicht aus. So war es gang und gäbe, einen Ehebruch vorzutäuschen, um dem Richter seine Begründung zu liefern.

Um dieses »Scheidungstheater« überflüssig zu machen, wurde vielfach eine Gesetzesreform gefordert. Sozialdemokraten und Linksliberale wollten die Scheidung auch bei Zerrüttung der Ehe erlauben, ohne daß ein Ehepartner sich ausdrücklich schuldig machen mußte. Die längst überfällige Reform des Scheidungsrechts scheiterte jedoch am Widerstand von rechts. In der kontrovers und dogmatisch geführten Debatte über das Scheidungsrecht war den Gegnern einer Reform jedes Klischee recht. Als »Hüter der christlichen Sittlichkeit« behaupteten etwa die katholischen Bischöfe, durch eine Erleichterung der Ehescheidung würden die Wogen der Leidenschaft noch verheerender als ohnehin schon die sittliche Kraft und Reinheit des Volkes verderben. Keinesfalls dürfe der Gesetzgeber einer »sukzessiven Polygamie« Vorschub leisten.

Der schuldig gesprochene Ehemann hatte seiner Geschiedenen unter gewissen Umständen einen standesgemäßen Unterhalt zu gewähren. Er mußte zahlen, wenn die Frau ihren Unterhalt nicht aus eigener Arbeit bestreiten konnte. Ob man ihr zumuten konnte, selbst zu arbeiten, hing davon ab, ob »nach den Verhältnissen, in denen die Ehegatten gelebt haben, Erwerb durch Arbeit der Frau üblich ist«. Aufgrund dieser Bestimmung waren Arbeiterfrauen deutlich benachteiligt, denn unter ihnen war die Erwerbstätigkeit üblicher als in bessergestellten Kreisen.

Oft stritten sich die Eheleute vor Gericht verbissen um Schuldfrage und Unterhaltsansprüche. Walter Benjamin etwa brach unter den Belastungen seiner Scheidung von Dora Pollak regelrecht zusammen. Der Schriftsteller erlitt während des Prozesses, den beide Seiten mit größter Erbitterung führten, einen Nervenzusammenbruch: »Ich konnte nicht telephonieren, niemanden sprechen, geschweige denn schreiben.«[36] Die Beziehungen der Benjamins zueinander waren lange Zeit mehr als gespannt gewesen. Dora hatte endgültig genug, als ihr Mann mit seiner schönen Geliebten Asja Lacis, die Ende 1928 nach Berlin gekommen war, vorübergehend zusammenzog. Im Fall der Benjamins ergriffen die Scheidungsrichter Partei für die Ehefrau: Walter Benjamin mußte seiner Geschiedenen jene nicht unerhebliche Summe, die sie als Mitgift in die Ehe gebracht hatte, zurückzahlen.

Mehr Frauen als je zuvor wurden schuldig geschieden, wobei die Schuldsprüche oft genug auf denkbar tönernen Füßen standen. Das Landgericht Wuppertal erkannte etwa in einem Scheidungsprozeß 1919/1920 aufgrund von Zeugenaussagen »schwere Verfehlungen« der Ehefrau. Nach Angaben von Zeuginnen hatte sie bereits vor dem Weltkrieg ehewidrige Beziehungen zu I., die sie wieder aufgenommen habe, als ihr Mann eingezogen worden war. Sie sei »mit I. in das Theater gegangen« und von I. »nachmittags aus dem Café abgeholt« worden. Außerdem habe sie »von I. größere Geldmittel zur Begründung einer Existenz erwartet«. Dies alles ließ sich nach Ansicht des Gerichts »nicht als reine Familienfreundschaft erklären«. Die Frau wurde schuldig gesprochen mit krassen Auswirkungen auf ihre künftige materielle Lage.[37]

»Ein Mädchen braucht kein Gelehrter zu werden«

*Eine Studentin braucht nur den
Mund aufzutun, ganz gleich, ob
zu guter oder zu schlechter Antwort, und es wird nach deutsch-
akademischer Sitte getrampelt,
gescharrt oder blöd gelacht.*

Eine Kölner Jurastudentin

Wie eh und je wurden die Mädchen von klein auf gegenüber den
Jungen benachteiligt. Ihre Erziehung war eine Erziehung zur Unterordnung. Denn die traditionelle, das weibliche Geschlecht
minderbewertende Rollenverteilung besaß für die meisten Eltern und Lehrer eine ungebrochene Gültigkeit. Die kleinen Mädchen übten ihre künftige Rolle als dienende Ehefrau und Mutter
ein. Bescheidenheit, Fleiß, Sittsamkeit, Gehorsam und Sanftmut
waren die Tugenden, derer sie sich tunlichst befleißigten. Ihre
Brüder hingegen, die bevorzugten Stammhalter der Familie, ge-
wöhnten sich unterdessen an die ihrem Geschlecht angeblich zu-
kommende Überlegenheit. Für sie waren Selbständigkeit, Selbstvertrauen, Mut, Intelligenz und Draufgängertum unabdingbar,
wollten sie als »richtige« Jungen gelten.

Was in der häuslichen Erziehung üblich war, setzte sich meist
in der Schule fort. Die Maxime »Mädchen brauchen nichts zu
lernen, sie heiraten ja doch« erfreute sich einer ungebrochenen
Popularität.

Wenn auch die meisten Mädchen eine Erziehung im traditionellen Stil genossen, so begannen sie doch allmählich aufzu-
mucken gegen die ihnen zugemutete Zweitrangigkeit. Vielleicht
etwas zu euphorisch heißt es 1929 in der sozialdemokratischen
Zeitschrift *Frauenwelt*: »Das junge Mädchen von heute beansprucht für sich mit Recht dasselbe Maß von Freiheit und Selbständigkeit, wie sie in der Familie dem Jungen ohne weiteres
gewährt wird.«

Da die meisten Mütter sich solchem Ansinnen verweigerten
und darauf beharrten, »die Töchter so zu erziehen, wie sie selbst

erzogen wurden, ohne die tiefen Wandlungen der neuen Zeit zu beachten«, werden sich die jungen Mädchen vielfach vergeblich über ihre Benachteiligung beklagt haben: »Mein Bruder durfte ungestört seine Schulaufgaben machen, ich wurde immer wieder durch Hausarbeit abgelenkt; nahm ich ein Buch zum Lesen, so hieß es, du tust nichts, du sollst lieber Strümpfe stopfen. Mein Bruder durfte zur Kneipe gehen, ich wurde zu Hause festgehalten und konnte mit Mühe und Not mich zum Besuch eines Vortrages losmachen. Warum werden denn nicht auch Jungens zur Hausarbeit herangezogen? Brauchen wir Mädels doch im Berufsleben ebensoviel Kenntnisse und Bildung wie die Jungens, warum werden wir immer noch zurückgesetzt, warum sollen wir unsere Brüder dazu noch bedienen?«[1]

Es war gang und gäbe, daß die Mädchen, auch wenn sie bereits selbst berufstätig waren, im Haushalt halfen. Allenfalls in wohlhabenderen Kreisen stellte man die Mädchen davon frei,

Endlich, die Schule ist aus. Foto von Friedrich Seidenstücker.

man hatte schließlich ein Dienstmädchen. Die Mutter einer Sextanerin:»Das Kind wird zur hauswirtschaftlichen Arbeit nicht herangezogen, damit es genügend Zeit und Ruhe hat, die Schularbeiten zu machen. Die Freizeit soll es zur Erholung und zum Spielen mit Kameraden benutzen.«[2]

Eher eine Ausnahme bildeten jene vorwiegend wohl im fortschrittlichen Bürgertum anzutreffenden Mütter, die sich um einen neuen Erziehungsstil bemühten, der den Mädchen und Jungen mehr Freiräume ließ. Emanzipierte Mütter und Lehrerinnen der zwanziger Jahre lehnten den herkömmlichen, auch in der Weimarer Zeit noch verbreiteten autoritären Erziehungsstil ab, der im wesentlichen auf Zwang und Drill basierte und auch die Prügelstrafe noch als probates Mittel ansah. Alternativen hierzu bot die Reformpädagogik, die eine »Pädagogik vom Kinde aus« propagierte.

Vicki Baum macht sich anhand ihrer eigenen Mutterrolle Gedanken über die »neuen« Mütter. Sie verzichteten auf automatischen Gehorsam der Kinder, weshalb sie sich deren »Respekt und Vertrauen… täglich neu verdienen« müßten. Sie versuchten, den Ansprüchen der Kinder gerecht zu werden, wobei niemand leugnen könne,»daß uns Müttern diese Erziehung gut tut.«

»Verlangt wird von uns: Daß wir nett und nicht alt aussehen, aber doch wie Mütter aussehen, das heißt ohne Lippenstift und Haarfärbemittel und all die Dinge auskommen, die schon die Neunjährigen als Kitsch bezeichnen. Wir müssen gutgelaunt, großherzig und diskret sein… Muskeln sind an uns erwünscht, Speckansätze werden mitleidig belächelt. Sehr gut für die Erziehung ist es, wenn unsere Drives beim Tennis stärker, unsere Kopfsprünge beim Schwimmen besser sind als die der Kinder. Eine Mutter, die beim Hundert-Meter-Lauf nur eine halbe Sekunde länger braucht als ihr Kind, dürfte es auch sonst ziemlich leicht haben.«

Kernpunkt dieses Erziehungsstils war, so sieht es Vicki Baum, die möglichst weitgehende Freiheit der Kinder:»Die Leine, an der wir die nächste Generation laufen lassen, ist lang, dehnbar, fast unendlich.« Wenn die Kinder trotzdem davongaloppierten, nähmen die neuen Mütter »das nicht so tragisch, wie unsere Mütter das nahmen. Wir stehen nicht mehr so verzweifelt da wie jene, mit dem sturen, unbegreifenden Blick von Muttertieren,

Sportlich mußten die modernen Mütter schon sein, wollten sie ihren Töchtern imponieren.

die eine ganz artfremde Sorte von Nachwuchs ausgebrütet haben. Gut, denken wir, wenn die Kinder mit ihren dicken, etwas zu nüchternen Köpfen gegen eine Mauer rennen. Gut. Ihr habt so viel Freiheit, dann tragt auch ein wenig Verantwortung für euch. Im Tiefsten haben wir ja doch das Gefühl, daß sie viel sicherer und lebenstüchtiger sind als wir, diese Zwölfjährigen, Fünfzehnjährigen, Achtzehnjährigen.«

Gerade an den »halbwüchsigen Mädchen von heute« beobachtet Vicki Baum – im Vergleich zur Mädchenzeit ihrer eigenen Generation, sie ist 1888 geboren –, erfreuliche Veränderungen. Die jungen Mädchen seien »gesund und lustig, ohne Hysterie, ohne Blutarmut, ohne Nerven und Sentimentalitäten. Sie sind auf den Sportplätzen zu Hause und in den Laboratorien, sie arbeiten viel und machen kein großes Wesen aus jenen Gefühlen, die für uns damals so viel bedeuteten, weil sie halbversteckt, unterdrückt und verboten wucherten. Sie haben eine neue Art von

Keuschheit, von Scham und von Stolz, diese kleinen sechzehnjährigen Amazonen in ihren kurzen Trikots. Weil ihre Körper frei sind, bleiben ihre Seelen sauber und gerade. Ja, man muß euch liebhaben und euch vertrauen...«[3]

Die »hemmende Wucht der Tradition«

Was für die Töchter einer kleinen privilegierten Minderheit, die Vicki Baum vor Augen hatte, gegolten haben mag, entsprach allerdings nicht der Lebenswirklichkeit der allermeisten Mädchen der Weimarer Zeit. Sie erlebten in der Familie wie in der Schule vielfach noch Bedingungen, die vom alten, frauendiskriminierenden Geist der Kaiserzeit bestimmt waren.

Enttäuscht mußten Frauenrechtlerinnen, die in der Bildung einen Schlüssel zur Emanzipation der Frauen sahen, beobachten, wie wenig sich im Schulwesen der Weimarer Zeit änderte. Emmy Beckmann, eine Vertreterin der bürgerlichen Frauenbewegung, die 1927 – als erste Frau – Oberschulrätin in Hamburg wurde, schreibt 1930: »Daß tatsächlich trotz der breiten Erörterung der pädagogischen Reformgedanken diese die Schule in der Gesamtheit ihrer Unterrichts- und Bildungsarbeit noch nicht haben ergreifen und wandeln können, wird zugegeben werden müssen.« Deshalb hält sie es für um so nötiger, »jeden neuen pädagogischen Schwung, der geboren aus Liebe zum Kinde grundsätzlich neue Wege sucht, zu stärken.«[4]

Emmy Beckmann, geboren 1880 in Hamburg-Wandsbek, besuchte zunächst ein Lehrerinnenseminar und unterrichtete dann einige Jahre, bis sie sich 1906 zum Studium der Geschichte, Literatur, Philosophie entschloß. Die Tochter eines Gymnasialprofessors war nach Abschluß des Studiums im Hamburger Schuldienst tätig. Der späteren Oberschulrätin unterstanden die höheren Mädchenschulen. Über ihre Erfahrungen in dieser für eine Frau sehr ungewöhnlichen Position berichtet sie später: »Auch in persönlicher Beziehung war die Arbeit erfreulich, sowohl im Kollegium der Schulbehörde wie auch im Verkehr mit den Direktorinnen und Direktoren, letztere kamen mir nicht alle freudig entgegen. Die Frau als Vorgesetzte erregte zunächst wohl Mißtrauen und Ablehnung bei verschiedenen Leitern...«[5]

Zu den vielfältigen Aktivitäten Emmy Beckmanns in dieser

Zeit gehörten ihr Engagement in der bürgerlichen Frauenbewegung ebenso wie die Leitung des Allgemeinen Deutschen Lehrerinnenvereins. Auch saß sie für die linksliberale DDP in der Hamburgischen Bürgerschaft. Wegen »nationaler Unzuverlässigkeit« wurde die Oberschulrätin 1933 vorzeitig pensioniert. Eine durchgreifende Demokratisierung der Schule blieb aus; die alten Lehrer unterrichteten nach altbewährten Methoden. Zwar gab es in den Lehrerkollegien immerhin 30% Frauen; in den höheren Positionen sah das aber schon anders aus, nur 7% der Schulen wurden von Frauen geleitet. Die Wucht der Tradition, von der Emmy Beckmann spricht, stand einer raschen Verbesserung der Bildungschancen für Mädchen im Wege.

Wenn das Kind »mit sechs Jahren zur Schule kommt, geht es schon mit dem vorher erworbenen Erlebnisschema an die neuen Erlebnisse heran, und mit dem Ton der früheren Erfahrungen färbt es sie um. Das ›unbeschriebene Blatt‹ ist in Wirklichkeit mit sympathetischer Tinte beschrieben. Wer freilich darauf mit einer entgegengesetzten Tinktur zu wirken wüßte, der könnte die ›geschlechtliche Unschuld‹ der Kinder wiederherstellen; sie neu fähig machen zu allgemeiner Menschlichkeit, ohne die Scheuklappen der Geschlechtsnormierung. In Ausnahmefällen mag das ja auch wohl geschehen. Im großen und ganzen jedoch sind Schulen, Erziehungsstätten und Lehrer selbst eine komplette Ausdrucksform der geltenden Geschlechtsideologie.«[6]

Am deutlichsten wurde für die Schülerinnen spürbar, daß sie »nur« Mädchen waren, wenn es um den Wechsel an eine weiterführende Schule ging. Während Jungen, soweit dies überhaupt in Frage kam und finanzierbar war, selbstverständlich auf höhere Schulen geschickt wurden, verhielten sich die meisten Eltern (und vielfach auch die Lehrer) zögerlich bis ablehnend, sobald es um die Schulbildung der Mädchen ging.

Die Facharbeitertochter Hertha Huckmann weiß später aus ihrer Schulzeit in den zwanziger Jahren zu berichten: »Mein älterer Bruder – ein mittelmäßiger Schüler – war nach der vierten Klasse von meinen Eltern auf die Realschule geschickt worden, mein jüngerer Bruder durfte es selbstverständlich auch. Aber genauso selbstverständlich war es, daß wir fünf Mädchen auf der Volksschule blieben. Meine Eltern hätten es sich auch gar nicht leisten können, uns alle auf die Realschule zu schicken, denn es kostete Schulgeld, und auch die Lehr- und Lernmittel mußten gekauft werden. Ich habe damals sehr stark empfunden, daß ich hinter meine Brüder zurückgestellt wurde.« Später, als Hertha Huckmann die Volksschule mit einem hervorragenden Zeugnis abgeschlossen hatte, empfahlen die Lehrer ihren Eltern, »mich doch noch auf die Oberrealschule gehen zu lassen, um das Abitur zu machen. Ich wäre sogar vom Schulgeld befreit worden.« Trotzdem verpaßte sie diese Chance, einerseits wegen der beschränkten wirtschaftlichen Verhältnisse der Eltern, »andererseits fehlte mir aber auch der Mut. Es war ja niemand da, der mir Mut zugesprochen oder mich motiviert hätte.«[7]

Vermutlich liegt Hertha Huckmann mit ihrer Annahme richtig, daß sie mehr Unterstützung erfahren hätte, wenn sie ein Junge gewesen wäre. Viele Eltern wußten, wenn es um ihre Tochter ging, nicht so recht, »wozu Abitur gut sein sollte«.

Eine andere über ihre Schulzeit in der Weimarer Zeit befragte Frau, die Schmiedemeistertochter Anne Harder, erzählt später: »Nach dem vierten Schuljahr ging ein Teil der Schüler auf die höhere Schule. Der Lehrer bemühte sich, meine Eltern zu überreden, mich auch auf das Lyzeum zu schicken. Meine Eltern zögerten, denn es war in unserer Familie nicht Sitte und schon gar nicht für Mädchen. Ich blieb also zunächst auf der Volksschule. Aus dieser Zeit habe ich in Erinnerung, daß ich dauernd unter Kopfschmerzen litt, und ich legte es für mich selber so zurecht, daß der Grund meine Unausgelastetheit sei. Der Lehrer setzte meinen Eltern weiter zu, und noch im selben Schuljahr nach den Sommerferien waren sie weich und beschlossen, mich und meine ein Jahr jüngere Schwester auf das Lyzeum nach Elmshorn zu schicken. Das war 1923.«[8]

Abitur konnte Anne Harder nur machen, weil sie dafür ein Begabten-Stipendium bekam, das bei ihren Eltern den Ausschlag gab. Bei ihrem späteren Wunsch zu studieren standen die Eltern dann »absolut nicht hindernd im Weg«. Inzwischen hatten sie sich wohl an die Bildungsambitionen ihrer Tochter gewöhnt.

Prinzipiell stand jetzt den Mädchen der Zugang zu allen Bildungseinrichtungen offen. Dieser Fortschritt gegenüber Vorkriegszeiten bedeutete allerdings nicht, daß die Benachteiligung der Mädchen endlich aufgehoben worden wäre. Noch war es eine Ausnahme, daß Mädchen Abitur machten oder gar studier-

Nur unter die Haube bringen reicht nicht mehr. Mutter und Tochter bei der neu eingeführten Berufsberatung.

ten. Gleichwohl verbesserten sich die Bildungschancen für Schülerinnen doch allmählich. 1920 wurde die einheitliche Grundschule für alle Schulkinder obligatorisch. Die bessergestellten Kreisen vorbehaltenen privaten Vorschulen wurden abgeschafft.

Vermehrt erhielten die Mädchen auch die Möglichkeit, an kleineren Orten weiterführende Schulen für Jungen zu besuchen, wenn es keine entsprechenden Einrichtungen für Mädchen gab. Darüberhinaus kam es zumindest in einigen Ländern zu einer Reform des höheren Mädchenschulwesens. In Preußen wurde zum Beispiel das Oberlyzeum für Mädchen, ein rein neusprachliches Gymnasium, geschaffen. Immer mehr Schülerinnen nahmen diese neue Möglichkeit, Abitur zu machen, in Anspruch, statt, wie bisher üblich, auf das Lyzeum zu gehen, das nach sechs Jahren mit der Obersekundareife (heute: Mittlere Reife) abgeschlossen wurde. Auch standen den Mädchen mit der Deutschen Oberschule und der Aufbauschule zwei ganz neue Schultypen offen. Die Deutsche Oberschule war ein neusprachliches Gymnasium mit einem deutschkundlichen Schwerpunkt, die Aufbauschule führte nach der siebten Volksschulklasse zum Abitur und war vor allem für begabte Kinder aus Arbeiter- und Bauernfamilien gedacht. Doch im Grunde war die Bildungspolitik keineswegs darauf aus, möglichst vielen Mädchen den Weg zum Abitur zu eröffnen. Im Gegenteil wünschte man, »den immer stärker werdenden Zustrom der Mädchen zum wissenschaftlichen Abitur abzulenken.«[9] Statt dessen sollten diese nach Abschluß des Lyzeums eine der sogenannten Frauenschulen besuchen, die »das Praktische, der späteren Hausfrau Angemessene in den Vordergrund« rückten.[10] Neben ihrer Vorbereitung auf die Aufgaben der Hausfrau, Mutter und Staatsbürgerin durch Unterweisung in den »Künsten« der Hauswirtschaft und Kindererziehung hatte die weibliche Jugend hier auch die Möglichkeit, etwa eine Ausbildung zur Kindergärtnerin zu machen.

Wollte sich ein Mädchen in bisher der männlichen Welt vorbehaltene Bildungshöhen aufschwingen, brauchte es Mut und Pioniergeist, und daran mangelte es sicher nicht nur Hertha Huckmann. Woher sollte das nötige Selbstbewußtsein auch kommen, schließlich wurde den Mädchen ja permanent das Gegenteil vermittelt: Es lohnte sich nicht, in ihre Bildung zu investieren. Nicht nur, weil sie schließlich heiraten würden, sondern auch angesichts ihrer angeblich minderen Geisteskräfte.

Wie sehr die Schullaufbahn der Mädchen von Anfang an unter dem ungünstigen Stern dieses Vorurteils stand, zeigt Hertha Huckmanns Erinnerung an ihre Einschulung: »Ich war damals ein ganz schüchternes kleines Mädchen mit dünnen abstehenden Zöpfen. Bei der Einschulung sagte meine Mutter zu der Lehrerin, ich wäre ein bißchen blöd. Sie meinte es nicht im Sinne von schwachsinnig, sondern sie meinte damit wohl meine Schüchternheit.«[11] Weshalb auch immer, die Bemerkung ihrer Mutter wird das Selbstbewußtsein der Tochter nicht gerade gestärkt haben. Auf die repressive Rollenerziehung reagierten selbst die »guten« Schülerinnen mit Angst und Verunsicherung.

»Ich hatte während meiner ganzen Schulzeit sehr viele Ängste«, berichtet Lene Waldau, die Tochter eines selbständigen Kaufmanns, später. »Bei uns zu Hause hieß es immer: ›Dem Jungen fliegt es zu, das Mädchen muß lernen.‹ Das war sicher der größte Blödsinn, denn nun lernte ich immer und war nur sicher, wenn ich alles gelernt hatte. Dieser Spruch vermittelte mir ja auch, daß ich nicht so begabt sei. Das stimmte aber gar nicht, denn als ich anfing, berufstätig zu werden, da merkte ich, wie leicht ich lernte, viel leichter als in der Schule. In der Schule hatte ich immer wahnsinnige Angst vor schriftlichen Arbeiten, Angst, eine schlechte Note zu bekommen, Angst, nicht zu bestehen, Angst sitzenzubleiben. Sitzenbleiben war damals eine große Schande. Später in der Aufbauschule haben sich Schüler, die das Abitur nicht bestanden, erschossen. Ich weiß an dieser einen Schule allein von dreien, die sich umgebracht haben. Wenn du das Klassenziel nicht erreichst, dann hast du versagt, du bist ein Versager, das war die Einstellung, die damals vorherrschte.«[12]

Sicher, auch die Schüler werden unter dem autoritären, strengen Erziehungsstil vieler Lehrer, die den Rohrstock ständig griffbereit hatten, gelitten haben. Für die Schülerinnen sei es in gewisser Weise von Vorteil, daß das kleinbürgerliche Elternhaus auf dem Standpunkt stehe, ein »Mädchen braucht kein Gelehrter zu werden«, meint Alice Rühle-Gerstel, da »sie nämlich weniger mit dem Ehrgeiz der Eltern geplagt werden: Schulzeugnisse, Aufsatznoten, Tadel- oder Lobzettel fallen bei den Knaben mehr ins Gewicht; unter anderm hat dies zur Folge, daß unter den Schülerselbstmorden viel mehr Knaben sind.«

Jedoch wurde diese seelische Erleichterung aufgewogen durch eine Erschwernis anderer Art. »Für den Jungen gilt die Schule als die Hauptsache. In die Schule gehen, für die Schule lernen, das scheint den Eltern die Hauptaufgabe des Knaben. Für das Mädchen erscheint die Schule eher nebensächlich, berücksichtigenswert in erster Linie als Übungsplatz für Pflichterfüllung und Sittsamkeit. Den geistigen Leistungen der Töchter wird höchstens soweit Wert beigemessen, als ein auffälliges Versagen etwas Spott und Kritik von Verwandten und Bekannten heraufbeschwören könnte. Dieser Einstellung entsprechend wertet man in den Schulzeugnissen der Jungen vor allem die Leistungen, unter diesen wieder besonders das Rechnen, das als typisch männliche Intelligenzleistung gilt und als solche kultiviert wird; bei den Mädchen aber legt man mehr Wert auf die Note für ›Fleiß‹ und ›sittliches Betragen‹.

Die Schule steht also für die Tochter nicht wie für den Sohn im Mittelpunkt des von den Eltern abgesteckten Lebensbereichs; und deshalb wird das Mädchen viel weniger als Schulmädchen, denn der Junge als Schuljunge angesehen. Das Mädchen erhält neben der Schule als Lebensbereich das Haus angewiesen. Im Mittelpunkt des Mädchenlebens steht eine sonderbar gemixte Anwartschaft auf die künftige Rolle als Dame, Hausfrau und Mutter. Dies ist auch dort, ja merkwürdigerweise besonders dort der Fall, wo die Eltern der Tochter keinesfalls das Leben einer Dame, nur ungewiß das der Hausfrau und Mutter in Aussicht stellen können. Traditionsgebundene Instinkte schieben hier die Kulissen des Neuzeitlebens verwirrend durcheinander.«[13]

Der Streit um die Koedukation

Fortschrittliche Pädagogen versuchten eine allgemeine Einführung der Koedukation, also eine gemeinsame Erziehung und gleiche Lernziele für Jungen und Mädchen in der Schule, durchzusetzen. Dabei konnten sie sich auf Erfahrungen aus anderen Ländern berufen, wo die Koedukation bereits seit längerem im Unterricht praktiziert wurde. In den USA beispielsweise war sie schon seit Anfang des 19. Jahrhunderts die Regelerziehung, die skandinavischen Ländern hatten sie seit 1876 eingeführt.

Immer wieder kritisierten die Verfechter der Koedukation die minderwertige Schulbildung der Mädchen. In der bereits vor der Jahrhundertwende einsetzenden heftigen Diskussion machte sich auch die Frauenbewegung für dieses neue Erziehungskonzept stark. Hielt sie doch die Zusammenerziehung für den günstigsten Fall, »um eine einseitige Wirkung der Erziehung auf die Betonung besonderer, als weiblich geltender Eigenschaften auszuschließen«, wie es Gertrud Bäumer 1911 formulierte.[14] Von der gemeinsamen Erziehung versprachen sich die Frauenrechtlerinnen bessere Bildungsmöglichkeiten und damit bessere Berufschancen für die Mädchen.

Die – konservativen – Gegner der Koedukation behielten jedoch die Oberhand. Sie geißelten die gemeinsame Erziehung als »öde Gleichmacherei« und eine »Brutalität gegen die psychische Natur der Frau«. Neben vermeintlichen Gefahren für die Sittlichkeit führten sie körperliche Unterschiede, zum Beispiel die immer wieder gern zitierte geringere Gehirnkapazität, und verschiedene Entwicklungskurven der Jungen und Mädchen als

Ganz traditionell: eine reine Mädchenklasse.

Argumente gegen die Koedukation ins Feld. Die »größere Schulkränklichkeit« und »größere Ermüdbarkeit« der Mädchen galt als Beleg für ihre geringere intellektuelle und körperliche Leistungsfähigkeit.

Natürlich bestimmte die jeweilige Haltung zur Frauenemanzipation die Positionen im Streit um die Koedukation. Wer sich für die Beibehaltung der getrennten Erziehung einsetzte, dem ging es nicht zuletzt um die Bewahrung der traditionellen Frauenrolle: »Die weiblichste Frau ist die mütterliche Frau. Schafft Mütter! Das heißt die Koedukation ablehnen, heißt den Lehrplan eigenartig und unterschiedlich von dem der Knabenschulen gestalten. Mütter schaffen, das heißt zum Dienen, zum Heben, und Tragen, zur Fürsorge für Leib und Seele erziehen, heißt in den Lehrplan den Herd, die Wiege und das Krankenbett stellen.«[15]

Abgesehen davon, daß Mädchen und Jungen aus praktischen Gründen – etwa in den dörflichen Zwergschulen – im selben Raum unterrichtet wurden, was aber keineswegs eine echte Koedukation bedeutete, blieb der nach Geschlechtern getrennte Unterricht die Regel.

»Schüchterne Versuche der Koedukation haben die weitaus zahlreicheren Anhänger des getrennten Systems nicht zu überzeugen vermocht«, stellt Alice Rühle-Gerstel bedauernd fest. »Tiefste Weltanschauungsgegensätze wirken sich aus im Kampf um die Koedukation, die Zusammenschulung von Knaben und Mädchen. Die katholische Kirche, die in Deutschland auch auf das nicht konfessionelle Schulwesen entscheidenden Einfluß hat, erklärt (im Programm der Zentrumspartei): ›Die allgemeine Durchführung der Gemeinschaftserziehung der Geschlechter wird aus psychologischen, erziehlichen und sittlichen Gründen abgelehnt.‹ Ob die Tatsache des gemeinsamen Schulunterrichts über ihre prinzipiell ideenkämpferische Bedeutung hinaus praktisch einen Ausgleich zwischen den Geschlechtern schaffen könnte, ist fraglich. Von einer Institution allein ist dies wohl kaum zu erwarten. In der Dorfschule ist die Koedukation schon seit jeher vorhanden, als ein Notprodukt des Lehrer- und Raummangels. Aber in der Dorfschule sitzen die Knaben auf der einen Seite der Klasse, die Mädchen auf der anderen; fortwährend werden beide Parteien vom Lehrer gegeneinander ausgespielt. ›Die Mädchen können bald besser rechnen als ihr Jungen, schämt euch‹, sagt er, als ob es nicht anders denn selbstverständlich wäre, daß Jungen alles besser können sollen.«[16]

Frischer Wind in verstaubten Klassenzimmern

Weitaus die meisten Schüler und Schülerinnen erlebten Unterricht in altbewährter Manier. Unter dem Einfluß der Reformpädagogik kam es immerhin in einigen Großstädten zur Gründung neuartiger Schulen. In Berlin etwa wurden 50 weltliche Volksschulen eröffnet. Sie standen – anders als die noch weithin übliche Konfessionsschule – nicht unter kirchlichem Einfluß. Hier wurde koedukativ und nach modernen pädagogischen Grundsätzen unterrichtet.

Bereits seit dem ausgehenden 19. Jahrhundert gab es in Europa und in den USA Bestrebungen zur grundsätzlichen Reform von Erziehung, Schule und Unterricht. An die Stelle der traditionellen Pädagogik sollten nach dem Willen der Reformpädagogen – in Deutschland gehörten unter anderen Georg Kerschensteiner, Alfred Lichtwark, Peter Petersen, Paul Oestreich zu dieser Bewegung – völlig neue, antiautoritäre Schul- und Unterrichtsformen treten: Gruppenunterricht, Schülermitverwaltung, Arbeitsgemeinschaften. Ziel der Pädagogik vom Kinde aus war ein angstfreies, selbstbestimmtes Lernen. Die Pädagogin Anna Siemsen etwa konzipierte als alternatives Schulmodell die Produktionsschule. Sie sollte Jugendlichen Raum bieten für praxisorientiertes Leben und Lernen in einer Gemeinschaft. Natürlich gehörte dazu auch die Koedukation und eine gleichwertige Ausbildung für Mädchen.

Neben der Produktions- oder auch Arbeitsschulbewegung gehörten zur Reformpädagogik ebenso die Kunsterziehungs- und die Landerziehungsheimbewegung. Später sehr berühmt geworden ist eine 1921 in England gegründete Schule: A. S. Neills Summerhill School.

In Berlin, Hamburg, Bremen und Magdeburg genehmigten die Behörden regelrechte Schulversuche: die Gemeinschafts- oder Lebensgemeinschaftsschulen. In Hamburg beispielsweise wurden 1919 fünf solcher Schulen – vier Volksschulen und eine höhere Schule, die Lichtwarkschule – eröffnet.

In den Gemeinschaftsschulen war Koedukation – selbst im Gymnastik- und Schwimmunterricht – eine Selbstverständlichkeit, galt es doch, im Schulleben eine Gemeinschaft herzustellen, nicht zuletzt zwischen Jungen und Mädchen. Die Hamburger Gemeinschaftsschulen bezeichneten in ihrem Bericht von 1921 die ungezwungene Kameradschaftlichkeit zwischen Jungen und Mädchen als das sichtbarste Ergebnis ihrer Arbeit. Auch gab es keine Zeugnisse und Prüfungen, weil die Aufteilung in »gute« und »schlechte« Schüler dem Gemeinschaftsgeist abträglich gewesen wäre. An die Stelle der Klassen traten Gruppen, die an bestimmten Projekten arbeiteten und denen sich jeder Schüler und jede Schülerin – gleich welchen Alters – anschließen konnten. Welche Themen bearbeitet wurden, entschieden mehr oder weniger die Schüler und Schülerinnen selbst.

Es läßt sich denken, daß in einem solchen, ungleich freieren schulischen Umfeld gerade auch für Mädchen Entfaltungsmöglichkeiten bestanden, von denen Schülerinnen an normalen Schulen nur hätten träumen können.

Friedel Pottgießer, die Tochter eines Fürsorgers und einer Heimarbeiterin, die beide in der SPD aktiv waren, besuchte eine weltliche Grundschule in Berlin-Wedding, die 1929 als Lebensgemeinschaftsschule anerkannt wurde. Über ihre Erfahrungen an dieser Schule erzählt sie: »Ich kannte keine andere Schule und wußte deshalb erst gar nicht, daß wir einen besonderen Unterricht bekamen. Daß es bei uns anders war, ist mir erst aufgefallen, als ich bei anderen Kindern sah, daß sie Stundenpläne hatten, mit Lesen, Schreiben und Rechnen. In den ersten Jahren ging bei uns alles ineinander über. Mir ist nie aufgefallen, daß wir mal dieses oder mal jenes Fach hatten, außer als wir später auch bei Fachlehrern unterrichtet wurden...

Ab der vierten Klasse durften wir neben dem normalen Unterricht noch zwei Kurse nach unseren Wünschen wählen. Angeboten wurden Kurse in: Zeichnen, Buchbinden, Werken, Zierschrift, Biologie, Geschichte und auch Englisch... Bei uns war auch nicht immer alles so ordentlich... Wir durften auch rausgehen, wenn wir auf die Toilette mußten. Es hieß nicht: ›Herr Lehrer, darf ich mal raus?‹, sondern wer mußte, der ging. Wenn wir Hunger hatten, haben wir auch mal während des Unterrichts ein Brot gegessen. Wir haben auch in den Schulstunden so nebenbei kleine Handarbeiten angefertigt. Eine Zeitlang war das Kaffeewärmer-Häkeln ganz groß in Mode. Natürlich verheddderte sich das Häkelzeug auch mal, oder wir mußten zwischendurch die Arbeiten vergleichen...

Typisch für den Unterricht, den Lehrer Weiß machte, war, daß er auf alle unsere Fragen einging. Wenn wir morgens von zu Hause oder auch nach der Pause kamen und irgendwelche Fragen hatten, dann beantwortete er sie, so gut er konnte, und versuchte, das angesprochene Thema mit in den Unterricht einzubeziehen. Er hat auch Aufgaben verteilt, es mußten also nicht alle die gleichen Schularbeiten machen, sondern wir erhielten unterschiedliche Aufgaben, die wir zu Hause erledigen mußten... Im Klassenzimmer standen keine Bänke, sondern Tische und Stühle, und zwar so, daß wir zu viert um einen Tisch saßen. Wir saßen so zusammen, wie sich die Freundschaften gebildet hatten, aber auch etwas nach unseren Leistungen. Der Lehrer sagte z. B.: ›Weißt du, du könntest die mal unterstützen‹, und so saßen eben schwächere und bessere Schüler zusammen, die sich ergänzen sollten.«

Der schulische Alltag wurde unterbrochen von einem jährlichen Sommerfest, das Schüler, Eltern und Lehrer gemeinsam vorbereiteten. Diese Feste standen jeweils unter einem Motto, mit dem sich die Schüler und Schülerinnen vorher ausgiebig im Unterricht beschäftigten: »Bei einem Sommerfest, das unter dem Motto ›Es war einmal…‹ stand, waren wir fahrende Schüler. Da haben wir das ganze Scholarenleben durchgenommen, wie die Studenten damals von Ort zu Ort zogen… und wir lernten die Lieder, die sie damals sangen.« Klassenfahrten vom zweiten Schuljahr an gehörten ebenso zu den damals ungewöhnlichen Angeboten dieser Gemeinschaftsschule wie ein Gartengelände, das die Kinder in Eigenregie beackerten.

Eine Erziehung im Sinne der traditionellen Geschlechtsrollen gab es an dieser Schule nicht. So war es etwa selbstverständlich, daß Jungen und Mädchen gleichermaßen Arbeiten in der schuleigenen Küche oder im Kindergarten übernahmen. Ungeachtet ihres Geschlechts sollten alle Kinder individuell gefördert werden. »Es gab aber keine gleiche Behandlung von Jungen und Mädchen, es ging vielmehr nach den Kräften, die wir hatten. Wer stark war, konnte schwer tragen, wer schwach war, nicht.

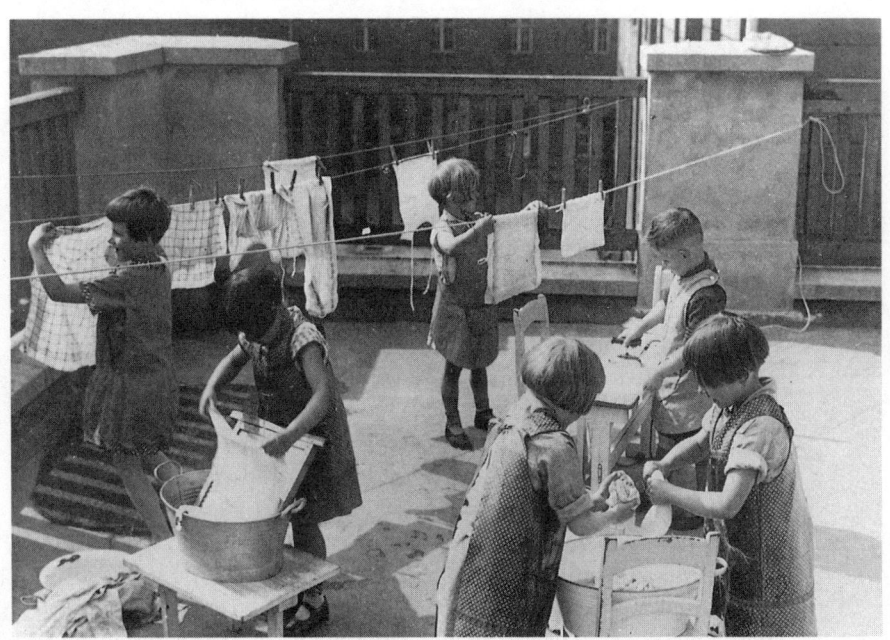

Selbst ist das Kind: Mädchen und Jungen im Montessori-Kinderheim in Berlin beim Waschen ihrer eigenen Kleidung.

Dafür hat der Schwächere etwas anderes gemacht, es ging eben nach den Fähigkeiten und Möglichkeiten des einzelnen. Jede brachte das ein, was sie bringen konnte, so war es auch im Unterricht. Im Sport haben die Jungs oft etwas anders machen wollen als wir Mädchen, sie spielten gerne Fußball. Wir Mädchen spielten auch Fußball, aber natürlich nicht so hart... Ein Teil der Jungs machte mit in unserem Handarbeitsunterricht... Wir Mädchen haben auch Werkunterricht mitgemacht. Die Werklehrerin – eine Tischlermeisterin – machte mit uns sowohl Holzarbeiten als auch Buchbindearbeiten.«[17] Wie der gemeinsame Unterricht in diesen klassischen Jungen- und Mädchenfächern war eine weibliche Lehrkraft im Werkunterricht immer noch sehr ungewöhnlich.

So richtungweisend die reformpädagogischen Gemeinschaftsschulen nicht nur in Hinblick auf die Mädchenerziehung auch waren, so wenig durchschlagend war ihre Wirkung auf das gesamte Schulsystem. Über den Ausnahmecharakter dieser Schulen schreibt Alice Rühle-Gerstel: »Gemeinschaftsschule kann ein wichtiges institutionelles Hilfsmittel zur Annäherung und Entspannung der Geschlechter sein, mehr nicht. Solange sie nicht obligatorisch ist, werden in der Hauptsache jene Kinder dort zu finden sein, deren Eltern Anhänger einer freieren Lebensauffassung sind und die infolgedessen die Geschlechtsermutigung schon zu Hause empfangen haben. Die anderen Eltern, die streng auf die Verschiedenheit von Mann und Weib eingeschworen sind, bekreuzigen sich und lassen ihre Kinder lieber weite Schulwege machen und ungeschickte Lehrer in Kauf nehmen, ehe sie sie den ›Gefahren‹ einer gemischten Erziehung aussetzen. Für den Großteil der Jugend gilt auch heute noch: räumliche, oder wo dies nicht möglich ist, wie auf dem Dorfe, wenigstens moralische Trennung der Geschlechter.«[18]

Es gab nur eine geringe Zahl an Gemeinschaftsschulen. Hinzu kam, daß sie sich nur wenige Jahre hielten. Teilweise gaben sie, wie die Hamburger Schule am Berliner Tor, angesichts der zurückgehenden Schülerzahlen von sich aus auf. Neben anderen Schwierigkeiten führte die ablehnende Haltung der Eltern, die befürchteten, ihre Kinder würden nicht genug lernen, zum Ende dieses Schulversuchs. 1933 verschwanden die Gemeinschaftsschulen vollständig, als die noch verbliebenen von den Nationalsozialisten geschlossen wurden.

Abgesehen von einigen hoffnungsvollen Ansätzen blieb die Mädchenerziehung in den zwanziger Jahren dem traditionellen Rollenbild für die Frau weitgehend verpflichtet. Bildungspolitiker, Eltern und Lehrer machten weiter wie bisher, obwohl sich die Perspektiven für die heranwachsende weibliche Jugend nicht unwesentlich geändert hatten. Für die meisten Mädchen war klar, »daß wir nach der Schulentlassung auf alle Fälle Geld verdienen müßten.«[19] Statt dem Gebot der Stunde zu folgen und den Mädchen gleiche Bildungschancen und damit auch Berufschancen einzuräumen, entließen die Sozialisationsinstanzen einmal mehr eine Generation braver Hausfrauen und Mütter.

Hinsichtlich einer späteren Berufstätigkeit schätzt Alice Rühle-Gerstel die Mädchenerziehung als ziemlich unangemessen ein. »Das Mädchen lernt Fleiß, es lernt Hausarbeit, es lernt geben, ohne wieder zu verlangen, es lernt hin und her rennen, warten und parat sein.« Vieles von dem, was es eigentlich für eine erfolgreiche Berufstätigkeit bräuchte, lernt das Mädchen hingegen nicht. »Da es stets unter Kommando arbeitet, lernt es nicht disponieren, da sein Arbeitsfeld die Familie war, findet es sich später ›draußen‹ nicht oder schwerer als der Knabe zurecht. Da es mit täglich wiederkehrenden Dingen umgehen mußte, fehlt ihm Blick und Mut zum Ungewohnten und Erstmaligen. Deshalb ergibt die Betrachtung arbeitender Frauen jene oft bekrittelte oder zumindest konstatierte Kleinlichkeit, die sich je nachdem als Genauigkeit vorteilhaft oder als Kurzsichtigkeit nachteilig bemerkbar macht. Jenen Mangel an Horizont, Überblick und Initiative, jener Welteigenschaften, welche das Mädchen weder in der Schule noch im Elternhaus gezeigt oder auch nur gestattet bekam.«[20]

Die Eroberung einer Männerbastion

Obwohl man es ihnen wahrlich nicht leicht machte, wagten sich immer mehr Frauen an ein Studium heran, was formal keine Schwierigkeit mehr war: Die Weimarer Verfassung von 1919 garantierte ihnen das Recht auf ein Hochschulstudium. Zuvor hatten sich die wenigen Studentinnen mit dem eingeschränkten Status der Hospitantin abfinden müssen. Nun war der unwürdige Zustand beendet, daß sie die Professoren um Erlaubnis zum

Besuch ihrer Veranstaltung bitten mußten, was diese jederzeit verweigern konnten. Die ordentliche Studentin hielt Einzug in Vorlesungen und Seminare.

Schon während des Ersten Weltkriegs stieg der Anteil der Studentinnen an deutschen Universitäten bis auf 9,5 % im Wintersemester 1918/19 an. Bis zum Wintersemester 1932/33 waren es – für die Gegner des Frauenstudiums sehr beunruhigend – stolze 18,5 %: 17 192 Studentinnen. Diese Entwicklung wurde erst durch die Zunahme der Abiturientinnen möglich: 1931 waren schon fast ein Viertel aller Abiturienten Mädchen, während sie 1925/26 nur wenig mehr als ein Zehntel ausmachten.

Erst bei näherem Hinsehen erkennt man die Schwierigkeiten, unter denen die Studentinnen nach wie vor zu leiden hatten. Die Frauenrechtlerin Gertrud Bäumer machte gar eine »Krisis des Frauenstudiums« aus, so der Titel einer von ihr verfaßten Studie aus dem Jahr 1932. Bei dieser Einschätzung hatte sie einerseits die äußerst geringen Berufschancen für Akademikerinnen vor Augen. Andererseits verwies sie auf jene verbreiteten Ressentiments, die studierenden Frauen in Form von Beleidigungen aller Art täglich entgegenschlugen.

Die Akademikerschwemme der Weimarer Zeit machte es den Frauen nicht gerade leichter, in bisher von Männern beherrschte Berufe vorzudringen. Besonders deutlich war dies im Bereich der Medizin. Die großen Ärzteverbände legten dem weiblichen Nachwuchs Hürden in den Weg: Nur 5 % der künftigen Arztstellen sollten mit Frauen besetzt werden.

Wenn sie es dann doch geschafft hatten, blieben die Frauen in diesem Beruf nicht von Diskriminierungen verschont. Die Reichsbahnverwaltung formulierte 1928 in schönstem Beamtendeutsch: »Es trifft allerdings zu, daß wir grundsätzlich weibliche Ärzte von der Vertretung im bahnärztlichen Dienst ausschließen. Daß damit nicht eine ›Herabsetzung der deutschen Ärztin‹ beabsichtigt ist, braucht wohl nicht besonders betont zu werden, vielmehr sind für unsere Entschließung folgende Gründe maßgebend: Für die Vertretung eines Bahnarztes als solchen kommt neben vertrauensärztlichen Verrichtungen behandelnde Tätigkeit bei einem Personal in Frage, das zu 99 % dem männlichen Geschlecht angehört. Da diese Bediensteten im Bedürfnisfalle sich unbedingt ihrem Bahnarzt vorstellen müssen

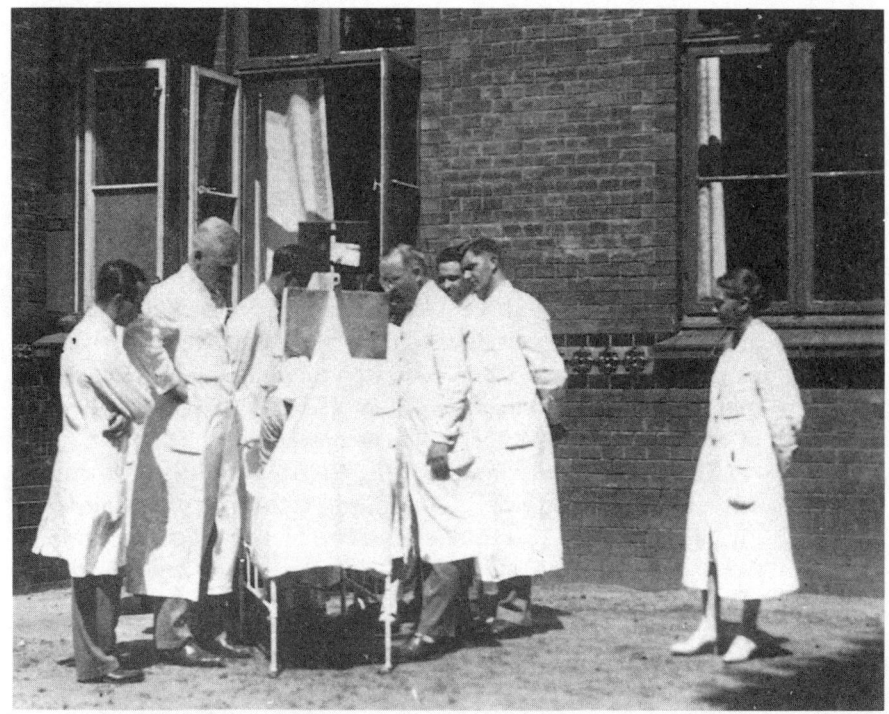

Ein akademischer Abschluß schützt nicht vor Diskriminierung: Die Arztkollegen bleiben lieber unter sich.

und nicht in der Lage sind, andere ärztliche Hilfe in Anspruch zu nehmen, so muß die Reichsbahnbehörde dem unter allen Umständen Rechnung tragen. Es ist aber ganz unzweifelhaft, daß ein hoher Prozentsatz der Bediensteten, namentlich in kleineren Orten, bei Erkrankungen, die eine Untersuchung des ganzen Körpers oder der unteren Körperteile notwendig machen, es ablehnen würde, einer Ärztin gegenüberzutreten. Zahlreiche Beschwerden würden zweifellos die Folge sein. Im übrigen ist auch nicht genügend Sicherheit dafür vorhanden, daß bei Nachtbesuchen in abgelegenen Gegenden jede Ärztin ihre Hilfe unbedingt zur Verfügung stellen würde.«[21]

Trotz voraussichtlicher Schwierigkeiten im späteren Berufsleben entschieden sich viele Abiturientinnen für ein Medizinstudium. Nicht nur hatten Ärztinnen ein höheres Sozialprestige als andere Akademikerinnen. Das Pflegerische an diesem Beruf entsprach auch am ehesten der traditionellen Frauenrolle. Schließlich hatten die jungen Studentinnen noch von Kind auf gelernt, die höchste Erfüllung des weiblichen Geschlechts im aufopferungsvollen Dienst am Nächsten zu sehen.

Für angehende Lehrerinnen im höheren Schulwesen sah die Berufsperspektive nicht viel günstiger aus. 1932 gab es in Preußen, das etwa zwei Drittel des Reichsgebiets umfaßte, ganze 70 Stellen für Gymnasiallehrerinnen, die zu Tausenden auf den Arbeitsmarkt strömten. Bis 1934 wurde mit etwa 3800 Studienreferendarinnen gerechnet. Gerade Anfang der dreißiger Jahre, als verheiratete Beamtinnen Opfer der Doppelverdienerkampagne und entlassen wurden, hatten junge Frauen, die ja vermutlich auch mal heiraten wollten, geringere Aussichten denn je, in den Staatsdienst übernommen zu werden.

»Infolge der Einschränkungen im höheren Schulwesen«, schreibt die *Frankfurter Zeitung* am 13. März 1932, würden »in den nächsten Jahren noch weitere Stellen eingespart werden, so daß Neueinstellungen überhaupt kaum zu erwarten sind und sogar die in der Anwärterliste stehenden und besoldeten Assessorinnen nur unsichere Aussicht auf Anstellung haben... Bei dieser Lage ist klar, daß von der Studienratslaufbahn nur in Ausnahmefällen – bei wirklich hervorragender wissenschaftlicher und pädagogischer Begabung – nicht abgeraten werden muß.«[22]

Die weiblichen Jurastudenten, von denen es denn auch nicht viele gab, sahen einer noch ungewisseren beruflichen Zukunft entgegen. Nur unter großen Schwierigkeiten konnten sich einige wenige Rechtsanwältinnen – 1925 waren es 54 von insgesamt 14000 Juristen – in dieser traditionell von Männern dominierten Berufssparte durchsetzen. Frauen waren überhaupt erst seit 1922 als Rechtsanwältinnen zugelassen. Im Staatsdienst hatten Juristinnen so gut wie überhaupt keine Chance.

Frauen, die sich ganz der Wissenschaft verschrieben, wurden ebensowenig auf Rosen gebettet. Eine weibliche Hochschulkarriere war die absolute Ausnahme; nur wenige Frauen waren selbstbewußt genug, um äußere und innere Hemmnisse zu überwinden. Nach ihrer Promotion, erzählt später eine Akademikerin, die zunächst Lehrerin wurde, habe sie im stillen gehofft, »bei meinem Professor eine Assistentenstelle zu bekommen. Aber ich glaube, ich habe ihn gar nicht danach gefragt, weil ich ganz deutlich spürte, daß ich als Frau nicht in Frage kam. Da war schon eine Grenze. Hinzu kam, daß ich meinen späteren Mann kennengelernt hatte, und wir verabredeten, daß wir heiraten wollten. Unseren Lebensplan besprachen wir folgendermaßen: Er sollte die risikoreiche Universitätslaufbahn einschlagen und ich das Geld verdienen. Geld verdienen hieß, daß ich in den Schuldienst gehen mußte. Ich glaubte damals auch, daß mein Mann der bessere Wissenschaftler sei, aber das hängt wohl damit zusammen, daß Frauen dazu neigen, sich selbst nicht so hoch einzuschätzen. Heute habe ich einen Überblick über 15 Jahre eigene Universitätsarbeit, und ich würde sagen, ich hätte es ebenso gut gekonnt.«[23]

Von den immerhin 10 595 Frauen, die zwischen 1908 und 1933 promovierten, wurden nur 54 Dozentinnen und gerade mal 24 Professorinnen. Nur zwei von ihnen, die Pädagogin Mathilde Vaerting und die Botanikerin und Ernährungswissenschaftlerin Margarethe von Wrangell, erhielten – im Jahr 1923 – eine ordentliche Professur, wurden also verbeamtet. Sie waren überhaupt die ersten ordentlichen Professorinnen in Deutschland, und weitere kamen in der Weimarer Zeit dann auch nicht mehr hinzu.

An der jungen Universität Hamburg sahen die Verhältnisse für aufstrebende Akademikerinnen noch verhältnismäßig günstig aus: Zu Beginn der dreißiger Jahre studierten hier die meisten Frauen überhaupt in Deutschland, von denen auch noch eine ganze Reihe promovierten. Dann mußten sie sich allerdings nach einem Job außerhalb der Universität umsehen, denn die Hochschullaufbahn war ihnen so gut wie verschlossen.

Die Germanistin Agathe Lasch, eine der wenigen Hamburger Professorinnen, berichtet über die Schwierigkeiten, mit denen sie zu kämpfen hatte: »Schwer schon war es, sich den Weg zur Universität zu bahnen. Noch stand es auch im Belieben jedes Dozenten, ob er Studentinnen zulassen wollte. Ich selbst konnte an meiner Heimatuniversität Berlin nicht studieren, da der dortige Germanist Frauen nicht aufnahm. Ich ging nach Halle und dann nach Heidelberg… Da es damals in Deutschland noch nicht möglich war, in eine wissenschaftliche Laufbahn einzutreten, nahm ich [nach der Promotion im Jahr 1909] eine Berufung an die führende amerikanische Frauenuniversität, Bryn Mawr College bei Philadelphia an, wo ich sechs Jahre, 1910 bis 1916, als Professorin für germanische Philologie wirkte... Die in Amerika begonnene Dozententätigkeit setzte ich in Hamburg fort. Ich habilitierte mich 1919, 1923 erhielt ich die Amtsbezeichnung Professor.«[24] 1926 berief man Agathe Lasch dann zum »planmäßigen außerordentlichen Professor für niederdeutsche Philologie« an die philosophische Fakultät der Universität Hamburg.

Gelehrte Damen – eine »unsinnige Erscheinung«

Studierende Frauen waren, auch wenn es immer mehr wurden, noch keineswegs eine Selbstverständlichkeit. In der Öffentlichkeit, im Elternhaus und an der Universität selbst stießen sie auf einen mehr oder weniger ausgeprägten Argwohn: Zu widersprüchlich waren die traditionelle Frauenrolle auf der einen, akademische Ambitionen auf der anderen Seite.

Schon die Eltern waren meist wenig erbaut über eine zum Studium entschlossene Tochter. Die Richtertochter Ilsemarie M., die 1927 in Hamburg zu studieren anfing, machte entsprechende Erfahrungen: »Als ich nach meinem Abitur den Wunsch äußerte zu studieren, empfanden meine Eltern das eigentlich als Luxus. Sie sagten, die Wahrscheinlichkeit, daß ich das Studium wegen einer Heirat abbrechen würde, sei groß. Geld und Zeit wären dann zum Fenster hinausgeschmissen... Also gab ich zunächst nach und wollte Chemielaborantin werden. Als ich mich informierte, erfuhr ich, das das Chemie-Studium nur ein Jahr länger als die Chemielaborantinnen-Schule dauern würde. Damit überzeugte ich sie...«. Als Studentin, so die einschlägige Erfahrung Ilsemarie M.s, »kriegte man natürlich dauernd zu hören: ›Was wollt ihr denn studieren, ihr heiratet ja doch...‹.«[25]

Gerade unter den Hochschullehrern trafen die Studentinnen nicht selten auf entschiedene Gegner des Frauenstudiums, was ihnen die Sache nicht gerade erleichterte. Dozenten, wie auch so mancher Kommilitone, hielten meist nicht viel von den gelehrten Damen, mit denen sie neuerdings zu tun hatten. Sie machten auch keinen Hehl daraus, daß sie lieber unter sich geblieben wären. In Wahrheit, so war aus diesen Kreisen zu vernehmen, würden die Frauen gar nicht ernsthaft studieren wollen, sie trieben sich nur in den Hörsälen herum, um sich einen Mann zu angeln.

Selbst das Gegenteil angenommen, kämen die akademischen Berufe in erster Linie dem Mann zu, der schließlich eine Familie zu ernähren habe. Das ganze Frauenstudium sei sowieso vergebliche Mühe, denn auf dem Felde der Wissenschaft seien Frauen ihren männlichen Kollegen leistungsmäßig nicht gewachsen. Weshalb also sollten sie dann studieren? In der Polemik gegen das Frauenstudium spielte die angebliche intellektuelle Unterlegenheit der Frau eine große Rolle. Wenn auch die pseudowissenschaftliche Argumentation mit dem kleineren weiblichen Gehirn und der sich daraus ergebenden geringeren Intelligenz in den zwanziger Jahren nicht mehr so beliebt war, so bestand doch in männlichen Akademikerkreisen ein breiter Konsens über die »Tatsache« der minderen weiblichen Denkkraft. Keineswegs allein stand der dänische Gelehrte K. A. Wieth-Knudsen mit seiner 1927 geäußerten Meinung da, das Weib verfüge »in seinem geistigen Wesen doch nur [über] wenige derjenigen Verstandeseigenschaften, durch die sich der Mann, allerdings im Schweiße seines Angesichts, im Laufe einer unendlich langen Entwicklungsgeschichte die Erde untertan gemacht« habe.[26]

Bisweilen wurden die Frauen zwar nicht schlichtweg für dumm erklärt, man sprach ihnen aber jene besondere, für die wissenschaftliche Arbeit unerläßliche Qualität des Denkens ab. Ihrer typisch weiblichen, gefühlsbetonten Denkweise fehle der »Sinn für das Abstrakte«, weshalb die Studentin einmal auswendig Gelerntes »oberflächlicher und weniger innerlich« zu verarbeiten in der Lage sei als ihre männlichen Kommilitonen.[27] Fälle von Studentinnen, die ihr Studium entnervt aufgaben, dienten als willkommene Bestätigung für dieses gängige Vorurteil.

In einer vielzitierten Rektoratsrede brachte der Berliner Gynäkologe Ernst Bumm noch ein weiteres unter den Verächtern des Frauenstudiums sehr beliebtes Argument ins Spiel: die angebliche Unvereinbarkeit von Berufsarbeit und Mutterschaft. Dabei verstieg er sich zu der abstrusen Behauptung, ein Studium verringere die Gebärfähigkeit der Frau, unabhängig davon, ob sie ihren Beruf ausübe oder nicht. »Unsere Kinder«, so Bumms Forderung, »sollen von Müttern geboren werden, die ein ausgeruhtes Gehirn und genug Zeit zur Aufzucht einer zahlreichen Nachkommenschaft haben.«[28]

Im alltäglichen Lehrbetrieb stießen die Studentinnen nicht nur auf solche Vorbehalte seitens der Dozenten. Mindestens genauso frauenfeindlich eingestellt waren auch viele ihrer Kommilitonen. Helene Willfüer, die als Heldin eines im Universitätsmilieu angesiedelten Romans von Vicki Baum zur bekanntesten Studentin Deutschlands wurde, weiß ein Lied davon zu singen. Sie hat es besonders schwer, nachdem sie schwanger geworden ist. Als sie versucht, vor der Niederkunft noch ihren Doktor der Chemie zu machen, stößt sie auf geballtes Unverständnis und unverhohlene Feindschaft. In Briefen an einen Freund schreibt sie: »Man beginnt jetzt übrigens, mir meine Mutterschaft anzumerken, obwohl ich in meinen Laboratoriumskittel und in meinen braven, alten, braunen Mantel einiges von meiner Unförmigkeit hineingeheimnissen kann. Aber die Sonne bringt es an den Tag, und man weiß also jetzt, was mit mir los ist. Sie kennen die Studentenschaft, lieber Kranich, Sie wissen, daß eine Studentin mit einem Kind ein Nonsens ist, und vielleicht können Sie sich ausmalen, wie man mich behandelt, vom Diener angefangen bis zum Ordinarius... Es ist nämlich so, daß man von Roheit wenig Vorstellung hat, solange man sie nicht selbst erlebt. Und wenn es um mich auch eisig und spottvoll und voller Stacheln war, so habe ich mir doch immer eingebildet, daß eine schwangere Frau unangreifbar wäre. Aber das ist nicht so, und mein Vis-à-vis, Herr Bodrum, hat – ermuntert durch einen Frühschoppen – sich Roheiten so beleidigender Art gegen mich erlaubt, wie ich es nie für möglich gehalten hätte. Man ist merkwürdig wehrlos gegen so etwas. Den Skandal einer Ohrfeige wollte ich im Labor nicht machen. Ich lachte also – obwohl mir zum Weinen war.«[29]

Wie wenig aus der Luft gegriffen Vicki Baums Schilderungen sind, kann man zahlreichen Berichten von Studentinnen entnehmen, mochte auch ihr Werdegang nicht ganz so dramatisch wie Helene Willfüers Schicksal verlaufen. Einschlägige Erfahrungen machte etwa eine Kölner Jurastudentin: »Ist im Kolleg die Rede von den vorsintflutlichen Bestimmungen unseres Familienrechts und von vergangenen herrlichen Zeiten, als die Frau noch ganz unter ehelicher Gewalt stand, zeigen die Jünger am Geiste auf ebenso höfliche Weise begeisterte Zustimmung. Moderne Reformbestrebungen mißbilligen sie aufs schärfste. Als einmal ein Professor sagte, Frauen könnten jetzt auch Handelsrichterinnen

Kein Lächeln für den Fotografen: Die Studentinnen hatten es nicht leicht, sich an der Universität zu behaupten.

werden, war das ganze Kolleg so tief entrüstet, daß der Dozent erst nach zehn Minuten fortfahren konnte. Kommt eine Studentin zu spät ins Kolleg – die Herren erlauben sich das häufiger –, wird heftig gescharrt.«[30]

Nicht viel besser erging es 1922 einer Erstsemesterin in Breslau, die sich später noch lebhaft an die tägliche Diskriminierung an der Universität erinnert. »In Breslau war ich sehr ungern, weil die Studenten dort ausgesprochen unfreundlich waren. Die meisten von ihnen stammten aus Schlesien und waren Söhne von Großgrundbesitzern, die die Auffassung vertraten, daß Mädchen an der Universität nichts zu suchen haben. Ich war damals eine der ganz wenigen [Frauen], die Staatswissenschaften studierten. Und mir gegenüber verhielten sich die Studenten unangenehm. Richtig scheußlich. Da gab es zum Beispiel auf den Fluren große Schwingtüren, die die Studenten einem aufhielten. Doch jedesmal, wenn man gerade an der Schwelle angelangt war, gaben sie der Tür einen Schubs, so daß sie einem an den Kopf flog. Solche Verhaltensweisen waren durchaus üblich. Das habe ich x-mal erlebt. Und dann besuchte ich natürlich auch eine Übung. Da waren wir zwölf Leute. Der Professor fragte nach unseren Namen, woher wir kamen und so und sagte dann: ›Nun betrachten Sie sich bitte als vorgestellt, daß Sie auch miteinander reden!‹ Nur einer hat sich später mal mit mir unterhalten. Alle anderen haben mich nicht einmal begrüßt.«

Diese Studentin entschloß sich zum Universitätswechsel. Im zweiten Semester ging sie nach Tübingen, wo ihr leidvolle Erfahrungen – diesmal mit Zimmerwirtinnen – aber auch nicht erspart blieben: »Die Zimmersuche war äußerst schwierig, weil die meisten Tübinger Hausfrauen nicht sonderlich erfreut waren, wenn Studentinnen kamen. Ein Zimmer, das mich interessierte, lag über einer Kneipe und gehörte den Kneipenbesitzern. Und da sagte die Wirtin, die eigentlich noch ganz nett war: ›Hier oben können Sie nicht wohnen. Das ist unmöglich!‹ Dabei hatte ich gar nichts irgendwie Unmoralisches vor. Eine andere Wirtin, deren Adresse mir jemand vermittelt hatte, erklärte ziemlich entrüstet: ›Also, Herrenbesuch dürfen Sie nicht haben, und Damenbesuch möglichst auch nicht. Denn ich möchte nicht, daß meine Töchter durch Sie verdorben werden!‹ Da hab ich mich auf dem Absatz umgedreht, obwohl ich wirklich dringend ein Zimmer brauchte.«[31]

Die Werkstudentinnen

Besonders in kleineren Universitätsstädten traf die Studentin auf eine ablehnende öffentliche Meinung, die ihr den täglichen Existenzkampf zusätzlich erschwerte. Da viele Vermieterinnen partout keine Studentinnen aufnehmen wollten, war es für diese schwierig, bezahlbaren Wohnraum zu finden. Häufig blieb dann nichts anderes übrig, als überhöhte Mieten zu zahlen. Denn die Zimmerwirtinnen ließen sich nicht umsonst gnädig herab, an Studentinnen zu vermieten.

Viele studierende Frauen konnten mit dem monatlichen Wechsel der Eltern gerade mal eben die Studienkosten und ihren Lebensunterhalt bestreiten, und viele Eltern neigten dazu, ihre studierenden Töchter weniger großzügig als die Söhne zu unterstützen. Das Leben am Rande des Existenzminimums – zuerst wurde am Essen gespart – blieb nicht ohne gesundheitliche Folgen. Selbst im Wintersemester 1927/28, als es in Deutschland wirtschaftlich relativ gut ging, galt etwa ein Viertel aller Studentinnen als nicht ganz gesund.

Nur wenige weibliche Studierende kamen in den Genuß eines Stipendiums. Frauen wurden von der Studienstiftung des deutschen Volkes benachteiligt: Nur 10 % der Stipendiaten durften weiblichen Geschlechts sein. Als Ausweg aus ihrer Not blieb minderbemittelten Studentinnen nur der Nebenerwerb durch mehr oder weniger qualifizierte Jobs.

Agnes Zahn-Harnack, die Vorsitzende des Deutschen Akademikerinnenbundes, betrachtete diese relativ neue Entwicklung mit Skepsis. »In den ersten Jahren nach dem Kriege war man vielfach geneigt, die positiven Werte der Werkarbeit zu überschätzen. Man schwärmte von der klassenübergreifenden Gemeinschaft von Studenten und Arbeitern, man pries die körperstählende Arbeit im Bergwerk oder im Maschinensaal, man erhoffte sich eine Erweiterung akademischer Anschauungen und Begriffe nach der Seite des praktischen Lebens. Aber alle diese Hoffnungen erfüllen sich nur in glücklich gelagerten Einzelfällen. Und für die Studentinnen sind diese Erfüllungsmöglichkeiten noch ganz besonders begrenzt. Die Werkarbeit, die sie bekommen, ist größtenteils minderwertig; der Ertrag steht in keinem Verhältnis zu dem Zeit- und Kraftaufwand und zwar weder in materieller noch in ideeller Hinsicht. Was soll man z. B.

dazu sagen, daß eine Historikerin früh von 1/2 6 bis 1/2 9 Uhr eine Büroreinigung übernimmt, um dann in die Bibliothek oder in das Colleg zu stürzen?«[32]

Ende der zwanziger Jahre war es weit mehr als ein Drittel aller Studentinnen, die sich mit Nebenjobs über Wasser hielten: Sie gaben Nachhilfeunterricht, tippten in Büros, versuchten sich als Kindermädchen und Putzfrau. Vicki Baums Romanheldin Helene Willfüer ringt sich in äußerster Not sogar dazu durch, einem Maler Modell zu stehen: »Ein zweiter Schlag traf mich, direkt vor den Kopf. Er müsse mich nackt malen, sagte der Maler... Ich bin kein Banause und gar nicht prüde, glaube ich, aber ich erschrak sehr. Ich kehrte in mein Triangelzimmer zurück, und hockte nur da und brütete und wog ab und wußte mir nicht zu helfen. Es war ganz aus mit mir, ich gab es auf zu arbeiten, ich gab alles auf, ich wußte den Weg nicht mehr. Weil ich nichts zu essen hatte, wurde ich dann so traumhaft leicht, es gibt eine besondere Art von Berauschtheit, wenn man überhungert ist, und in dieser tanzenden und alles verwirrenden Verfassung zog ich eines Tages los und stellte mich mit meinem Entschluß bei dem Maler ein. Ich kleidete mich hinter einem Wandschirm aus, ich fror sehr und mußte zittern, gegen meinen Willen.«[33]

Wählerisch sein konnten die Studentinnen nicht, denn als Millionen Deutsche arbeitslos waren, mußten sie froh sein, wenn sie überhaupt eine Möglichkeit fanden, Geld zu verdienen. Am beliebtesten war das Privatstundengeben, das relativ gut bezahlt wurde. Pro Stunde gab es 1930 bis zu 2,50 Reichsmark.

Es läßt sich denken, daß die Werkstudentinnen enormen Belastungen ausgesetzt waren: »Ich mache jetzt auf einer Bank Vorstudien... Schön ist es auf der Bank gerade nicht. Ich bin da natürlich ein ganz kleiner Kuli, muß immerfort Zahlen schreiben und Ausschnitte aufkleben. Rein mechanische Sachen – aber ich verdiene 100 Mark und das entscheidet. Nur anstrengend ist dieses Leben. Wenn ich abends nach Hause komme, sitze ich noch bis tief in die Nacht über meine Schwarten gebückt und ochse für's Examen.«[34]

Eine gewisse Fremdheit

Über die »inneren Probleme« des Studentinnenlebens wurde in der Frauenbewegung, die sich ja schließlich für das Frauenstudium stark gemacht hatte, eifrig diskutiert. Weshalb immer mehr Mädchen trotz der bekannten Schwierigkeiten studieren wollten und wie sie als Studentinnen zurechtkamen – an solchen Fragen waren Akademikerinnen der ersten Stunde wie Agnes Zahn-Harnack oder Gertrud Bäumer brennend interessiert.

In den meisten Fällen ist die Studentin »über den heute nicht mehr zur Diskussion stehenden Berufsgedanken zum Studium gelangt«, heißt es in einem Aufsatz über »Die Studentin im akademischen Leben«, der 1930 in der Zeitschrift *Die Frau* erschien. Die moderne Studentin erwarte in einer »nüchtern-sachlichen Einschätzung des Hochschulstudiums« von diesem »die bestmögliche Vorbereitung für den in Aussicht genommenen gehobenen Beruf«. Bei der Berufswahl sei sie »stark von wirtschaftlichen Erwägungen beeinflußt«.[35]

Eine Umfrage, die 1930 unter Studentinnen durchgeführt wurde, bestätigt diese Einschätzung. So äußert sich eine junge Frau, die im vierten Semester Mathematik und Physik studierte, recht freimütig: »Aus welchen Gründen ich studiere? Aus Begeisterung für den Studienratberuf entschieden nicht. Ebensowenig aus rein ideeller Liebe für die Wissenschaft. Ich wollte einen Beruf haben, der mich in die Lage setzt, mein Leben lang ohne Hilfe Fremder oder Verwandter auszukommen. Es waren also in erster Linie materielle Gründe, die mich studieren ließen. Dieselben Gründe sind schuld daran, daß ich auf dem Wege bin, Studienrätin zu werden und nicht Dipl.-Ingenieur, wie ich es am liebsten gewollt hätte. Ein Studium an der Technischen Hochschule wäre mir bei meiner praktischen Veranlagung am sympathischsten gewesen. Leider liegen die Verhältnisse dort so, daß bei dem scharfen Konkurrenzkampf ein Mädchen gar keine Aussichten hat, sich durchzusetzen, es sei denn, daß es besonders befähigt ist.«[36]

Als besonders befähigt zum wissenschaftlichen Studium fühlten sich die meisten Studentinnen nun eben gerade nicht. Im Gegenteil, der »bei jedem Studierenden einmal auftretende Zweifel an der eigenen wissenschaftlichen Befähigung« wurde bei der Studentin noch verstärkt »durch das traditionelle Urteil von der wissenschaftlichen Unproduktivität der Frau«. Daß ein Studium und traditionelle Weiblichkeit unvereinbare Gegensätze waren, erfuhr das Mädchen meist schon im Elternhaus, spätestens in der Schule. »Ein Vater, der seine Tochter studieren läßt, versäumt es doch nie, ihr als dringlichste Mahnung mitzugeben: ›daß du mir nicht etwa eine von den überspannten, unweiblichen Frauenzimmern wirst.‹ Man glaube nicht, daß derartiges heute selten ist. Ich habe es mehr als häufig erlebt, nicht nur aus väterlichem, noch viel beschwörender aus mütterlichem Mund.«[37] Konfrontiert mit dem männlich-akademischen Antifeminismus an den Universitäten, brauchte die junge Studentin erhebliches Stehvermögen, um sich nicht weiter verunsichern zu lassen.

Zudem waren die intellektuellen Entfaltungsmöglichkeiten für studierende Frauen begrenzt. Gertrud Bäumer, die als eine der ersten studierenden Frauen in Deutschland 1904 ihr Studium abschloß, spricht von der »gewissen Fremdheit, die uns bleibt in der Organisation der männlichen Wissenschaft, das Gefühl, mit dem, was einem selbst an Erkenntnis geschenkt wird, nicht ganz hineinzupassen in die Methoden, in die Wege überhaupt, die da beschritten wurden, wo wir in den Seminaren mitgearbeitet haben.« Selbst eine Frau mit dem Selbstbewußtsein einer Gertrud Bäumer empfand die »Hemmungen und Störungen«, denen »das weiblich geartete wissenschaftliche Empfinden in der Werkstatt der männlichen Wissenschaft begegnet«, als bedrückend. Eine Frau betrete mit der Universität eine Welt, die zum Teil anderen Gesetzen gehorche als denen, die sie in sich selbst lebendig fühle. »Was das für ihre Produktivität bedeutet, können wir nur ahnen.« Wo, so fragt sich Gertrud Bäumer, sollte die Frau, die man überhaupt nur dulde, das Selbstvertrauen hernehmen, eigene Wege zu suchen? Schließlich kämen die Maßstäbe für Wert und Unwert stets vom Mann.[38]

Wie unsicher viele Studentinnen in ihrem Entschluß zu studieren waren, zeigt die bereits erwähnte zeitgenössische Umfrage. Zweifel an dem einmal eingeschlagenen Lebensweg beschlichen so manche Studentin, wenn sie merkte, wie schwierig es für sie sein würde, sich als Frau an Universität und im Berufsleben zu behaupten. Da erschien die herkömmliche Alternative – ein Leben als Hausfrau und Mutter – geradezu in einem goldenen Licht.

»In meiner inneren Einstellung zum Studium bin ich im Laufe der Semester immer skeptischer geworden«, meint die oben schon zitierte Mathematikstudentin. »Ich glaube nicht, daß ich beim Studieren Großes leisten werde. Ich werde wohl nie meine ganze Energie aufs Studium konzentrieren können. Ein Rest des Interesses wird wohl immer bei Weiberarbeit – als da ist: Wirtschaften, Schneidern, Handarbeiten – hängen bleiben. Es wäre auch kein großes Unglück für mich, wenn ich Studium und Beruf aufgeben müßte und heiraten würde...«.

Eine andere Studentin, ein Erstsemester in Mathematik, Physik und Chemie mit dem Ziel, Studienrätin oder Physikerin zu werden, äußert sich merkwürdig zwiespältig. Einerseits steht es für sie »ganz fest, daß ich einmal einen Beruf ergreifen will«. Andererseits bekennt sie offen, »daß auch ich mich verheiraten würde, wenn sich mir die Gelegenheit böte. Ich würde dann auch gern das Studium und den späteren Beruf aufgeben. Nach meiner Überzeugung ist es doch der schönste Beruf der Frau, Gattin und Mutter zu sein. Aber gerade bei den heutigen wirtschaftlichen Verhältnissen ist es gerade den gebildeten jungen Leuten so schwer gemacht zu heiraten. Um nicht aufs Heiraten angewiesen zu sein, habe ich den Beruf gewählt. Ich bitte Sie, das nicht so aufzufassen, als ob der Beruf nur Ausweg sei, nur Retter in der Not. Aber ich wiederhole es noch einmal: eine glückliche, harmonische Ehe ist und bleibt für mich das Höchste, was einer Frau werden kann.«[39]

Offenbar war es für diese Studentinnengeneration nur schwer vorstellbar, beides – Mutterschaft und Beruf – miteinander zu vereinbaren. Das war gerade bei den angehenden Lehrerinnen eigentlich auch kein Wunder, kannten sie doch alle das Beamtinnen-Zölibat. Außerdem blieben sie sicher nicht unbeeinflußt von der verbreiteten Abneigung gegen verheiratete Lehrerinnen. Etwa der Verband deutscher katholischer Lehrerinnen verteidigte das »Jungfräulichkeitsideal« mit dem Argument: »Die Lehrerin-Frau, die den Anforderungen der Schule genügt, kann nicht zugleich die mustergültige Gattin, Hausfrau und Mutter sein, die eben dieser Beruf verlangt.«[40] Für die Ärztinnen sah die Sache günstiger aus, wohl auch ein Grund dafür, daß so viele Frauen Medizin studierten. Nicht selten teilten sie sich mit ihrem Mann eine Praxis und konnten, wenn Kinder kamen, immerhin noch reduziert weiterarbeiten.

Frauen im Erwerbsleben

Von der Arbeit seiner Hände lebt
der Mensch doch nicht allein!
Denn am Anfang wie am Ende
muß ein Stückchen Hoffnung
sein! Sehr bescheiden ist das Le-
ben, doch die Hoffnung bleibt
uns doch! Meistens glückt es
zwar daneben, aber manchmal
glückt es doch!
Chor werktätiger Mädchen im
Film *Die Privatsekretärin*

Frauenerwerbsarbeit galt im öffentlichen Bewußtsein lediglich als Reserve-Erwerbsarbeit, als ein notwendiges Übel, zum Beispiel während des Ersten Weltkriegs. Nichts konnte dies deutlicher machen als die Demobilisierung nach Kriegsende und die Doppelverdienerkampagne: Wenn man sie nicht mehr zu brauchen meinte, wurden die Frauen rücksichtslos aus dem Arbeitsleben verdrängt.

In der Ablehnung der Frauenarbeit war man sich über die Parteigrenzen hinweg weithin einig. Sahen christlich-konservative Kreise vor allem die Familie in Gefahr, empfand man in der Arbeiterschaft die Kolleginnen vielfach als – lohndrückende – Konkurrentinnen. Besonders angefeindet wurden diejenigen Frauen, die auch nach der Eheschließung weiterarbeiteten. Allenfalls war man bereit, die Berufstätigkeit als Alternative zu Ehe und Mutterschaft gelten zu lassen.

Wie umstritten die Frauenerwerbstätigkeit selbst innerhalb der Arbeiterbewegung war, zeigen folgende Ausführungen in einer Broschüre der Roten Gewerkschafts-Internationale von 1927: »Daß durch die sogenannte Rationalisierung die Frauenarbeit zunimmt, daß in sehr vielen Fällen heute die ungelernte Arbeiterin den Platz des gelernten Arbeiters einnimmt, daß Männer, Familienväter entlassen und blutjunge Mädchen statt ihrer eingestellt werden – das sind Dinge, die heute jeder Arbeiter sieht, unter denen Tausende leiden. Begreiflich, daß die

Stimmung gegen die weibliche Schmutzkonkurrentin heute erbitterter denn je ist, daß viele Arbeiter vergessen, daß nicht die Frau, die sie verdrängt, der Feind ist...«[1]

Selbst Betriebsräte scheuten sich nicht, an der Zurückdrängung der erwerbstätigen Frauen aktiv mitzuwirken. »Der Betriebsrat eines Textilbetriebs in Oberschlesien, in dem 14000 Arbeiterinnen beschäftigt waren, forderte 1923 die Entlassung sämtlicher verheirateter Frauen, deren Männer nicht arbeitslos waren. Dies hatte zur Folge, daß in diesem Betriebe überhaupt keine verheirateten Frauen mehr eingestellt wurden. Dieselbe Firma pflegte unverheiratete Mütter zu entlassen, um das ›schlechte Beispiel‹ nicht wirken zu lassen.«[2]

Waren die Frauen für die kriegswirtschaftliche Produktion unentbehrlich gewesen, ging es nach Kriegsende um ihre Rückführung in die Familie. Denn für die etwa zehn Millionen heimkehrenden Soldaten mußten Arbeitsplätze freigemacht werden. Die Demobilmachungsverordnung vom 28. März 1919 sah folgende Rangordnung vor, nach der Frauen zu entlassen waren: Zuerst sollten alle verheirateten Frauen, deren Männer Arbeit hatten, ihren Arbeitsplatz verlieren. Dann waren die alleinstehenden Frauen und Mädchen an der Reihe, und schließlich sollten auch noch jene Frauen und Mädchen entlassen werden, die nicht mehr als zwei Personen zu versorgen hatten.

Innerhalb kürzester Zeit sank infolge der Demobilisierung, die von allen bürgerlichen Parteien, der SPD, den Gewerkschaften und sogar der Frauenbewegung getragen wurde, die Beschäftigung von Frauen nahezu wieder auf den Vorkriegsstand. Insgesamt verloren rund drei Millionen Frauen ihren Arbeitsplatz. In Hamburg beispielsweise arbeiteten in den gewerblichen Betrieben schon 1919 wieder nur noch 33 % Frauen, wie bereits vor Kriegsausbruch, während es 1918 51 % gewesen waren.

Häufig ohne Rücksicht auf die soziale Lage der Betroffenen setzten die örtlichen Demobilmachungsausschüsse rigoros die Entlassung von Frauen durch. Während öffentliche Arbeitgeber hier nur allzu gern mitzogen, mußte auf Privatunternehmer teilweise entsprechender Druck ausgeübt werden. Einige wollten ihre weiblichen Arbeitskräfte – wegen geringerer Lohnkosten – behalten. In besondere Schwierigkeiten gerieten jene entlassenen Frauen, die im Krieg umgezogen waren, um an einem anderen Ort zu arbeiten. Da die Kommunen ihnen meistens

Arbeitslosengeld oder Armenunterstützung verweigerten, mußten sie wieder in ihren Heimatort zurückziehen. Andere sahen sich gar gezwungen, ihren Körper zu Markte zu tragen, um nicht zu verhungern. Clara Zetkin stellte 1920 fest: »Es ist bekannt, daß Zeiten der Teuerung, großer Notstände, sich kennzeichnen durch ein gewaltiges Anschwellen des Dirnentums.«[3] Selbst wenn sie »Stütze« bekamen, gerieten Frauen oft genug in materielle Nöte. Nicht nur war die Unterstützung sehr knapp bemessen. Auch erhielten Frauen bis 1925 grundsätzlich nur etwa zwei Drittel des für Männer geltenden Satzes.

Von den Frauen kam wenig Gegenwehr. Schien es doch nur recht und billig, daß sie ihre im Krieg übernommenen Arbeitsplätze nun für die heimkehrenden Männer räumen mußten. Was man dabei tunlichst nicht erwähnte: Viele der freigewordenen Stellen wurden eingespart und überhaupt nicht wieder besetzt. Außerdem machte die Demobilmachung selbst vor jenen Frauen nicht halt, die bereits vor dem Krieg gearbeitet hatten. In Wirklichkeit bot die Demobilisierung einen willkommenen Anlaß zur Verdrängung der erwerbstätigen Frauen. Deutlicher hätte die herrschende Minderbewertung der Frauenarbeit kaum zum Ausdruck kommen können.

Ehefrauen gehören ins Haus

Frauen im Arbeitsleben, besonders die verheirateten, gerieten erneut ins Kreuzfeuer der Kritik, als die Weltwirtschaftskrise ab 1929 Millionen Menschen arbeitslos machte. Da weniger Frauen als Männer arbeitslos waren, schien es nur zu offensichtlich, daß Ehefrauen, die einen Verdienst eigentlich gar nicht nötig gehabt hätten, braven Familienvätern die Arbeitsplätze wegnahmen. Diese ebenso simple wie eingängige Argumentation mündete in eine heftige Propaganda gegen das sogenannte Doppelverdienertum: Erwerbstätige Ehefrauen wurden zu Sündenböcken für die Arbeitslosigkeit der Männer abgestempelt.

Dabei wurde gern übersehen, daß die Mehrheit der verheirateten wie auch der unverheirateten Frauen aus schlichter Notwendigkeit arbeiteten. Außerdem besetzten sie in der Regel keineswegs »Männer«-Arbeitsplätze, sondern frauentypische, etwa in der Textilindustrie. Gleichwohl fand die Doppelverdienerkam-

Jobs waren heiß begehrt. Junge Angestellte drängten sich auf dem Arbeitsamt.

pagne breite Zustimmung. Ressentiments gegen erwerbstätige Frauen erhielten weiteren Auftrieb durch die Umschichtung des weiblichen Arbeitsmarktes. Mit der Abwanderung der Frauen aus Landwirtschaft und Heimarbeit in die Fabriken, Kontore und Läden waren sie als Arbeitskräfte sichtbarer geworden und provozierten so eher antifeministische Gefühle.

Schon der Ausgangspunkt der Doppelverdienerkampagne stand auf tönernen Füßen: Es waren vermutlich wesentlich mehr Frauen arbeitslos, als aus den Statistiken hervorging. Das günstigere Bild für die Frauen – 1930 waren etwa 23,5 % der Männer, aber nur 14,6 % der Frauen arbeitslos gemeldet – ergab sich beileibe nicht aus dem angeblichen Geschick der Frauen, Männer vom Arbeitsmarkt zu verdrängen. Erstens profitierten die Frauen davon, daß »ihre« Industrien, im wesentlichen der Konsumgüterbereich, weniger stark von der Weltwirtschaftskrise betroffen waren. Außerdem tauchten viele arbeitslose Frauen gar nicht erst in den Statistiken auf. Frauen, die zum Beispiel nur eingeschränkt gearbeitet und deshalb ohnehin keinen Anspruch auf »Stütze« hatten, verzichteten oft darauf, sich registrieren zu lassen.

Verheirateten wurde unter Hinweis auf den Ehemann nicht selten die Erwerbslosenunterstützung verweigert. »Die Ausschaltung der Frauen von der Unterstützung geschieht im allgemeinen nicht offen. Man sagt nicht: Die Frauen brauchen keine Unterstützung, weil sie ›nur‹ Frauen sind, sondern meistens wird erklärt, die Frauen haben kein Recht auf Unterstützung, weil sie einen Mann haben, der sie ›ernährt‹.«[4] Natürlich hatten die erwerbstätigen Frauen ohne Einschränkung Beiträge zur Arbeitslosenversicherung zu entrichten, in dieser Hinsicht war man konsequent.

Hauptleidtragende der Doppelverdienerkampagne waren die verheirateten Beamtinnen und weiblichen Angestellten im öffentlichen Dienst. Weit stärker als die Privatwirtschaft propagierten und betrieben Reich, Länder und Kommunen die Entlassung der Doppelverdienerinnen. Dabei versprach die geringe Zahl in Frage kommender Frauen kaum eine wesentliche Entlastung des Arbeitsmarktes. Ein Sachverständigengutachten vom März 1931 ging von etwa 6000–7000 verheirateten Beamtinnen aus, die nicht auf eigenen Verdienst angewiesen waren. Zum Vergleich: Insgesamt waren 11,4 Millionen Frauen erwerbstätig, darunter etwa 3,6 Millionen verheiratete.

Rechtliche Grundlage für die Entlassung doppelt verdienender Beamtinnen war die Personalabbauverordnung vom 27. Oktober 1923. Sie war im Zusammenhang mit der Nachkriegsinflation erlassen worden, um eine drastische Personalreduzierung im öffentlichen Dienst zu ermöglichen. Nach Artikel 14 dieser Verordnung konnten verheiratete weibliche Beamte jederzeit entlassen werden, »sofern nach dem Ermessen der zuständigen Behörde die wirtschaftliche Versorgung des weiblichen Beamten gesichert erscheint. Dies gilt auch bei lebenslänglicher Anstellung.«[5] Zu Recht sah die 1924 in Berlin abgehaltene Reichsfrauenkonferenz der SPD darin einen offenen Bruch der verfassungsmäßigen Gleichberechtigung der Geschlechter, die »in vieler Beziehung nur auf dem Papier steht«.[6]

Ungeachtet aller Proteste gegen eine solche Diskriminierung auch von seiten der weiblichen Reichstagsabgeordneten, hatten sich selbst langgediente Beamtinnen und öffentliche Angestellte einem Zölibat, also pflichtmäßiger Ehelosigkeit zu unterwerfen.

Selbst ältere, schon länger verheiratete Beamtinnen waren vor der Entlassung nicht sicher.

Der Fall einer städtischen Angestellten, der wegen ihrer Eheschließung fristlos gekündigt worden war, kam bis vor das Reichsgericht. Die Richter gaben dem Arbeitgeber recht: »Durch die Verheiratung habe die Angestellte sich in eine Lage versetzt, die sie nach dem sittlichen Zweck der Ehe und dem gewöhnlichen Verlaufe der Natur bei Schwangerschaft und nach der Geburt ganz oder teilweise an der Wahrnehmung ihrer Tätigkeit hindern werde. Auch ohnedies werde ihre Arbeitskraft... durch die hinzutretende Inanspruchnahme als Ehefrau beeinträchtigt... Dazu träten bevölkerungs- und sozialpolitische Erwägungen. Die 8–10stündige Arbeitszeit müsse bei etwaiger Schwangerschaft den Gesundheitszustand von Mutter und Kind ungünstig beeinflussen. Bei der herrschenden Arbeitslosigkeit sei es aber auch angebracht, verheiratete Frauen, die ihre Männer nicht zu unterhalten brauchten, zu entlassen, um für Arbeitslose Platz zu schaffen.«[7]

Wie viele Beamtinnen mögen angesichts einer drohenden Entlassung darauf verzichtet haben, mit dem Mann ihres Herzens vor den Traualtar zu treten? Im übrigen mußten sie auch dann mit einer Entlassung rechnen, wenn sie ein uneheliches Kind bekamen. Denkt man allein an die psychologischen Auswirkungen dieser diskriminierenden Regelungen, die bei den betroffenen Frauen ein »drückendes Gefühl der Minderwertigkeit«[8] erzeugt haben mögen, wird klar, wie sehr die parteiübergreifende antifeministische Doppelverdienerkampagne gegen weibliche Emanzipationsbestrebungen gerichtet war.

Die Angestellte: ein halbseidener Beruf

»Wer morgens kurz vor 8 Uhr oder abends nach Büro- oder Geschäftsschluß durch das Geschäftsviertel einer Großstadt geht, dem begegnet als charakteristischer Eindruck ein Heer von jungen Mädchen und Frauen, die eilig zur Arbeit in die großen Geschäftshäuser streben oder müde von der Arbeit kommen – es sind die Massen der weiblichen Angestellten. Sie geben der Großstadtstraße das beherrschende Bild, sie geben dem Warenhaus, dem Schreibbüro des Betriebes die charakteristische Prägung – mehr noch: sie sind heute eigentlich zum Typus der berufstätigen Frau geworden; die weibliche Angestellte ist die typische erwerbstätige Frau der Masse.«[9] Immer mehr Frauen – meist jung und unverheiratet – bevölkerten als Stenotypistinnen und Verkäuferinnen Kontore und Warenhäuser. Wie selbstverständlich eroberten die Angestellten ehemals reine Männerberufe. Wenn sie schon arbeiten mußten, und das galt neuerdings auch für Töchter verarmter Mittelstandsfamilien, dann noch am liebsten am Schreibtisch oder hinter der Ladentheke. Schließlich war das schon etwas, Kontoristin im Büro zu sein.

Für junge Mädchen wurde die Büroarbeit, natürlich möglichst als Vorzimmerdame oder Privatsekretärin, zum Traumberuf. Da brauchte man sich nicht die Finger schmutzig zu machen, fühlte sich schlicht als etwas Besseres. Nicht zufällig galt der kaufmännische Beruf als der vornehmste. Vor allem dieses – verglichen mit Fabrik- oder Hausarbeit – deutlich höhere Sozialprestige machte die Angestelltenberufe so beliebt bei den jungen Mädchen. All die Sekretärinnen und Ladenmädchen verbanden mit ihrem Beruf ebenso heftige wie zumeist unrealistische Aufstiegshoffnungen. Sei es, daß sie auf eine berufliche Karriere spekulierten, sei es, daß sie davon träumten, von ihrem Chef oder einem wohlhabenden Kunden geehelicht zu werden und damit den Aufstieg in eine höhere Gesellschaftsschicht zu schaffen.

Schon durch ihre modische und gepflegte Aufmachung wähnten sich die Tippfräulein bereits im Glanz der besseren Kreise. »Berufstypisch aber ist jenes Gemisch von Dame und Arbeiterin, wie es sich zu Zehntausenden in den Kontors und Geschäften der großen und kleinen Städte findet. Ein halbseidener Beruf, halbseiden wie die Strümpfe und Hemdchen der Ladenfräuleins, halbseiden wie ihr Gemüt und ihre Gedankenwelt.«[10] Sie hatte etwas Halbseidenes, Schillerndes an sich, die kleine Angestellte, weil ihr Aufstieg nur scheinbar und in ihrer Einbildung stattfand. In völliger Verleugnung ihrer tatsächlich recht ärmlichen Existenz gab sie sich der Illusion hin, etwas Besseres zu sein. Eine Verklärung ihrer wirklichen Lage, die sich nach Arbeitsbedingungen und Lohn kaum von der einer Arbeiterin unterschied.

Auch *Das Kunstseidene Mädchen*, so der bezeichnende Titel eines 1932 erschienenen Irmgard-Keun-Romans, strebt nach

Besprechung im Büro – eine Chance, dem Chef schöne Augen zu machen.

Höherem. Doris arbeitet als Sekretärin bei einem Rechtsanwalt in einer Provinzstadt, was ihr aber nicht gefällt. Sie will da weg, will die Welt erobern. Ein Pelzmantel wird zum Symbol ihres sozialen Aufstiegs, der auf dieser Grundlage nicht sehr solide ausfällt. Nachdem sie das gute Stück in einer Theatergarderobe entwendet hat, macht sie sich auf – nach Berlin. Unverzüglich stürzt sie sich ins Nachtleben, verkehrt in Bars und Tanzcafés, läßt sich ausführen und aushalten, wird in die »feine Gesellschaft« eingeführt. Mit ihren zahlreichen Affären steht Doris, die nach wie vor von einer Filmkarriere träumt, immer kurz vor der professionellen Prostitution.

Die Berufswahl entscheidet sich im Kino

Eher geprägt von irrealen Wünschen denn von handfesten Anhaltspunkten, spielte diese Aufstiegsideologie im Bewußtsein der Angestellten eine immense Rolle. Nicht ohne Wirkung blieben die vielen populären Angestelltenfilme und -romane, die unermüdlich jene klischeehafte Erfolgsgeschichte von der zwar mittellosen, dafür um so reizenderen Angestellten verbreiteten, die nach zahlreichen Verwicklungen schließlich doch noch den Unternehmer angelt.

Gerade das neue Massenmedium Film nährte die Träume ganzer Generationen von Schulabgängerinnen: »Wenn durch ein Jugenderlebnis im Film dem jungen Mädchen das Warenhaus als märchenhafter Palast erscheint, in dem sich elegante Käufer um den Ladentisch drängen, liebenswürdige Gespräche mit der Verkäuferin führen und einer von ihnen die Angestellte in eine Ehe voller Glück und Luxus entführt, ... wenn die Handelsschülerin im Film erfahren hat, daß die Privatsekretärin ein sorgenloses schönes Leben ohne viel Arbeit führt, sich überaus elegant kleidet und nach kurzer Tätigkeit die Gattin ihres Chefs wird, dann werden die Wunschträume dieser jungen Menschen nach bestimmter Richtung tendieren, dann wird alles versucht, um sie zu verwirklichen.«[11]

In Scharen strömten die jungen Angestellten in die Kinos, um – nach einem grauen Arbeitsalltag – in die so viel schönere Filmwelt einzutauchen. Kaum eine ließ sich beispielsweise den Film *Die Privatsekretärin* entgehen: Gleich zu Anfang wird in einer Unterhaltung angedeutet, wie die Hoffnung der Heldin, eine stellungsuchende Stenotypistin aus der Provinz, aussieht. Auf die Frage: »Sie wollen sich wohl einen Grafen erobern? Oder einen Generaldirektor?« antwortet sie unverblümt: »Ist es denn so lächerlich, wenn jemand vom Leben ein bißchen mehr verlangt?« Rasch findet sie ein Engagement in einer Großbank. Wie in vielen anderen derartigen Geschichten ist die Heldin natürlich eine äußerst strebsame Angestellte, »die mit echter Arbeitsfreude an ihre Tätigkeit geht«. Sie »schreibt im Takt zur Musik so fröhlich, als würde sie Klavier spielen, ganz im Gegensatz zu ihrer vermeckerten Nachbarin«.

Dank ihres Fleißes und ihrer nicht zu verachtenden femininen Reize steigt sie zur Privatsekretärin des Generaldirektors auf, der ihr bald eindeutige Avancen macht: »Darum bitte ich Sie, meine Freundschaft zu akzeptieren, mit allem, was dazu gehört, Kleider, Auto, Schmuck und jeden Luxus.« Für ein Verhältnis ist unsere tugendsame Heldin aber nicht zu haben. Empört lehnt sie

Was ihnen die Populärkultur vorzauberte, hätten die Verkäuferinnen brennend gern erlebt.

den unsittlichen Antrag ab, will unverzüglich ihre Stellung aufgeben und die Stadt verlassen. Umstimmen läßt sie sich erst, als der Generaldirektor persönlich in ihrer Wohnung erscheint, »um sie als zukünftige Gattin in die Arme zu schließen«.[12] Schon aus Gründen des Zahlenverhältnisses – es gab einfach zu wenige Direktoren für all die heiratswütigen Angestellten – mußten solche Geschichten aus den Traumfabriken der Filmwirtschaft an der Wirklichkeit völlig vorbeigehen. Trotz oder gerade wegen der teils jämmerlichen Arbeitsbedingungen und so gut wie nicht existierenden Aufstiegschancen – Leitungsfunktionen blieben den Männern vorbehalten – wurden sie gierig aufgesogen von den geradezu kinoversessenen Angestellten. Hoffnungslosigkeit einerseits und Wundergläubigkeit andererseits, so beschreibt Irmgard Keun in ihrem sehr erfolgreichen Angestelltenroman *Gilgi – eine von uns* diese Bewußtseinslage.

Irmgard Keuns Heldin Gilgi, eine junge unverheiratete Stenotypistin, beobachtet auf ihrem Weg zur Arbeit ihre Schicksalsgefährten und -gefährtinnen: »Gilgi sitzt in der Straßenbahn…Neben ihr, vor ihr die Reihe der Angestellten. Müde Gesichter, verdrossene Gesichter. Alle sehen einander ähnlich. Gleichheit des Tagesablaufs und der Empfindungen hat ihnen den Serienstempel aufgedrückt… Keiner tut gern, was er tut. Keiner ist gern, was er ist …Tag für Tag ins Geschäft. Ein Tag gleicht dem andern. …Achtstundentag, Schreibmaschine, Stenogrammblock, Gehaltskürzung, Ultimo – immer dasselbe, immer dasselbe. Gestern, heute, morgen – und in zehn Jahren. Ihr jungen, ihr unter dreißig, habt auch ihr nur dieses hoffnungsarme Frühmorgengesicht? Morgen ist Sonntag. Werden da nicht am Nachmittag kleine Wunschbilder in euren Augen brennen? …Braves Fräulein aus guter Familie, nicht wahr, Sie würden die bunte Halskette nicht umbinden, wenn Sie nicht wünschten, daß einer kommt, der findet, daß sie Ihnen hübsch steht? Kleiner Rotkopf, hättest du die zwanzig Mark für die Dauerwellen ausgegeben, wenn du nicht von Schönheitskonkurrenz und Filmengagement träumtest? Auch Greta Garbo ist einmal Verkäuferin gewesen. Fahrt ins Geschäft. Tag für Tag. Wird etwas kommen, was das Gleichmaß der Tage unterbricht? Was? Der Douglas Fairbanks, der Lotteriegewinn, das Filmengagement, die märchenhafte Beförderung, der Sterntalerregen vom Himmel? Wird das kommen? Nein. Keine Aussicht auf

Wechsel und Unterbrechung? Doch. Welche? Krankheit, Abbau, Erwerbslosigkeit … Gilgi sieht aus dem Fenster. Die Trostlosen da im Wagen – nein, sie hat nichts mit ihnen gemein, sie gehört nicht zu ihnen, will nicht zu ihnen gehören. Sie sind grau und müde und stumpf. Und wenn sie nicht stumpf sind, warten sie auf ein Wunder. Gilgi ist nicht stumpf und glaubt an kein Wunder. Sie glaubt nur an das, was sie schafft und erwirbt. Sie ist nicht zufrieden, aber sie ist froh.«

Gilgi wartet nicht auf den Märchenprinzen, sondern nimmt ihr Schicksal selbst in die Hand. Mit eiserner Selbstdisziplin und großem Fleiß arbeitet sie an ihrem Aufstieg. »Sie will weiter«, deshalb lernt sie abends drei Fremdsprachen gleichzeitig und spart Geld für Auslandsreisen. »Wenn man drei fremde Sprachen perfekt kann, ist man gegen Stellungslosigkeit wohl so ziemlich gesichert. Vielleicht wird sie auch eines Tages überhaupt nicht mehr aufs Büro gehen. Sie hat noch andere Möglichkeiten. Hat ein Talent, Kleider zu entwerfen und zu nähen wie bald keine … Vielleicht wird sie später mal in Paris oder Berlin ein kleines Modeatelier aufmachen, vielleicht – vielleicht – ach, sie ist noch jung, und außer Ehe, Filmschauspielerin und Schönheitskönigin zieht sie jede Existenzmöglichkeit in Betracht.«

Gilgi glaubt daran, daß jeder seines Glückes Schmied ist. »Ich bin allgemeiner Durchschnitt und ich bring's nicht fertig, deswegen zu verzweifeln. Aber was ich aus mir machen kann, will ich machen. Ich werd' immer arbeiten und immer was Neues lernen, und gesund und hübsch will ich bleiben, solange es eben geht – im Sommer werd' ich wieder im Brustschwimmen trainieren…« Selbst ihre äußere Erscheinung ist Teil ihres Aufstiegsprogramms, das sie mit großem Ehrgeiz verfolgt.

Die knabenhaft-sportliche, hübsche Gilgi verkörpert mit ihrer Selbstsicherheit und ihrem Streben nach materieller Unabhängigkeit die moderne Frau der Weimarer Zeit. Gerade die Gilgis, die jungen Angestellten also, galten vielen Zeitgenossen geradezu als Inbegriff dieses neuen Frauentyps. Sie waren berufstätig, hatten eigenes Geld und entsprechenden Einfluß auf ihre Lebensgestaltung. Allerdings war diese Selbständigkeit meist nur eine vorübergehende Erscheinung, die in dem Moment endete, wenn ein Mann auftauchte.

So auch bei Gilgi. Als sie den Bohemien Martin kennen- und

liebenlernt, rückt plötzlich in den Hintergrund, was ihr bisher lieb und teuer war. Diesem »Betriebsunfall« fallen die Sprachstudien und Ersparnisse zum Opfer. Als sie auch noch ihre Arbeit verliert, ist sie gar nicht mal traurig, denn nun hat sie noch mehr Zeit für ihren Geliebten. Zugleich leidet Gilgi unter der inneren Zerrissenheit und Selbstentfremdung, die das Leben an Martins Seite mit sich bringt: »Es ist wohl nichts Neues, daß eine vor lauter Liebe ganz anders wird. Schlimm ist nur, daß man zur einen Hälfte verändert ist, zur anderen nicht, und jetzt besteht man aus zwei Hälften, die ganz und gar nicht zusammenpassen, immer im Streit miteinander liegen, und keine will um Haaresbreite nachgeben. Alles ist gut, dachte man, als man zu Martin zog. Nichts ist gut. Vielleicht will man zuviel. Man will sein ganzes bisheriges Leben behalten, mit seiner Freude am Weiterkommen, seiner gut geölten Arbeitsmethode, mit seiner harten Zeiteinteilung, seinem prachtvoll funktionierenden System. Und man will noch ein anderes Leben dazu, ein Leben mit Martin, ein weiches, zerflossenes, bedenkenloses Leben.«[13]

Schließlich ringt sich Gilgi, nachdem sie schwanger geworden ist, schweren Herzens dazu durch, ihren Geliebten zu verlassen. Sie will sich in einer anderen Stadt eine Existenz aufbauen und das Kind allein aufziehen. Ein Leben an der Seite Martins, das erkennt sie ganz realistisch, wäre in materieller Hinsicht zu unsicher. Und ob dieser empfindsame Künstlertyp einen brauchbaren Vater abgäbe, erscheint ihr auch mehr als fragwürdig.

Während Leserinnen *Gilgi* mit roten Wangen und heißen Ohren verschlangen – der Roman erreichte innerhalb des ersten Jahres sechs Auflagen mit 30000 Exemplaren –, erhoben sich auch kritische Stimmen: Irmgard Keuns Schilderung des Angestelltendaseins sei schönfärberisch und entspreche nicht der Wirklichkeit. Die Rezensentin der KPD-Illustrierten *Der Weg der Frau* etwa schrieb: »Und weil es besonders geschickt und in der Form begabt geschrieben wurde, darum hat dieses Buch einen Masseneinfluß gewonnen... Am besten gefällt das Buch denen, die die junge Angestellte von heute überhaupt nicht kennen. In ihrer Ahnungslosigkeit finden sie es herzgreifend – und leider finden das auch viele Gilgis der Wirklichkeit, junge Stenotypistinnen, die zwar niemals das erleben, was ihnen die Phantasie von Irmgard Keun vorzaubert, die das aber brennend gern erleben möchten.«

Abgesehen davon, daß es Gilgi materiell besser geht als ihren realen Kolleginnen, empfindet die Rezensentin vor allem das »Strebertum« Gilgis, mit dem diese »über Leichen geht«, als gravierenden Makel.[14] Aber, so konnte das Blatt in derselben Ausgabe triumphierend melden:»Die Gilgis der Wirklichkeit haben sich gewehrt. Denn es war nicht bloß bei dem Buch geblieben. Der Roman wurde zu einem Film verarbeitet, in dem es noch feudaler zugeht als im Buch selbst. Der Film hat natürlich noch weitere Verbreitung gefunden, und es gibt wohl nur wenige Stenotypistinnen, die ihn nicht gesehen haben. Aber zum Skandal wurde die ganze Angelegenheit erst, als der ›Vorwärts‹, das Zentralorgan der Sozialdemokratischen Partei, den Roman abdruckte und sich damit dessen Tendenz zu eigen machte... Die weiblichen Angestellten protestierten nachdrücklich, daß die unkollegiale, egoistische Gilgi eine von ihnen sein sollte... So schrieb eine Frau Langhans: ›Der Roman ist eine Beleidigung des wirklich arbeitenden Mädchens.‹«[15]

Die Wirklichkeit sah weniger rosig aus

Von der Glitzerwelt des Kinos mit ihren ebenso eleganten wie selbstbewußten Heldinnen war im grauen Berufsalltag meist nichts mehr zu spüren. Ob sie nun in Großraumbüros in endlosen Reihen an ihren schwergängigen Maschinen klapperten oder sich hinter Ladentheken die Beine in den Bauch standen, weibliche Angestellte hatten eine Menge an körperlichem und seelischem Streß zu verkraften.

Gerade für die rein mechanischen Büroarbeiten, die mit der Rationalisierungswelle der zwanziger Jahre anfielen, stellten die Arbeitgeber gern junge Frauen ein. Sie waren billiger und brachten dieses fürs Maschineschreiben nötige Fingerspitzengefühl mit. Eine später über ihren damaligen Berufsalltag befragte Angestellte erzählt:»Ich fing als Fakturistin in einer kleinen Im- und Exportfirma an. Dort arbeiteten zehn bis 15 Fakturistinnen im Saal. Aus Körben mit Aufträgen mußten wir Kolonnen schreiben und abends alles zusammenzählen... Es war laut dort, ein ewiges Geklapper. Ich habe eigentlich mehr unter dem Arbeitsstreß und der Hetze gelitten...

Mittags war ich oft sehr müde... Wir hatten ein bis zwei Stunden Mittag, das war eher eine Belastung als Erholung, weil das Büro in der Stadt war und ich nicht nach Hause konnte. Die Arbeitszeit war von acht bis sechs Uhr abends, um acht Uhr war ich dann zu Hause. Für das Maschineschreiben nahm man nur Frauen... Man hat den untersten Dreck im Büro gemacht als Ablegerin und Fakturistin. Ich war sehr frustriert. Abends hatte ich kaum noch Kraft, mein Privatleben zu gestalten. Fast jeden dritten Tag mußten Strümpfe gestopft werden, Makostrümpfe, die gingen immer kaputt. Man mußte gut angezogen sein, freundliche Miene machen, bescheiden und höflich sein... Die Beleuchtung und Belüftung in den Büros war schlecht, ich hatte einen schlechten Stuhl, immer Rücken- und Nackenschmerzen, hatte später auch Folgeschäden.«[16]

Wie in den Fabriken wurde auch in den Büros eifrig rationalisiert. Rationalisierung war das Zauberwort für deutsche Unternehmer, wobei sie neidisch nach Amerika schielten. Dort hatte man schon viel früher angefangen, moderne Produktionsweisen, allen voran das Fließband, einzuführen. Nun studierte man auch in Deutschland eifrig die Schriften des amerikanischen Ingenieurs und Betriebsorganisators Frederick W. Taylor über die moderne wissenschaftliche Betriebsführung. Um die Produktivität zu steigern, führte man Arbeits- und Zeitstudien durch, zergliederte die Arbeitsabläufe in kleinste Schritte.

Wie sich solche Maßnahmen auf die Arbeit von Büroangestellten auswirkten, zeigt die folgende Auflistung: »Durch Versuche und Prüfungen in den verschiedensten großen Büros ist es jetzt einwandfrei festgestellt, daß in je einer Stunde die folgenden Arbeiten geleistet werden können: Briefe öffnen 300, Briefe frankieren 1600, Umschläge zukleben 2400, mit der Hand falten 850, Umschläge adressieren 180, mit der Maschine adressieren 3600...«[17]

Am Ende arbeiteten die Angestellten unter fabrikähnlichen Bedingungen: »Jetzt hocke ich viele Stunden täglich wie festgeschraubt hinter der Schreibmaschine, mit krummem Rücken und eingefallener Brust. Ich erfahre an mir die ganze Grausamkeit solcher Arbeitsverteilung. Es würde schon eine Erleichterung sein, wenn ich ab und zu ein Stenogramm bekäme, Post ablegen oder die Kartothek versehen dürfte. Aber ich bin rettungslos eingespannt in die Maschinerie zermalmender Eintönigkeit.«[18]

Nach solcher Plackerei im Büro durfte sich die Angestellte beileibe nicht auf eine prallgefüllte Lohntüte freuen. Im Gegenteil, sie verdiente oft kaum genug, um den eigenen Lebensunterhalt zu bestreiten. Gebraucht hätte eine ledige Angestellte etwa 175 Reichsmark im Monat (1929). Der durchschnittliche Verdienst betrug 146 Reichsmark, aber fast die Hälfte der Gehälter lag weit darunter, nämlich unter 100 Reichsmark. Kein Wunder, daß viele der jungen Mädchen zu Hause bei ihren Eltern wohnen blieben. Ein Kostenfaktor, der das Budget nicht unerheblich belastete, waren die Ausgaben für die äußere Erscheinung. Eine Dauerwelle kostete schon 20 Reichsmark, Kosmetik und Kleider gingen auch ins Geld. Auf solche Ausgaben konnte eine Angestellte nicht gut verzichten, denn ein angenehmes Äußeres wurde von vielen Chefs selbstverständlich vorausgesetzt.

Büroalltag, wie ihn Millionen junger Frauen erlebten.

Typischerweise war die Angestellte jung – das hieß unter 25 – und ledig. Wurden die Frauen älter oder heirateten sie, dann setzte man sie auf die Straße. Kündigungsschutz gab es nicht, und unentbehrlich waren sie auch nicht. Ihre Arbeit konnte problemlos von einer jüngeren, rasch angelernten Kraft übernommen werden. Auf dem Arbeitsmarkt hatten die älteren Angestellten – zu diesem Kreis gehörte man spätestens ab 30 – kaum noch eine Chance. Stellenanzeigen lasen sich etwa so: »Sekretärin, Vertrauensstellung, jüngere Dame, nicht über 23, aus guter Familie, mit schneller Auffassungsgabe, flott in Stenographie, zuverlässig in Schreibmaschine, gute Erscheinung, mit glockenreiner Stimme, welche durch das Telephon lächeln kann...«[19]

Deshalb waren jüngere Angestellte den Unternehmern lieber: »Vornehmlich werden aus unmittelbar ökonomischem Interesse die nach dem Tarif höher zu bezahlenden älteren Angestellten entlassen und durch jüngere billige Kräfte ersetzt... Auch mittelbare wirtschaftliche Interessen beeinflussen den Unternehmer... In allen den Berufen, in denen die Angestellten mit dem Publikum in Berührung kommen, besonders im Einzelhandel, wird das jugendliche Aussehen als attraktives Moment gewertet.«[20]

Fast immer schieden die Angestellten aus, wenn sie heirateten. Kündigte die frischgebackene Ehefrau nicht von sich aus, wurde sie meist entlassen. Vermutlich hatten die Chefs ihre Zweifel, ob sich eine Verheiratete ebenso wie ein junges Mädchen auf die nicht unüblichen – natürlich unbezahlten – Überstunden einlassen würde. Oder sie fanden die jungen Dinger schlicht attraktiver.

Ohnehin wollten die meisten Mädchen gar nicht länger arbeiten, wenn sie glücklich in den Hafen der Ehe eingelaufen waren. So schön fanden sie es nun wirklich nicht, sich jeden Tag die Finger wundzutippen oder selbst unangenehmsten Kunden gegenüber stets freundlich zu bleiben. Der Beruf galt den jungen Mädchen lediglich als Aufbewahrungsort bis zur Ehe. Am traditionellen Rollenverständnis, wonach es für die Frau nur einen »natürlichen« Beruf, den der Hausfrau und Mutter, gab, hielten viele doch noch fest.

»Auch denke ich daran«, so äußerte sich ein 17jähriges Lehrmädchen, »wenn der richtige Mann kommen würde, würde ich ihm meine Hand reichen und ein eigenes Heim gründen. Es ist dies wohl der Wunsch eines jeden Mädchens, einmal raus aus dem Beruf und sein eigener Herr zu sein.«[21]

Solange man noch nicht verheiratet war, nahm man es wohl oder übel auf sich, den eigenen Lebensunterhalt zu bestreiten. Die Heirat bedeutete nicht nur, daß ein Ehemann diese lästige Pflicht übernahm, auch konnte man endlich aus der elterlichen Wohnung ausziehen. Selbst wenn man mit den Eltern zurechtkam, sie stellten doch so ihre Ansprüche: Der Lohn mußte ganz oder teilweise abgeliefert werden, im Haushalt sollte die erwachsene Tochter auch noch mithelfen. Bei einer für Büroangestellte normalen Arbeitszeit von 48 Stunden pro Woche, zu der vielfach noch Überstunden kamen, war das nicht gerade angenehm.

Mit Reizen darf sie nicht geizen

Geschäftsinhaber legten großen Wert auf eine repräsentative Erscheinung aller mit den Käufern in Berührung kommenden Angestellten. »Ladeninhaber und Personalchefs erklärten auf Befragen, daß sie die weiblichen Kräfte nicht nur wegen des billigeren Gehaltes vorziehen, sondern auch wegen ihres entgegenkommenderen, liebenswürdigeren und geduldigeren Wesens. Auch wurde in diesen Äußerungen mehr oder weniger offen angedeutet, daß die junge Verkäuferin ein Anreiz für männliche Kunden sein könne, Stammkunden in einem Geschäft zu werden, eine Auffassung, die... als selbstverständliche Propagandamethode betrachtet wird.«

Bei der Ausnutzung der erotischen Werbekraft ihrer Angestellten kannten manche Unternehmer wenig Skrupel. Wie weit teilweise in die Persönlichkeitssphäre der Frauen eingegriffen wurde, zeigt der folgende vor einem Arbeitsgericht in Berlin verhandelte Fall: »Eine Verkäuferin in einem Schuhgeschäft des Berliner Westens war fristlos entlassen worden, weil sie sich nicht dem Wunsche des Geschäftsinhabers gefügt hatte, duftige Wäsche zu tragen. Der Unternehmer führte vor Gericht aus, daß bei dem ununterbrochenen Hinaufsteigen auf Leitern zum Herabholen der Schuhe den männlichen Besuchern ein möglichst angenehmer Anblick verschafft werden müsse. Daß es sich hier nicht um einen Ausnahmefall handelt, beweisen die Auskünfte von Verkäuferinnen in Schuhgeschäften, die über eine gleiche

Auffassung des Geschäftsleiters berichteten; es ist üblich, die unteren Abteilungen der Regale nur mit Attrappen, also mit leeren Kartons zu füllen, so daß ein Besteigen der Leitern stets notwendig wird.«²²

Gerade Einzelhandelsfirmen suchten die »weiblichen Reize ihrer Angestellten bewußt in den Dienst der Verkaufspropaganda« zu stellen. Eine große Berliner Stoffirma mutete ihren Verkäuferinnen gar zu, »sich im Schaufenster aus einem Stück Stoff ein Kleid aufstecken zu lassen, um die Aufmerksamkeit der Passanten zu erwecken«. Und in einer Provinzstadt veranstaltete ein Kaufhaus regelmäßig Modevorführungen, bei denen Verkäuferinnen, nur mit Badetrikots bekleidet, im Erfrischungsraum auf und ab zu gehen hatten.

Zu den Werbemaßnahmen, an denen das Verkaufspersonal wohl oder übel mitzuwirken hatte, gehörten auch die sogenannten Höflichkeitswettbewerbe, die Unternehmer und in ihrem Auftrag Verlage organisierten. Ein krasses Beispiel solcher Kon-

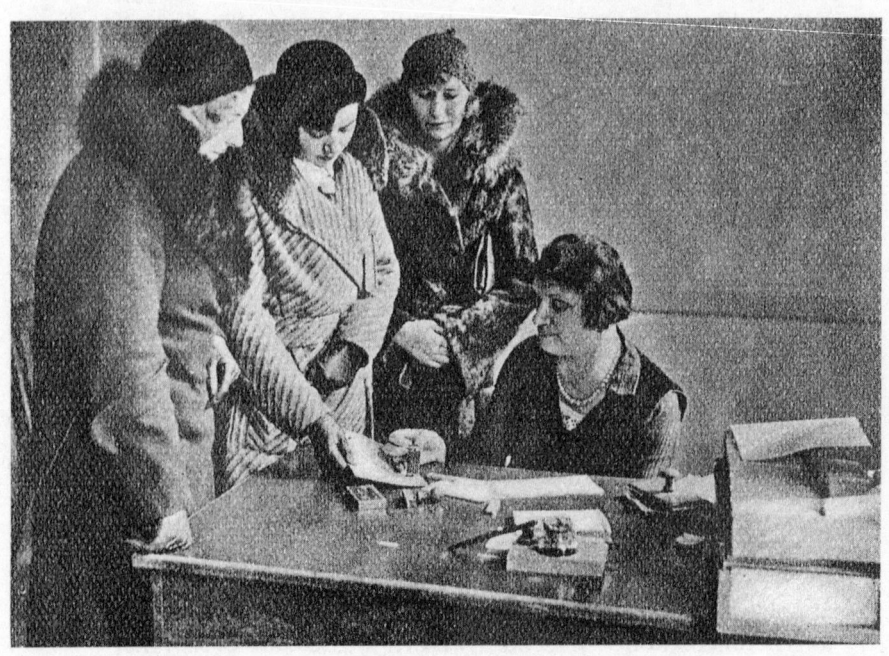

Mannequins mußten stempeln gehen, wo Verkäuferinnen in die Rolle der Vorführdame schlüpften.

kurrenzen war der Wettbewerb »Lächle, Berliner!«. Dabei galt es herauszufinden, welche Menschen oder Berufsgruppen die größte Langmut und Geduld erwiesen, wenn sie schikaniert wurden.

Ein Redakteur schlug mit folgender Begründung eine Verkäuferin für die Preisverleihung vor: Er »verlangte bei einer Verkäuferin in der Spielwarenabteilung eines Warenhauses ein Geschenk für seinen Sohn, das nicht mehr als 50 Pfennige kosten dürfe, das aber zahllosen Bedingungen entsprechen müsse. An jedem Vorschlag der Verkäuferin und an jedem vorgelegten Gegenstand fand er etwas auszusetzen. Als am Ende dieser Qual die Verkäuferin immer noch Geduld zeigte und auf des prüfenden Redakteurs Äußerung, daß er doch lieber in einer anderen Abteilung etwas für seine Frau kaufen wolle, noch nicht die Fassung verlor, schien sie eines Preises würdig.«²³ Der Verkäuferin blieb wohl nichts anderes übrig, als freundlich zu bleiben. Schließlich gehörte ununterbrochenes Lächeln zu ihrem Arbeitseinsatz entscheidend dazu. In Berlin prozessierte eine Verkäuferin gegen ihre Entlassung, die damit begründet worden war, daß sie zu ernst sei; sie lächle nicht.

Weibliche Angestellte scheuten weder Mühe noch Kosten, um etwa durch Sport, Kosmetik und elegante Kleidung ihr Aussehen zu verbessern und so Anstellungschancen zu erhöhen oder sich vor Kündigung zu schützen. Sie wurden zu einem umworbenen Kundinnenkreis der Modebranche, Kosmetik- und Sportartikelindustrie. In den Angestelltenzeitungen wimmelte es von entsprechenden Anzeigen.

Eine Kosmetikfirma veröffentlichte beispielsweise folgende Reklameerzählung: »Im Schreibmaschinenzimmer der Firma Ultra herrschte fieberhafte Aufregung. Die soeben eingetretene ›Neue‹ wurde kritisiert. ›Gut aussehen tut sie ja‹, meinte Lizzie, ›das muß man ihr lassen, und auch Puder braucht sie nicht. Aber ich glaube, unser anspruchsvoller Chef wird bald genug von ihr haben.‹ ›Möcht' wissen warum?‹ protestierte ihre Vertraute Marga; Lizzie lächelte überlegen. ›Ich will es dir sagen, du Schäfchen, weil sie viel zu jung ist, um auch nur einigermaßen Praxis zu haben.‹ Lizzies Ansicht sollte sich bald als falsch erweisen. Trude, die sonst so ruhige Buchhalterin, stürzte aufgeregt ins Zimmer. ›Kinder, wie alt ist wohl die Neue?‹ ›Höchstens 18 Jahre!‹ ›Hat sich was‹, platzte Trude heraus, ›eben habe ich ihre

Steuerkarte bekommen, dreißig wird sie!‹ ›Ich muß rauskriegen, wie sie das macht‹, sagte die verblüffte Lizzie mit entschlossenem Gesicht. Der Zufall kam ihr zu Hilfe. Als sie eines Tages das Büro verließ – nur die Neue arbeitete noch beim Chef drinnen –, fiel ihr auf der Straße ein, daß sie etwas vergessen hatte. Rasch kehrte sie um und traute ihren Augen kaum, als sie beim Eintreten gerade sah, wie sich die ›Neue‹ das Gesicht einrieb. Vor ihr stand eine Cremedose. Deutlich las Lizzie: ›Marylan-Creme‹. Nun war das Geheimnis der ›Neuen‹ heraus. Unter dem Siegel tiefster Verschwiegenheit erzählte Lizzie es am nächsten Morgen ihren aufhorchenden Kolleginnen: ›Sie benutzt Marylan-Creme.‹ Obgleich es offensichtlich war, daß der Chef die ›Neue‹ bald in jeder Hinsicht bevorzugte, wirkte es doch wie eine Bombe, als eines Tages die ›Neue‹ nicht im Büro erschien. Aber ein Kärtchen kam durch die Post an das Personal, der Chef kündigte darin seine Verlobung mit ihr an. Aus der ›Neuen‹ wurde bald die ›Frau Chef‹. Alle hatten sie gern, denn der neuen Frau Chef verdankten sie doch die frohe Erkenntnis, daß ein jugendfrisches, blühendes Aussehen durch Marylan-Creme zu erreichen ist.«[24] So einfach war das also. Man mußte nur die richtige Creme benutzen.

Das Verhältnis mit dem Chef

Sexuelle Avancen der männlichen Vorgesetzten gehörten ebenso unvermeidlich zur Büroarbeit wie das Tippen und Stenographieren. In keinem Angestelltenroman fehlen entsprechende Schilderungen. Mehr oder weniger freudig ließen sich die jungen Bürodamen auf ein Verhältnis mit dem Chef ein, das, anders als es in einschlägigen Filmen selbstverständlich war, selten genug zu einer Ehe geführt haben mag. Aber auch ohne Heiratsaussichten versprach das Eingehen auf seine Wünsche immerhin eine Vorzugsstellung im Büro und materielle Vorteile. Außerdem hätte man sich, ohne seine Stellung zu gefährden, nicht gut zieren können. Die erfahrene Gilgi bringt es auf den Punkt: »Auf die Arbeitgeber ist man nun mal angewiesen, und ganz ohne Mätzchen ist ihnen nicht beizukommen. Können allein entscheidet nicht, Mätzchen allein entscheiden nicht – beides zusammen entscheidet meistens.«[25]

Nicht jede besaß die Souveränität einer Gilgi. Wie es so mancher tugendsamen Bürgertochter, die zum Broterwerb gezwungen war, in der schwülen Atmosphäre der Büros ergangen sein mag, schildert Christa Anita Brück in ihrem Roman *Schicksale hinter Schreibmaschinen* (1930). Offenbar eigene Erfahrungen verarbeitend – nicht zufällig heißt die Heldin Fräulein Brückner –, erzählt die Autorin vom bedrückenden Berufsalltag der Büroangestellten. Fräulein Brückner, die aus guter, aber verarmter Familie stammt, schlägt sich mit verschiedenen Jobs mühsam durchs Leben.

Gleich zu Anfang rät ihr ein wohlmeinender Kollege, doch zu heiraten, um damit ihre beruflichen Probleme ein für alle Male zu lösen. Offenbar steht aber kein Kandidat bereit, Fräulein Brückner muß Geld verdienen. Ihr sehnlichster Wunsch ist eine qualifizierte, gutbezahlte Stellung, die ihr der Filmverleih Murawski zu bieten scheint: »Ich sehe Möglichkeiten…: Eine leitende Stellung, eine verantwortliche Arbeit, ein Verdienst, der mich aller Sorgen enthebt.« Nur allzu bald muß sie dann erkennen, daß Murawski das hohe Gehalt nicht nur für die Arbeit bezahlt. Er erwartet auch sexuelle Willfährigkeit von seinen weiblichen Angestellten.

Mit großer Mühe verteidigt Fräulein Brückner zunächst ihre »Frauenehre« vor den Nachstellungen ihres Chefs, den sie schlicht ekelhaft findet. »Murawski umgiert mich wie ein hungriger Wolf. Stets tritt er einen Schritt zu nah an mich heran. Wo immer es sich ermöglichen läßt, streift er mich. Nie entgeht mir die Berührung seiner Finger, wenn ich ihm etwas reiche. Er atmet mich ein, wenn ich mit ihm spreche, er macht mir plumpe Komplimente und starrt mit lidverhangenem Blick auf meinen Mund… Meine Spannkraft bleibt darauf gerichtet, wie ich Murawski entgehe, für die Arbeit bleibt ein zerrütteter Rest.«

Angesichts des desolaten Stellungsmarktes hält Fräulein Brückner durch, bis sie beinahe von ihrem Chef vergewaltigt wird. Fluchtartig verläßt sie die Firma. Nach langer und zunehmend verzweifelter Suche findet die angeschlagene Heldin eine Stelle bei einem Mehlgroßhandel, wo sie nun ununterbrochen Frachtbriefe tippen muß. Da sie auch in dieser Firma vor Nachstellungen nicht sicher ist, der Seniorchef läßt immer mal – wie zufällig – seine Hand in ihren Ausschnitt gleiten, begibt sie sich erneut auf Stellungssuche, inzwischen ziemlich desillusioniert über ihre beruflichen Möglichkeiten als Frau: »Vielleicht gibt leicht gibt es Berufe, in denen nicht der erotische Wert einer Frau über ihr Fortkommen entscheidet, wo dieser Punkt überhaupt nicht mitspricht. Irgendwie wird der Weg der Frau wohl immer, sofern ihre Arbeit dem Manne untersteht, bestimmt sein durch ihr sexuelles Gepräge, gefördert oder erschwert.« Eine zunächst vielversprechende Anstellung bei einem Universitätsinstitut endet mit der Kündigung der physisch und psychisch völlig zerrütteten Heldin. Sie war das Opfer einer Rivalität unter ihren beiden Chefs geworden.

Etwas unbefriedigend endet der Roman mit einem Erholungsaufenthalt Fräulein Brückners in ihrer masurischen Heimat, wo sie im Einklang mit der Natur neue Kraft schöpft. Der emanzipatorische Impetus der Heldin, ihr Wunsch nach einer befriedigenden Arbeit, ist zerbrochen. Sie sieht ein, daß ein solches Glück nur »Sonntagskindern und Ausnahmemenschen« beschieden sein kann.[26]

Vergnügungssucht

Aus der Leere des Berufsalltags flohen die jungen Angestellten geradezu in die Freizeit. Es galt nicht länger als anstößig, daß Frauen selbst ohne männliche Begleitung ausgingen. So bevölkerten Scharen von Verkäuferinnen und Stenotypistinnen nach Feierabend ungeniert Kinosäle, Tanzcafés und Sportclubs. Vielleicht trafen sie hier den Mann fürs Leben: »In der Zeit nach dem Ersten Weltkrieg war ich viel tanzen. Mit neunzehn Jahren ging ich in die Tanzstunde und danach oft auf Bälle oder zum Tanztee ins ›Bristol‹ oder ins ›Marmorhaus‹ [Lokale in Berlin]. Als die Sozialdemokraten drankamen, konnten wir schon nachmittags um fünf zum Tanzen gehen, weil die Arbeitszeit geändert wurde. Es gab den Achtstundentag... Ich ging meistens mit Freundinnen tanzen... Meinen Mann lernte ich auch bei einem Fünf-Uhr-Tee kennen. Er tanzte sehr gut, das gefiel mir«, so erinnert sich eine Berliner Bankangestellte.[27]

Angestellte waren, wie bereits berichtet, die eifrigsten Kinogängerinnen. Auch die Verlage entdeckten die berufstätige junge Frau als Konsumentin. Spezielle Frauenmagazine wie *Die Dame* oder *Scherl's Magazin* wurden auf die Interessen der Angestellten zugeschnitten. Neues Make-up oder die aktuelle Mode waren hier wichtige Themen. Nicht zuletzt vermittelten diese Magazine der Masse der kleinen Angestellten gezielt das Gefühl, zur besseren Gesellschaft zu gehören.

Die Fabrik: »…eine moderne, gerade für diesen Zweck eingerichtete Folterkammer«

»Schuften, schuften, schuften – und niemals wissen warum!« Ein solcher Grundtenor schwang in Berichten von Textilarbeiterinnen mit, die an einem Preisausschreiben ihrer Gewerkschaft teilnahmen. Zwei Funktionärinnen des Deutschen Textilarbeiter-Verbandes waren auf den Gedanken verfallen, mit diesem Preisausschreiben Arbeiterinnen zu ausführlichen Beschreibungen eines Arbeitstages und eines Wochenendes zu animieren, um auf die erschreckende Lage gerade der Frauen in der Industrie aufmerksam zu machen. Gleichzeitig sollten die Betroffenen selbst zu Wort kommen.[28]

Offenbar empfanden die Frauen ihre Arbeit als äußerst mühselig und anstrengend. Auf den Punkt gebracht: »Um 7 Uhr beginnt die Fron fürs Kapital. Sechstage-Rennen im Volksmund genannt.« Eine 55jährige Trikotweberin erklärt: »Früher war es besser, da hatte man nur 3 bis 4 Maschinen und jetzt müssen wir fast die doppelte Zahl bedienen. In der ganzen Trikotbranche ist nirgends so rationalisiert worden wie in der Weberei. Man muß den ganzen Tag schuften, wenn man was verdienen will. Selten sind meine Oberarme und Schultern frei von blauen Flecken, weil man sich in der Eile immer an den Maschinen stößt.«[29]

Wie wenig hergeholt das Wort vom »Sechstage-Rennen« war, das läßt sich aus Berechnungen einer Gewerbeaufsichtsbeamtin leicht ersehen: Eine Spinnerin etwa mußte im Laufe eines neunstündigen Arbeitstags durchschnittlich reichlich 20 km zurücklegen.[30]

Mehr denn je mußten sich Arbeiterinnen und Arbeiter abhetzen, selbst um nur den Mindestlohn zu verdienen. Wie die Akkordlöhne festgesetzt wurden, ließ sich die Psychologin Lisbeth Franzen-Hellersberg von einer jungen Arbeiterin genauestens erzählen: »Soll eine neue Maschine eingeführt werden, so geht der Meister durch den Saal mit einer Stoppuhr und kontrolliert, was jede einzelne Arbeiterin leistet. Ist eine besonders flink, dann lobt er sie und sie strengt sich daraufhin noch mehr an. Nun gibt er ihr die Arbeit an der neuen Maschine und einige Tage Zeit um sich einzuarbeiten. Er spricht oft mit ihr und macht ihr Mut. Das Mädchen strengt sich an und leistet, was sie nur kann. Oft erreicht sie in kurzer Zeit eine Stückzahl, die später nur von wenigen Arbeiterinnen erreicht wird. Nach ihrer Leistung wird der Akkord festgesetzt. Warnen andere Mädchen vor zu großer Eile bei der Arbeit, so findet dies oft kein Gehör. Der Eindruck, den ihr der Werkmeister macht, ist stärker und bestimmt ihren Eifer, über die Auszeichnung ist das Mädchen sehr erfreut. Eine besondere Belohnung außer reichlich Lob bekommt sie nicht.«[31]

Die Arbeitsplätze in den dunklen, lauten und schlecht gelüfteten Fabriksälen waren nicht gerade dazu angetan, die Lust an der Arbeit zu erhöhen. Nach dem Weltkrieg waren Produktionsstätten nicht selten mehr oder weniger provisorisch, denn die Unternehmer scheuten wegen der Inflation teure und langfristige Investitionen. Dabei dachten sie zuletzt an die Gesundheit oder gar den Komfort ihrer Arbeiter und Arbeiterinnen. Entstaubungs- oder Entlüftungsanlagen waren entsprechend selten anzutreffen.

Wie es sich unter solchen Bedingungen arbeitete, erzählt eine völlig entnervte Weberin: »Der Betrieb ist erreicht, die Träumerei weicht der harten Wirklichkeit. Der widerliche Geruch von Dampf, Staub, Oel, Leim usw. legt sich sekundenlang wie ein Alp auf meine Sinne, die Sonne ist hier kaum Gast – dafür Staub, der wie ein grauer Pelz alles umhüllt… Die Glocke tönt – langsam erst, dann immer schneller drehen sich die Räder, Riemen schleifen, dann setzt der erste Webstuhl ein, ein zweiter usw. Es wird ein Lärm, der die Nerven tötet, Schützen fliegt nach Schützen. – Faden reiht sich an Faden zu Zentimetern und Metern feinem Tuch, für Herren – die nicht einmal ahnen, wie mühevoll die Arbeit ist. Das Flimmern der Fäden, die blanken Litzen haben mein Augenlicht stark geschädigt. Der Lohn ist niedrig, die Kette besonders schlecht, acht Stunden laufe ich bald vor, bald hinter den Stuhl, einmal wird dieser Dauerlauf unterbrochen, ½ 11 Uhr zur Pause.«

Gesundheitsschädigungen blieben angesichts der desolaten Verhältnisse am Arbeitsplatz nicht aus, worunter Frauen noch mehr als die Männer zu leiden hatten. Eine junge Teppichweberin beschreibt die Lage in ihrem Betrieb: »Die Arbeit ist nicht schwer, aber sehr ungesund. Es dauert keine Stunde und man ist mit einer dicken Schicht Staub und Garnfasern bedeckt, die sich natürlich auch in Hals und Lunge festsetzen. Niesen, Husten, Appetitlosigkeit oder Magenbeschwerden sind tägliche Folgeerscheinungen. Bis jetzt fehlte jede Art von Luftreinigung... Die Winden an den Maschinen laufen unten, so daß man sich fortwährend bücken muß. Dies ist natürlich für die inneren Organe der Frau, vor allem für Schwangere, sehr schädlich. Ein großer Teil der Arbeiterinnen ist daher immer krank, oft sogar arbeitsunfähig.«[32]

Als größte sozialpolitische Errungenschaft der Novemberrevolution wurde 1918 für Arbeiter und 1919 für Angestellte der Achtstundentag eingeführt. Die Freude daran währte nur kurz. Bereits im Oktober 1923 wurde der Achtstundentag auf Drän-

Modistinnen in einer Hutmacherei; Frauen mußten unter schier unerträglichen Bedingungen arbeiten.

gen der Wirtschaft wieder beseitigt. Er galt zwar noch offiziell, aber eine Vielzahl von Ausnahmebestimmungen machten ihn faktisch zunichte. Es wurde also wieder länger gearbeitet in Deutschland. Die Textilarbeiterinnen etwa kamen durchschnittlich auf eine Tagesarbeitszeit von acht Stunden und 45 Minuten, wobei von montags bis freitags voll und am Samstag halb gearbeitet wurde. Normalerweise mußten die Arbeiterinnen morgens um 7.00 Uhr im Betrieb sein und konnten um 17.00 Uhr nach Hause gehen. Üblich waren eine viertelstündige Frühstückspause und eine Mittagspause von einer Stunde.

Damit die Maschinen nicht stillstanden, gab es bisweilen auch keine Frühstückspause. »Das Frühstück wird über der Arbeit eingenommen, doch ißt man dauernd Wolle mit, welche sich an Händen, an der Schürze und überall anhängt.« In manchen Betrieben war auch eine sogenannte Wechselpause üblich, wobei man umschichtig frühstückte. In der Zwischenzeit – versteht sich – hatten die anderen die Arbeit der pausierenden Kollegin mitzuerledigen.

Weder waren – selbst bei großen Betrieben – Kantinen oder Eßräume eine Selbstverständlichkeit, noch angemessene sanitäre Anlagen. Die »Abortfrage« erboste so manche Arbeiterin besonders: »In unserem Saal stehen für eine überwiegend große Zahl von weiblichen Arbeitern nur zwei Aborte zur Verfügung. Und dann im Sommer oft die Düfte, die von den Aborten durch den Saal ziehen, da die Türen schlecht schließen. Das spottet oft jeder Beschreibung.« Im Extremfall benutzten Arbeiterinnen mangels anderer Möglichkeiten sogar »die Spülung des Abortes als Waschgelegenheit«.[33]

Weniger Geld für gleiche Arbeit

Vergeblich kämpften Gewerkschafterinnen gegen die Benachteiligung der erwerbstätigen Frauen an, die selbst bei gleicher Tätigkeit stets schlechter entlohnt wurden als ihre männlichen Kollegen. In der Diskussion um die Lohndiskriminierung verwiesen deren meist männliche Verfechter auf die biologischen Unterschiede zwischen den Geschlechtern.[34]

Frauen, hieß es, hätten geringere Körperkräfte, eine schwächere Konstitution, seien krankheitsanfälliger und damit insgesamt weniger leistungsfähig. Dabei vergaß man gern, daß Muskelkraft bei Frauen gar nicht so sehr gefragt war. Sie arbeiteten schließlich vorrangig in Industrien, in denen es nicht in erster Linie auf physische Kraft ankam. Die Chefs zeigten sich jedenfalls durchaus zufrieden mit der Leistungsfähigkeit ihrer weiblichen Arbeitskräfte. Die AEG-Direktion äußerte sich zu dieser Frage: »In unseren Betrieben werden Frauen in großer Anzahl und mit bestem Erfolg zu verschiedenartigsten Beschäftigungen herangezogen. Wir vermeiden es natürlich, sie da zu beschäftigen, wo besondere körperliche Kräfte beansprucht werden. Aber die Leistungen der Frauen entsprechen jedenfalls auf allen Gebieten, wo sie bei uns Verwendung finden, denen der Männer. Vielfach wird bemerkt, daß von Frauen Arbeitsanweisungen zuverlässiger und genauer eingehalten werden, als dies bei Männern der Fall ist.«[35]

Weitverbreitet war auch die Auffassung, daß die Schutzge-

Frauen stehen Männern in nichts nach: eine Tischlerin mit Gesellenstück

setze für Arbeiterinnen, wie zum Beispiel das Nachtarbeitsverbot, die Lohndifferenz rechtfertigten. Schließlich seien Frauen dadurch weniger einsatzfähig. In der Praxis kam der Frauenarbeitsschutz allerdings so wenig zum Tragen, daß sich auch dieses Argument als hinfällig erweist. Unternehmer konnten ohne große Schwierigkeiten eine Aufhebung der Schutzbestimmungen erreichen. Und die Arbeiterinnen selbst nahmen die ihnen zustehenden Rechte keineswegs immer in Anspruch.

Ferner führte man gegen die gleiche Entlohnung ins Feld, daß Frauen weniger qualifiziert seien und deshalb mit weniger Lohn zufrieden sein müßten. In der Tat hatten wesentlich weniger Frauen als Männer eine Berufsausbildung. Gingen doch viele Eltern und auch die jungen Mädchen selbst davon aus, daß sich eine Ausbildung für künftige Ehefrauen und Mütter nicht lohnte. Trotzdem war aber »durchaus nicht einzusehen, warum die schlecht vorgebildete Frau einen anderen Lohn beziehen soll als der schlecht vorgebildete Mann«.[36] In Wirklichkeit ging es gar nicht um die Berufsqualifizierung, denn selbst eine qualifizierte Frau verdiente weniger als der unqualifizierte Mann. Das war nur eins der vielen Pseudo-Argumente in dieser Diskussion.

Schließlich wurden die Apostel der Lohndifferenz nicht müde zu behaupten, die Männer verdienten einen »Familienlohn«, Frauen nur einen »Individuallohn«. Männer müßten also auch noch ihre Angehörigen ernähren, während die Frauen nur sich selbst unterhalten müßten. Dann hätten allerdings alleinstehende Frauen mit Kindern auch Anspruch auf den höheren Lohn gehabt, und entsprechend hätten ledige Männer weniger verdienen müssen. Das war natürlich nicht der Fall. Unter zynischer Verleugnung der sozialen Gegebenheiten – seit dem Weltkrieg mußten viele Frauen Familienangehörige versorgen – wurde der niedrigere Frauenlohn lediglich als Zuverdienst definiert. Schließlich hätten Frauen ja auch weniger Ausgaben für Wäscherei, Tabak und Alkohol.

Keine der Begründungen für die Lohndifferenz hält einer näheren Prüfung stand. Vielmehr war die Benachteiligung der Frauen – mit allen materiellen und psychologischen Konsequenzen – Ausdruck der traditionellen Geringschätzung der Frau und ihrer Tätigkeit. In einer Art Teufelskreis bestärkte die niedrigere Entlohnung der Arbeiterin ihr »drückendes Gefühl der Minderwertigkeit«.[37] Das machte wiederum eine duldsame und passive Haltung gegenüber der eigenen Diskriminierung wahrscheinlich.

Waren die Frauenlöhne schon zu Beginn der zwanziger Jahre niedrig – und immer geringer als die der Männer –, so sanken sie im Zusammenhang mit der 1929 ausbrechenden Weltwirtschaftskrise – wie alle Löhne – noch einmal erheblich. Durch den realen Lohnrückgang – die Preise sanken nicht – und die hohe Arbeitslosigkeit oder Kurzarbeit gerieten viele Arbeiterhaushalte in Not. Das schon vor Ausbruch der Krise meist knappe Familieneinkommen reichte kaum mehr für die Befriedigung der Grundbedürfnisse aus. Eine 45jährige Textilarbeiterin klagt bereits 1928, als die wirtschaftliche Lage noch relativ gut war: »Es macht mir immer viel Sorge, alle Tage etwas zu kochen. Soviel ich auch rechne, immer langt das Geld nicht. Dabei kommt Fleisch, erst gar gute Butter, fast nicht mehr auf den Tisch. Der Kapitalist wischt sich mehr von der Gusche weg, als wir Textilarbeiter reinstecken können.«[38]

»Wir haben keinen Beruf, wir haben Arbeit.«

Verständlicherweise hielt sich die Freude an der Arbeit bei den meisten Frauen in Grenzen angesichts der miesen Arbeitsbedingungen, der niedrigen Löhne und langen Arbeitszeiten. Allenfalls waren die Arbeiterinnen froh, wenn alles gut lief, und stolz darauf, daß sie die Maschinen perfekt beherrschten. Bei einer Fragebogenaktion unter jungen Wollspinnerinnen äußerte sich eine Arbeiterin dazu folgendermaßen: »Selbständige Bedienung einer Maschine, herausholen aus derselben, was möglich ist... Die Mädchen sind mit ihrer Maschine ganz verwachsen... Es wurde hier schon mal der Satz geäußert, sie lieben ihre Maschine mehr als ihren Bräutigam.«[39]

Vielfach wurde die Arbeit allerdings ganz anders empfunden. In ihren Erzählungen vergleichen Arbeiterinnen die Fabrik mit einem Gefängnis oder einem Käfig, in dem sie gleich einem Vogel gefangen saßen. Eine schon etwas ältere Weberin beschreibt ihren Arbeitstag: »Um halb sechs klingelt der Wecker, weckt mich im besten Schlaf. Ein Grauen geht über mich. Um sieben Uhr fangen wir an. Zuerst müssen wir die Webstühle abdecken und das Papier aufräumen. Nun geht es an ein Schlegeln der

Stühle. Es werden große Anforderungen an mich gestellt. Den ganzen Tag bin ich angespannt, damit ich einwandfreie Ware fertigbringe. Meine Arbeitszeit ist acht Stunden... Es kommt mir manchmal vor, als ob ich ein Sträfling bin.«[40]

Nicht weil sie berufstätig sein wollten, sondern weil sie Geld verdienen mußten, gingen die Frauen in die Fabriken. Die jungen Mädchen betrachteten ihre Erwerbstätigkeit nur als ein Übergangsstadium bis zum »glücklichen Einlaufen in den Hafen der wahren Lebensbestimmung«.[41] In der Bildungsarbeit tätige Frauen, die sich um eine bessere Mädchenbildung bemühten, stießen bei den jungen Arbeiterinnen mit ihren Vorstellungen häufig auf Unverständnis. Daß sie sich durch eigene Berufstätigkeit auch von traditionellen Rollenmustern befreien könnten, war den Mädchen nicht sogleich einsichtig. Die Psychologin Lisbeth Franzen-Hellersberg klagt, daß ihnen erst »mit Mühe klargemacht werden« müsse, »daß der Wert der Arbeit nicht allein im Geldverdienst zu liegen braucht«. Es sei »auch immer wieder erstaunlich«, schreibt Frau Franzen-Hellersberg weiter, »was man erlebt, wenn man... nach dem ›Beruf‹ der Arbeiterin fragt. Sie sieht erstaunt auf und bringt dann schüchtern vor: ›Wir haben keinen Beruf, wir haben Arbeit.‹«[42]

Anders als die Angestellten blieben die Arbeiterinnen auch noch als Verheiratete erwerbstätig. Häufig genug zwang sie der geringe Lohn des Mannes dazu. Wiener Arbeiterinnen, die im Jahr 1931 zu diesem Problem befragt wurden, äußerten sich eindeutig: 85 % wollten sofort aufhören mit dem Arbeiten, wenn sie durch den Ehemann oder Vater versorgt würden.[43]

»Wir sind doppelt eingespannt...«

Mehr denn je mußten selbst Mütter von kleinen Kindern arbeiten gehen. 1922 hatten immerhin fast 60 % der Textilarbeiterinnen Kinder unter 14 Jahren zu versorgen. Sie stöhnten unter der Doppelbelastung bzw. Dreifachbelastung, die Haushalt, Kinder und Fabrikarbeit mit sich brachten. Auf Kosten ihrer eigenen Freizeit und Erholung versuchten sie, sämtliche Pflichten gleichermaßen zu erfüllen, was ihnen meist nicht recht gelingen wollte und häufig mit völliger physischer und psychischer Erschöpfung endete.

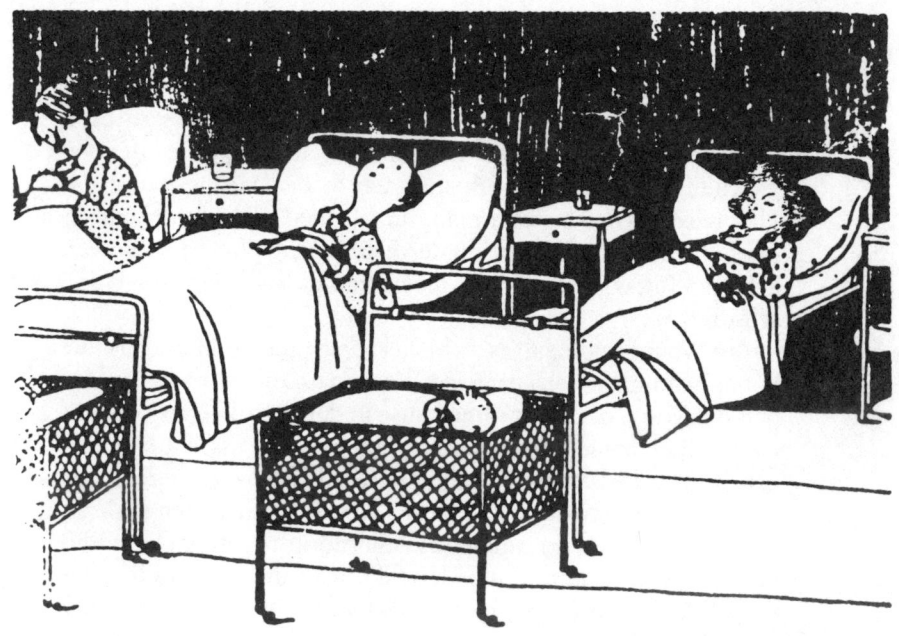

»Das Schöne hat man, wenn man Mutter wird, daß man mal in ein anständiges Bett zu liegen kommt.«

Alltag und Wochenende waren von nie enden wollender Arbeit bestimmt; die Frauen berichten von 16-, 17-, sogar 18stündigen Arbeitstagen. Ein Beispiel für viele: »Mein Arbeitstag in der Fabrik (bin Weberin) beginnt früh 7 Uhr bis 5.30 Uhr abends, mit 1 ½stündiger Mittagspause. Der eigentliche Arbeitsbeginn ist meistens schon 5 Uhr, denn erst muß man doch ein bißchen Ordnung schaffen in der Wohnung, Frühstück, und meist auch schon zu Mittag kochen, Kinder wecken, die Kleinsten erst noch zur Spielschule oder in Pflege bringen. Kaffeekannen füllen, Brot schneiden und dann meistens hetzen wie toll, um pünktlich um 7 Uhr zur Arbeitsstelle zu sein. Wie oft kommt man doch mal etwas zu spät, natürlich in Angst und Schweiß gebadet; die Herren Beamten im Kontor haben ja keine Ahnung, was unsereiner bis 7 Uhr schon zu Haus geschuftet hat und wie müde man schon ist, wenn das Brotverdienen erst anfängt. Ich bediene drei Stühle, und es ist den ganzen Tag ein Hetzen und Jagen. Gegenwärtig ist so schlechtes Material, daß man mittags lieber ruhen als essen möchte.

Wenn ich am Mittag nach Hause komme, dann heißt's erst recht dalli dalli. Zum Glück habe ich Gas, aber Hunderte von Kolleginnen haben diese Wohltat immer noch nicht. Wenn ich mir aber nicht am Abend oder Morgen schon etwas zurecht- oder weichkochen möchte, würden wir selten Gemüse oder dergleichen essen können. Oft muß ich in der Mittagspause den Flur wischen usw., wenn man am Morgen nicht fertig wurde. Ich habe das Glück, nahe an der Fabrik zu wohnen; ... So vergeht ein Tag wie der andere, im ewigen Einerlei. Hetzen, jagen, schuften.«

Am Wochenende sah es nicht viel besser aus: »Für mich ist der Sonnabend (das vielgepriesene Wochenende) erst recht zur Arbeit da. Von 7 bis 1 Uhr ohne Pause in der Fabrik, meistens sehr abgespannt nach Hause, dann schnell etwas essen und dann geht's eben los. Erst die Wohnung ein bißchen saubermachen und da gibt es gewöhnlich sehr viel zu tun, denn an den anderen Arbeitstagen wird nur immer das allernötigste getan. Dann Einholen für den Sonntag, zum Fleischer, Konsum, Gemüsehändler usw. Der Abend ist da, man weiß nicht wie. Jetzt wird Feuer gemacht, dann wird gebadet in einer Wanne von ungefähr 20 Litern. Wer soll sonst dauernd zwei Treppen Wasser herauf- und herunterschleppen, da wird eben gespart...« [44]

So sehr sie sich auch abmühten, allen Anforderungen konnten die erwerbstätigen Mütter nicht gerecht werden. Viele quälte ein schlechtes Gewissen gegenüber ihren Kindern, um die sie sich nicht ausreichend kümmern konnten. »So geht das Jagen und Hetzen fort von Woche zu Woche, von Monat zu Monat, und mein Verdienst ist doch so nötig, weil es sonst zum Leben nicht reicht. Somit müssen die Kinder die Mutterliebe so sehr entbehren«, klagt eine 44jährige Textilarbeiterin mit drei Kindern. Eine andere Mutter berichtet: »Den Bub muß ich erst mal abdrücken, anders tut er's nicht. Das Mädel versteht das schon, daß die Mutti dazu eigentlich keine Zeit hat.« [45]

Kindergärten und Kinderhorte gab es in vielen Orten nicht oder nicht in ausreichender Anzahl. Deshalb blieben Kinder häufig sich selbst überlassen, wenn die Eltern arbeiteten. Sozialdemokratinnen forderten vergeblich die bedarfsdeckende Einrichtung von Kindergärten als »unbedingte Konsequenz der Erwerbstätigkeit der Mütter«. [46]

Aber auch ohne Kinder hatten die erwerbstätigen Frauen genug um die Ohren, da sie in der Regel die Hausarbeit allein bestritten, die sehr anstrengend und zeitraubend war. Natürlich konnten sich Arbeiterfrauen keine Dienstmädchen, Waschfrauen oder Kinderfräulein leisten, und die Ehemänner, die im Haushalt mithalfen, bildeten eher die Ausnahme. Ihr Otto, so berichtet eine Textilarbeiterin, habe »an häuslichen Arbeiten keine große Freude«. Frauen, die einen »einsichtigen« Mann erwischt hatten, der sich an der Hausarbeit beteiligte, hatten Glück. In der Regel blieb diese Arbeit jedoch an den Frauen hängen, während die Männer, wie der oben zitierte Otto, »nur für Politik und Gewerkschaftliches« Interesse fanden.

Wegen der Rollenaufteilung zu Hause, die im übrigen auch für im Haushalt lebende Kinder galt, engagierten sich verhältnismäßig wenige Frauen in Parteien und Gewerkschaften. Da es »leider noch Männer gibt, welche ihre Frau schon mehr als Dienstmädchen betrachten anstatt als Lebensgefährtin«, fehle den Arbeiterinnen »die Zeit und die Lust zur Mitarbeit« in der Gewerkschaft, meint eine Betriebsratsvorsitzende.[47]

Da an der traditionellen Rollenverteilung zwischen Männern und Frauen kaum gerüttelt wurde, gab es für die meisten erwerbstätigen Frauen keine Möglichkeit, ihrer Doppelbelastung zu entkommen. Als Konsequenz verzichtete so manche junge Frau lieber gleich auf Kinder. »Wohl habe ich selbst manchmal Sehnsucht nach einem Kinde, aber bei allen diesen Gedanken schreit etwas in meiner Seele – das heißt – nein, ich will kein Kind, daß ich es morgens 6 Uhr aus seinem gesunden Schlaf reiße, daß ich es tagsüber Fremden überlasse, daß ich mich abends nicht um das Kind kümmern kann, daß ich es sobald wie möglich ins Bett lege, daß es mich nicht bei der so nötigen Arbeit im Hause stört und hindert. Wir Frauen sind zur Erwerbsarbeit gezwungen, wir dürfen nicht den Wunsch haben, ein Kindchen zu hegen und zu pflegen und es zu betreuen.«[48]

Der Zusammenhang zwischen der Frauenerwerbstätigkeit und der deutlich zurückgehenden Geburtenzahl sorgte in der Weimarer Zeit für eine starke Beunruhigung in konservativen Kreisen. Man sah des Volkes Wachstum in Gefahr. Entsprechend wurde gefordert, zur Erhaltung eines »gesunden Volkskörpers« den Schutz der Mutter und ihrer Gebärfähigkeit vor alle wirtschaftlichen Interessen zu stellen.

Gedanken dieser Art mündeten nicht nur in die gegen

erwerbstätige Ehefrauen gerichtete Doppelverdienerkampagne. Sie verbanden sich auch mit von nationalsozialistischen Ideologemen nicht weit entfernten »rassenhygienischen« Vorstellungen. Solange man noch nicht auf die weibliche Industriearbeit verzichten könne, schreibt R. Hofstätter, Dozent für Medizin und führendes Mitglied der Deutschen Gesellschaft für Rassenhygiene, in seinem 1929 erschienenen Werk *Die arbeitende Frau*, solle man diese nur den »zur Mutterschaft Mindertauglichen« überlassen. »Die Besten würden für die Fortpflanzung ihrer Qualität gewählt, den Minderwertigen wäre sie unmöglich gemacht.«

In den »Leitsätzen der Deutschen Gesellschaft für Rassenhygiene« von 1922, die Hofstätter im Anhang seines Buches publizierte, sind diese Vorstellungen präzisiert: »Eine Erweiterung der Eheverbote aus rassenhygienischen Gründen ist für eine spätere Zukunft anzustreben, erscheint aber vorläufig noch nicht durchführbar... Um die Fortpflanzung unsozialer oder sonst schwer entarteter Personen zu verhüten, sollte deren Absonderung in Arbeitskolonien... schon heute gesetzlich in Angriff genommen werden.«[49]

Die – oft genug ungewollte – Schwangerschaft bedeutete eine weitere Belastung der erwerbstätigen Frauen. Zu der körperlichen Anstrengung kam noch die Angst vor dem Verlust des Arbeitsplatzes. Viele Arbeiterinnen versuchten deshalb, ihre dem Arbeitgeber gegenüber meldepflichtige Schwangerschaft so lange wie möglich zu verbergen. Sie trugen zum Beispiel sehr eng geschnürte Korsetts. Erst das relativ fortschrittliche Mutterschutzgesetz von 1927 schützte die Schwangeren vor Kündigung. Außerdem wurden die Schutzfristen verlängert: Bisher durfte die Frau sechs Wochen nach der Niederkunft nicht arbeiten, nun konnte sie auch schon sechs Wochen vorher aufhören zu arbeiten.

Allerdings war es der werdenden Mutter freigestellt, ob sie von diesem Recht Gebrauch machen wollte. Viele taten das nicht, weil sie sich den Verdienstausfall schlicht nicht leisten konnten. Das Wochengeld, das die Frau während der Schutzfrist erhielt, lag nämlich deutlich unter dem Durchschnittslohn. Andererseits konnte sie, wenn sie bis zur Geburt arbeitete, neben ihrem Lohn noch zusätzlich die Hälfte ihres Grundlohns von der Krankenkasse kassieren. Ein im schlesischen Textilbezirk tätiger Frauenarzt machte die Beobachtung, daß etwa ein Viertel aller schwangeren Textilarbeiterinnen bis zum Tage der Niederkunft ihrer gewohnten Beschäftigung nachgingen und mehr als die Hälfte ihre Arbeit erst innerhalb der letzten fünf Tage vor der Niederkunft aufgaben.

Angesichts der Notlage, die viele hochschwangere Frauen bis zum letzten Tag in die Fabrik trieb, lesen sich die Argumente gegen den Schwangerenschutz, die von Ärzten für eine Broschüre des Textilunternehmerverbandes zusammengestellt wurden, wie Hohn und Spott. Nicht zu arbeiten sei geradezu schädlich für die Frau und das Ungeborene. In diesem Fall müsse die Schwangere eine »Erschlaffung der Gebärmuttermuskeln und

Schwangere schufteten bis zum letzten Tag.

eine Erschwerung der Geburtstätigkeit in Kauf nehmen«.[50] Außerdem kämen Arbeiten, die größere körperliche Anstrengungen erforderten, in der Textilindustrie ohnehin nur vereinzelt vor.

Berichte von betroffenen Frauen strafen diese schönfärberischen Darlegungen Lügen. Ein Laie könne sich gar nicht vorstellen, »wie das kaputt macht«, wenn sie den ganzen Tag über dem Webstuhl liegen und Fäden einziehen müsse, erzählt eine schwangere Textilarbeiterin. »Wir müssen viel auf einem Bein stehen, ein Grund vielleicht dafür, daß schwangere Kolleginnen meist über geschwollene Füße klagen.«[51] Für schwangere Frauen war die Fabrikarbeit, bei der sie sich vielfach stark bükken und strecken, schwer heben und ihren Körper gegen die Maschine pressen mußten, noch aufreibender, als sie es ohnehin schon war.

Gesundheitliche Schäden blieben nicht aus: »Eine bis in die Schwangerschaft und vor allem bis zum Ende der Schwangerschaft fortgesetzte, an der Grenze der für die Frau möglichen Arbeitsleistung liegende Körpertätigkeit führt zur Schädigung des mütterlichen Organismus und in zweiter Linie zu Schädigungen des Fötus. Bei der Mutter sind es vor allen Dingen allgemeine Erschöpfungszustände, mittlere Grade von Blutarmut, Verdauungsstörungen, Kreislaufstörungen usw., die schließlich zum vollständigen Zusammenbruch sämtlicher Funktionen führen können.«[52]

Kein Wunder, daß es bei Arbeiterinnen viel häufiger zu Fehl-, Früh- und Totgeburten sowie Störungen während der Geburt und des Wochenbetts kam, als dies bei bessergestellten Frauen der Fall war. Auffällige Unterschiede in dieser Hinsicht registrierte beispielsweise die Ortskrankenkasse Leipzig. Bei den Pflichtmitgliedern kamen 15,5 Fehlgeburten auf 100 Wochenbetten, bei den meist wohlhabenderen freiwilligen Mitgliedern waren es nur 2,3. Hinter der hohen Fehlgeburtenrate könnte sich auch die eine oder andere Abtreibung verbergen. Anders lassen sich die vorliegenden Zahlen kaum erklären. In einer Berliner Fabrik wurden 1928 insgesamt 724 Fehlgeburten, aber nur 148 Lebendgeburten registriert.

Frauen machen Politik

…haben zwar ihre Frauenpro-
bleme in die Parteiprogramme
eingehäkelt, aber mehr als einen
schäbigen Platz zur linken Hand
haben sie nicht erobern können.

Alice Rühle-Gerstel

Endlich durften Frauen wählen: Die Novemberrevolution 1918 bescherte ihnen das aktive und passive Wahlrecht. Erstaunt und etwas neidisch blickten die Frauenrechtlerinnen Amerikas und Englands, die einen jahrelangen erbitterten Kampf um das Frauenwahlrecht hatten führen müssen, nach Deutschland. Was die Suffragetten Amerikas endgültig erst 1920 erreichten, fiel den deutschen Frauen quasi in den Schoß. In der verfassungsgebenden Nationalversammlung von 1919 saßen 37, zuletzt 41 Frauen. Auf Anhieb wurde ein sensationeller Frauenanteil von 9,6 % erreicht.

Ein Grund zur Freude, gewiß, aber es hätten angesichts des Frauenüberschusses in Deutschland eigentlich noch viel mehr weibliche Abgeordnete sein müssen, wie eine zeitgenössische Beobachterin meint: »Wenn man die starke Wahlbeteiligung der Frauen und ihr numerisches Übergewicht in Betracht zieht, so muß man wohl die Zahl der weiblichen Abgeordneten als eine sehr geringe bezeichnen. Trotzdem können die deutschen Frauen mit Stolz sagen, daß noch in kein Parlament der Welt – bei einer ersten Beteiligung der Frauen am aktiven und passiven Wahlrecht – eine so große Zahl von Vertreterinnen eingezogen ist. Die Frauen des Auslandes, die dem plötzlichen Wandel der Stellung der Frau in Deutschland mit Interesse folgten, gaben ihrem Erstaunen darüber Ausdruck; ihnen erschienen 37 weibliche Abgeordnete als ein unerhörter Frauenerfolg. Im englischen Unterhaus sitzt eine Frau.«[1]

Von den frischgebackenen Parlamentarierinnen gehörten 20 der SPD-Fraktion an, darunter SPD-Vorstandsmitglied Marie Juchacz, Toni Pfülf, die bis 1933 immer wieder in den Reichstag gewählt wurde und sich nach der Machtergreifung der Nazis das

Leben nahm, und Louise Schröder, später Oberbürgermeisterin von Berlin. Die übrigen verteilten sich auf alle Parteien. Während etwa Luise Zietz die Unabhängigen Sozialdemokraten vertrat, saß Gertrud Bäumer für die Deutsche Demokratische Partei im Parlament.

Es ist eine Ironie der Geschichte, daß eine so entschiedene Gegnerin des Frauenwahlrechts wie Paula Müller-Otfried in den Genuß eines Parlamentssitzes kam, gleichzeitig aber keine jener radikalen Feministinnen, die für das Frauenwahlrecht gekämpft hatten, gewählt wurde. Letztere hatten keine Chance, auf Listen der männerdominierten Parteien zu kommen.

Lida Gustava Heymann etwa, die sich erfolglos um einen Sitz in der Hamburger Bürgerschaft beworben hatte, zeigte sich enttäuscht über die ersten Wahlergebnisse. Die alten wohlbekannten Männergesichter zierten auch wieder die neuen Parlamente, und die wenigen weiblichen Abgeordneten änderten nichts an der ungebrochenen Vorherrschaft der Männer in der Politik. Anders wäre es gewesen, meint Lida Gustava Heymann, wenn sich die gesamte Frauenbewegung entschlossen hätte, »gemeinsame Frauenlisten herauszugeben«. Dann »wären zweifelsohne 80–100 weibliche Abgeordnete in die Nationalversammlung eingezogen. Die Frauen bildeten ja bei der Wahl die Majorität.«[2] Illusionslos beurteilt Lida Gustava Heymann, die einmal sehr große Hoffnungen auf die Einführung des Frauenwahlrechts gesetzt hatte, die Lage: »Die Gleichberechtigung der Frauen… stand in der [Weimarer] Verfassung, war auf dem Papier vorhanden, das war aber auch alles. Die Wirtschaft, die Finanzen, Verwaltung, der gesamte Staatsapparat, der bei Revolutionen und Umwälzungen ausschlaggebender Faktor ist, befanden sich ausschließlich in den Händen der Männer. Nicht einmal bei den Wahlen hatten Frauen gleiche Möglichkeit freier Auswirkung wie die Männer. Denn diese allein beherrschten wiederum den Parteiapparat wie die Parteikassen und damit die Propaganda.«[3]

Jedenfalls hatten die Frauen den Sprung in die Parlamente geschafft, ein Novum in der deutschen Geschichte. Die formale Handhabung der neuen parlamentarischen Situation stellte kein schwerwiegendes Problem dar: »Rein äußerlich vollzog sich die Einordnung der weiblichen Abgeordneten in die verfassungsgebende Nationalversammlung zu Weimar wie selbstverständlich.

Parteien umwarben die Frauen, die 1918 das Wahlrecht erhielten.

Die langgewohnte Anrede ›Meine Herren‹ wich dem neuen ›Meine Damen und Herren‹, das die weiblichen Abgeordneten in ›Meine Herren und Damen‹ variierten. Die sehr vernünftige Vereinbarung, daß die Frauen ohne Hut zu den Sitzungen erschienen, machte ihre Anwesenheit unauffälliger, als es sonst wohl bei verschiedenartigen Kopfbedeckungen der Fall gewesen wäre. Ein langgehegter Wunsch verschiedener Frauenkreise ging ohne Petition in Erfüllung. Man machte keinen Unterschied in der Anrede zwischen verheirateten und unverheirateten Frauen; die ›Frau Abgeordnete‹ ist gewissermaßen ein der Trägerin verliehener Titel wie ›Frau Oberin‹, ›Frau Direktorin‹. Es wäre auch zu widersinnig gewesen, die vom Vertrauen des Volkes in die gesetzgebende höchste Körperschaft gewählten Vertreterinnen mit dem Verkleinerungsnamen ›Fräulein‹ zu bezeichnen!«[4]

So bereitwillig sich die Herren Politiker mit ihren Kolleginnen über solche Formalitäten einigten, so wenig waren sie bereit, Machtpositionen zugunsten der Frauen zu räumen. Ein Sitz im Parlament bedeutete nämlich noch lange nicht, daß seine Inhaberin über einen großen politischen Einfluß verfügt hätte. Nach wie vor blieben die Männer in den zentralen Bereichen der Politik – von der Außenpolitik über die Wirtschafts- und Finanzpolitik bis zu Innenpolitik – unter sich, während sich die Parlamentarierinnen auf besondere »Frauenaufgaben« konzentrierten. Das waren ganz im Sinne traditioneller Weiblichkeit sozialpolitische Themen. Marie Juchacz verkündete in der ersten Rede einer Frau in einem deutschen Parlament denn auch: »Es wird uns nicht einfallen, unser Frauentum zu verleugnen, weil wir in die politische Arena getreten sind.«[5]

Diese mehr oder weniger freiwillige Beschränkung auf den von Männerseite verächtlich gemachten »Weiberkram« war in den eigenen Reihen nicht unumstritten. Luise Zietz etwa erhob einen ganz anderen Anspruch an die Politikerin: »Bisher faßten die Sozialdemokraten die staatsbürgerliche Gleichberechtigung der Frau nicht so auf, daß bestimmte Gebiete des öffentlichen Lebens für die Betätigung der Frau abgetrennt und ihr zugewiesen würden, sondern wir Sozialdemokraten haben stets unter der politischen und staatsbürgerlichen Gleichberechtigung der Frau verstanden, daß die Frau neben dem Mann überall gemeinsam sich betätigen soll.«[6]

Die meisten Parlamentarierinnen fühlten sich jedoch für Frauenthemen zuständig, und sie konnten auch einige Erfolge verbuchen. Um nur einige von den »Frauengesetzen« zu nennen:

– Durch das Gesetz über die Zulassung der Frauen zu den Ämtern und Berufen der Rechtspflege von 1922 konnten endlich auch Frauen Rechtsanwältin oder Richterin werden.

– Das Heimarbeitsgesetz von 1924 führte Mindestlöhne und Sozialversicherung für Heimarbeiterinnen ein.

– Das Gesetz zum Schutz der Frau vor und nach der Niederkunft von 1927 verbesserte den Mutterschutz und die Wöchnerinnen-Fürsorge.

– Das Gesetz zur Bekämpfung der Geschlechtskrankheiten von 1927 beseitigte die Strafbarkeit weiblicher Prostitution. Gleichzeitig wurde die Sittenpolizei abgeschafft.

Über das Wahlverhalten der Frauen ist viel spekuliert worden, denn es gibt darüber kaum Daten. Nur wenige Wahlkreise ließen, was gesetzlich möglich, aber nicht zwingend war, nach Geschlechtern getrennt abstimmen. So steht die schon in der Weimarer Zeit diskutierte Behauptung, gerade die politisch unerfahrenen und ahnungslosen Frauen hätten dafür gesorgt, daß Adolf Hitler an die Macht kommen konnte, auf tönernen Füßen. Sicher, es scheint so gewesen zu sein, daß Frauen tendenziell christlich-konservativ wählten. Angesichts der Wahlergebnisse, heißt es in einer Untersuchung aus dem Jahr 1928, »ergibt sich ganz deutlich, daß Frauen das [katholische] Zentrum und die Rechte, also die mehr konservativ gerichteten Parteien, bevorzugen, nach links hin in steigendem Maße Zurückhaltung üben und die Radikalen aller Lager deutlich ablehnen...«[7]

Die weibliche Zurückhaltung gegenüber den radikalen Parteien, also der NSDAP und der KPD, erscheint insofern plausibel, als diese als ausgesprochene Männerparteien galten. Erst nachdem die Nationalsozialisten bereits sensationelle Wahlerfolge erzielt hatten, haben sich wohl viele Frauen zur Wahl dieser Partei entschlossen. »Auf alle Fälle geht aus dem verfügbaren statistischen Material hervor, daß die Frauen in ihrem Votum für die NSDAP – oder Hitler – den männlichen Wählern nicht vorangingen, sondern nur langsam folgten, um zu dem Wahlsieg 1932/33 allerdings entscheidend mit beizutragen.«[8]

»Nie wieder Krieg!«

Vielen Frauen erschien nach der Katastrophe des Ersten Weltkriegs die Erhaltung des Friedens als ein wichtiges und erstrebenswertes Ziel. Sie engagierten sich in der Friedensbewegung, auf die Frauen bereits seit den Anfängen im 19. Jahrhundert einen nicht zu unterschätzenden Einfluß hatten. Lida Gustava Heymann, Pazifistin und eine der wichtigsten Vertreterinnen des radikalen Flügels der bürgerlichen Frauenbewegung, aus dem im übrigen viele prominente Pazifistinnen hervorgingen, definierte gar einen spezifisch weiblichen beziehungsweise feministischen Pazifismus.

Nach dieser Theorie waren Kriege Kennzeichen und Folge patriarchalischer Herrschaft, während der Frau als Lebensspenderin friedliche Kräfte zugeschrieben wurden. »Um die von Frauen für den Pazifismus geleistete Arbeit in der Vergangenheit objektiv zu beurteilen, müssen wir uns klar machen, daß die modernen Zivilisationsstaaten Männerstaaten sind. Staaten des Mannes, in denen alles: Familie, Schule, Gefängnisse, Rechtswesen, Politik usw. auf dem männlichen Prinzip, d. h. dem Grundsatz der Gewalt, der Autorität, des Kampfes aller gegen alle, der Furcht des einen vor dem andern aufgebaut und eingestellt ist. Dieses männliche Prinzip, welches das Leben der Individuen und der Völker untereinander seit Jahrhunderten völlig beherrscht, führte letzten Endes immer wieder zu katastrophalen Machtausbrüchen und Rebellionen: Kriegen, Bürgerkriegen, Revolutionen. Der Weltkrieg hat bewiesen, daß der durch Gewalt aufgebaute und beherrschte Männerstaat auf der ganzen Linie versagt hat; der Beweis seiner Untauglichkeit wurde wohl noch nie anschaulicher erbracht. Das männliche Prinzip ist zersetzend und wird, wenn fortgeführt, die völlige Vernichtung der Menschheit herbeiführen. Diesem männlichen, zerstörenden Prinzip ist das weibliche aufbauende Prinzip der gegenseitigen Hilfe, der Güte, des Verstehens und Entgegenkommens diametral entgegengesetzt.« Gegenteilige Beispiele weiblichen Verhaltens, etwa die rückhaltlose Begeisterung in Kreisen der bürgerlichen Frauenbewegung bei Kriegsausbruch 1914, wurden mit der inneren Wesensversklavung der Frauen, also mit der Verinnerlichung männlicher Werte erklärt: »In den modernen Männerstaaten war den

Pazifistinnen bei einer Antikriegskundgebung der SPD und USPD in Berlin am 31. Juli 1921.

Frauen nicht nur jede Möglichkeit genommen, ihr ureigenstes Wesen zur Auswirkung zu bringen, sondern sie mußten sich dem männlichen Prinzip unterordnen, es zwangsweise anerkennen… Die Frau als Masse wurde nicht nur äußerlich, nein, was viel schlimmer war, innerlich Sklave des Mannes. Eine derartige Versklavung – d. h. Wesensversklavung – wie die des Weibes durch den Mann, hat noch nie stattgefunden, solange die Welt besteht… Der Mann trägt die größte Schuld, daß des Weibes

Wesen und Art nicht zur Auswirkung kam und dem Pazifismus in der Vergangenheit verloren ging. Denn weibliches Wesen, weiblicher Instinkt sind identisch mit Pazifismus.«[9]

Die in damaligen frauenbewegten Kreisen sehr beliebte Auffassung, daß Frauen über eine naturgegebene Friedfertigkeit verfügten, stieß auf Widerspruch der bekannten Soziologin und Psychologin Mathilde Vaerting. Anhand von historischen Beispielen zeigte sie auf, daß nicht die Gene, sondern kulturelle Einflüsse geschlechtsspezifisches Verhalten prägen. Die Vermutung, unter Frauenherrschaft gebe es eine besonders starke Neigung zum Frieden, fand sie in der Geschichte nicht bestätigt. Es habe ebenso kriegerische wie friedliche Frauenstaaten gegeben, was im übrigen auch bei Männerstaaten der Fall sei. Was gemeinhin als typisch weibliche Nachgiebigkeit gelte, sei nur ein Merkmal derjenigen, die unterdrückt würden.

Lida Gustava Heymann und ihre Freundin Anita Augspurg gehörten neben Helene Stöcker, Toni Sender, Clara Zetkin zu den prominentesten deutschen Pazifistinnen. Für Heymann / Augspurg hingen die Frauenfrage und der Pazifismus sehr eng zusammen. Schließlich, so glaubten sie, würde die Unterdrückung der Frau automatisch enden, wenn erstmal das Prinzip der Gewalt überwunden wäre.

Die beiden prominenten Pazifistinnen waren maßgeblich beteiligt an den Friedensaktivitäten, die von Frauen auch auf internationaler Ebene organisiert wurden. Sie gehörten zu den Gründerinnen und führenden Aktivistinnen der Internationalen Frauenliga für Frieden und Freiheit (IFFF). Auf einer Tagung dieser Organisation im Mai 1919 in Zürich ging es um die Kriegsfolgen, wobei es den Vertreterinnen der Siegermächte und des Verlierers Deutschland offenbar nicht schwerfiel, unabhängig von nationalistischen Ressentiments zusammenzuarbeiten. Gleiches kann von den damals in Versailles konferierenden – natürlich männlichen – Friedensunterhändlern nicht gerade behauptet werden.

Vor dem Hintergrund eines völlig vergifteten internationalen politischen Klimas war es um so bemerkenswerter und ein deutlicher Ausdruck für die lebendige Solidarität unter den Pazifistinnen, daß sich der Frauenkongreß sehr deutlich gegen die Friedensbedingungen des Versailler Vertrags aussprach, die gerade bekannt geworden waren. Den versammelten Pazifistinnen war sogleich klar, welch einen Zündstoff diese Bedingungen bargen. Sie warnten in einer Resolution, die der Konferenz von Versailles übergeben wurde, eindringlichst davor, durch zu harte Vertragsbedingungen den Keim für einen neuen Krieg zu legen. Diese, wie der spätere Verlauf der Geschichte zeigte, realistische Mahnung verhallte ungehört. Auch später konnte sich

Künstlerinnen engagierten sich gegen den Krieg. »Gefallen« von Käthe Kollwitz. © VG Bild-Kunst, Bonn 1993

die Frauenliga mit Forderungen nach Annullierung des Versailler Vertrags nicht durchsetzen.

Erfolgreicher waren die IFFF-Frauen mit einer internationalen Konferenz zum Thema »Die modernen Kriegsmethoden und der Schutz der Zivilbevölkerung«, die sie 1929 in Frankfurt organisierten. Es gelang ihnen, für das Ehrenkomitee so prominente Pazifisten und Pazifistinnen wie Albert Einstein, Romain Rolland, Bertrand Russell, Selma Lagerlöf und Käthe Kollwitz zu gewinnen.

Gerade Käthe Kollwitz stellte sich unermüdlich in den Dienst der Friedensbewegung, indem sie etwa pazifistische Plakate gestaltete. Ein wesentlicher Teil ihres Werks ist eine künstlerische Auseinandersetzung mit dem Grauen des Krieges, hatte sie doch eigene leidvolle Erfahrungen zu verarbeiten. Ihr Lieblingssohn war im Krieg gefallen, ein Ereignis, über das die Künstlerin nie hinwegkommen sollte. Nicht zufällig spielen in ihrer Holzschnittfolge »Der Krieg« von 1922/23 leidende Frauen eine große Rolle. Ein Blatt zeigt »Die Mütter«, die vergeblich versuchen, ihre Kinder vor dem Krieg zu bewahren, ein Ausdruck der Selbstvorwürfe, die die Künstlerin quälten.

Angeregt wurde die erwähnte Konferenz über moderne Kriegsmethoden von zwei Chemikerinnen, die der Internationalen Frauenliga angehörten. Die Schwedin Naima Sahlbohm und die Schweizerin Gertrud Woker waren bei einem Chemikerkongreß im Jahr 1924 in den USA auf die von den chemischen Kampfstoffen ausgehenden Gefahren aufmerksam geworden. »Dieser Chemikerkongreß besuchte das *Edgewood Arsenal*, in dem der größere Teil der speziell chemischen Tätigkeit des amerikanischen Kriegsamtes lokalisiert ist. Zu Ehren des Chemikerkongresses fanden große Gasmanöver statt. Es war ein Schauspiel von überwältigender Größe; aber die beiden Frauen vergaßen keinen Augenblick, welch schrecklichen Zwecken alle diese Vorführungen dienten: Rauchbomben, Rauchschwaden, Feuerregen, Brandbomben, Flugzeugbomben, die auf ihre Wirksamkeit geprüft wurden, wozu ein besonderer ›Droptower‹ (Wurfturm) errichtet ist. Fliegerschirme, Fliegerrauchvorhänge wurden den Kongreßgästen vorgeführt. Später vernahmen diese Frauen, daß zahlreiche Soldaten während dieser Manöver schwer vergiftet worden seien.«[10]

Diese Erfahrung ließ den beiden erschütterten Chemikerinnen

keine Ruhe. Sie sorgten dafür, daß sich die Internationale Frauenliga dieses Themas annahm, woraus sich schließlich die Frankfurter Konferenz ergab. Gertrud Woker hielt dort ein vielbeachtetes Referat über die neuen chemischen Kampfstoffe. Sie beschrieb eindringlich die grauenhaften Wirkungen dieser Waffen und entlarvte die zynische Argumentation der Giftgasbefürworter, die von einer im Vergleich zu herkömmlichen Waffen harmlosen, ja humanen Kampfmethode sprachen. Außerdem machte die Chemikerin klar, daß ein künftiger Gaskrieg verheerende Folgen auch für die Zivilbevölkerung haben würde.

Die Konferenz hatte eine enorme Resonanz in der Öffentlichkeit; aufrüttelnde Berichte in der internationalen Presse gaben den Anstoß zu einer internationalen Abrüstungskonferenz, die allerdings erst 1932 in Genf stattfand. Um ihrer Forderung nach vollständiger Abrüstung hier entsprechendes Gewicht zu verleihen, regte die Internationale Frauenliga eine Unterschriftensammlung an. Sage und schreibe 8 300 000 Unterschriften wurden weltweit von Frauenorganisationen gesammelt und in einer eindrucksvollen Demonstration auf der Konferenz übergeben. Die Konferenzteilnehmer ließen sich jedoch von diesem »Wunsch der Welt« nach allgemeiner Abrüstung nicht beeinflussen. Die Konferenz zeitigte keinen Erfolg.

Einmal mehr zeigte sich, daß Frauen in der »harten« Männerpolitik doch nur die zweite Geige spielten. Daran änderten auch die unbestreitbaren Fortschritte hinsichtlich der Frauenemanzipation nichts. Mochte die neue Frau in Beruf und Gesellschaft auch noch so selbstbewußt sein, von einer wirklichen Gleichberechtigung blieb sie weit entfernt. Und die Freiheiten, die sie in der Weimarer Zeit genießen durfte, wurden ihr allzu bald wieder genommen, als die Nationalsozialisten die Frauen wieder in die alte Rolle der Hausfrau und Mutter zurückzwangen.

Anmerkungen

Die neue Frau

1. Christopher Isherwood, Leb wohl, Berlin. Ein Roman in Episoden, Frankfurt / Main 1986, Erstabdruck der Originalfassung *Goodbye to Berlin* 1939 (Im folgenden werden in der Literaturliste verzeichnete Titel verkürzt angegeben.)
2. Ebd., S. 26, 43, 50, 49, 31 f.
3. Franz Hessel, An die Berlinerin, in: Vogue vom 13. 3. 1929, zit. nach: Rosemarie Beier, Mir kümmert jar nischt in die Welt..., in: Eifert / Rouette (Hg.), Unter allen Umständen, S. 131, 133
4. Huebner (Hg.), Die Frau von morgen, Frankfurt/ Main 1990 (Leipzig 1929)
5. Vicki Baum, Die Mütter von morgen – die Backfische von heute, in: Rheinsberg (Hg.), Bubikopf, S. 31 f.
6. Marie Luise Weissmann, Verlorenes Ithaka, in: Rheinsberg (Hg.), Bubikopf, S. 220 ff.
7. Tergit, Käsebier, Frankfurt/ Main 1977 (1931)
8. Ebd., S. 75 ff.

Befreit vom Korsett: Die neue Körperlichkeit

1. Erika Mann, Abenteuer im Auto, in: Rheinsberg (Hg.), Bubikopf, S. 134 ff.
2. Hofstätter, Die rauchende Frau, Wien–Leipzig 1924
3. Ebd., S. 190, 215, 84, 77, 193
4. Elegante Welt 1922, zit. nach: Frauenalltag und Frauenbewegung, S. 73
5. Clara Verständig, in: A. Schiff (Hg.), Die Deutsche Hochschule für Leibesübungen 1920–1930, Magdeburg 1930, S. 83–86, hier in: Pfister (Hg.), Frau und Sport, S. 128
6. Annemarie Kopp, Frau und Sport, Diplomarbeit an der Deutschen Hochschule für Leibesübungen, Berlin 1927, hier in: Pfister (Hg.), Frau und Sport, S. 129 ff.
7. Ebd., S. 70
8. Baum, Es war alles ganz anders, S. 376 ff.
9. Kirchberg, Zum Frauenkursus in Wyk auf Föhr, in: Die Leibesübungen, Berlin 1925, S. 111, zit. nach Pfister (Hg.), Frau und Sport, S. 29
10. Zit. bei F. A. Schmidt, Geh. Rat Prof. Dr. Sellheim und das Frauenturnen. Kritische Bemerkungen, in: Die Leibesübungen, Berlin 1926, S. 317, hier zit. nach: Pfister (Hg.), Frau und Sport, S. 35
11. Hildgard Casper, Der Einfluß sportlichen Trainings auf den Geburtsverlauf, in: Deutsche Medizinische Wochenschrift 54, 1928, S. 821–823, hier in: Pfister (Hg.), Frau und Sport, S. 120

12. Alice Profé, in: C. Diem, H. Sippel, F. Breithaupt (Hg.), Stadion. Das Buch von Sport und Turnen, Gymnastik und Spiel, Berlin 1928, S. 100f., hier in: Pfister (Hg.), Frau und Sport, S. 113 ff.
13. Walter Kühn, Wohin führt der Weg? Eine kritische Betrachtung zur Frauensportbewegung, in: Die Leibesübungen, Berlin 1926, S. 193, zit. nach: Pfister (Hg.), Frau und Sport, S. 37 f.
14. Hede Bergmann, Aus der Praxis einer Sportärztin. Ein Diskussionsbeitrag, in: Frauenturn- und Sporttagung zu Berlin. 12. bis 15. Juni 1929, Berlin 1929, S. 54 f., hier in: Pfister (Hg.), Frau und Sport, S. 116 ff.
15. Die Damen in Amsterdam, in: Frankfurter Allgemeine Zeitung vom 4. August 1928, S. 3, hier in: Pfister (Hg.), Frau und Sport, S. 135
16. Verständig, S. 127 f. (wie 5. Anmerkung)
17. Bergmann, Aus der Praxis, S. 116 (wie 14. Anmerkung)
18. Gertrud Ederle bezwingt den Kanal, in: Der Schwimmer 1926, Nr. 32, S. 2, hier in: Pfister (Hg.), Frau und Sport, S. 288
19. Verständig, S. 128 (wie 5. Anmerkung)
20. Selbstverteidigung, in: Der Weg der Frau 1932, Nr. 3, zit. nach: Soden / Schmidt (Hg.), Neue Frauen, S. 171
21. Anneliese Günther, Hat die Frau Führertalent? in: Sport und Sonne 4, 1928, S. 165 – 166, hier in: Pfister (Hg.), Frau und Sport, S. 189 f.
22. Lola Schröter, in: 150 Fallschirmabsprünge. Lola Schröter erzählt Selbsterlebtes! Dresden 1932, S. 11–21, hier in: Pfister (Hg.), Frau und Sport, S. 246 ff.
23. Gusti Zeidner, in: Die freie Turnerin 9, 1922, Nr. 11, S. 5, hier in: Pfister (Hg.), Frau und Sport, S. 110 f.
24. Hirtenbrief des Bischofs von Münster vom 4. Mai 1930, in: Kirchliches Amtsblatt für die Diözese Münster LXIV, 1930, S. 39 f., hier in: Flemming / Saul / Witt (Hg.), Familienleben, S. 160
25. Elegante Welt 1924, zit. nach: Metropolen machen Mode, S. 106
26. Stefan Zweig, Zutrauen zur Zukunft, in: Huebner (Hg.), Die Frau von morgen, S. 26
27. Vogue vom 15. April 1931, zit. nach: Elizabeth Wilson, In Träume gehüllt. Mode und Modernität, Hamburg 1989, S. 139
28. Rosa Mayreder, in: E. E. Schwabach, Die Revolutionierung der Frau, Leipzig 1928, S. 87, zit. nach: Frauenalltag und Frauenbewegung, S. 60
29. Dinah Nelken, in: Elite 1927, zit. nach: Metropolen machen Mode, S. 95 f.
30. Vgl. für die folgenden Ausführungen: Astrid Eichstedt, Irgendeinen trifft die Wahl, in: Soden / Schmidt (Hg.), Neue Frauen, S. 9–15
31. Montanus, Die Tanzwut, S. 22
32. Aus dem Film Der blaue Engel, 1930, Text von Robert Liebmann, zit. nach: Eichstedt, Irgendeinen trifft die Wahl, S. 9 (wie 30. Anmerkung)
33. Traber-Amiel, Der Tanz, S. 16
34. Montanus, Die Tanzwut, S. 22
35. Tisch 97 wünscht einen Tänzer, in: Sozialistische Republik, Berlin 20. 10. 1927, zit. nach: Eichstedt, Irgendeinen trifft die Wahl, S. 13 (wie 30. Anmerkung)
36. Vgl. für die folgenden Ausführungen: Hedwig Müller, Im Taumel der

Selbsterfahrung. Die Tänzerinnen des Ausdruckstanzes, in Soden /
Schmidt (Hg.), Neue Frauen, S. 152–158
37. Boehn, Der Tanz, S. 123 f.
38. Zit. nach: Müller, Im Taumel der Selbsterfahrung, S. 155 (wie 36. Anmerkung)
39. Josef Jeutter, Wo sind die Tänzerinnen hingekommen? in: Hamburger
Fremdenblatt, zit. nach: Oppens, Der Mandrill, S. 186 f.
40. Valeska Gert, in: Der Tanz 5, 1932, H. 10, S. 2, hier in: Pfister (Hg.), Frau
und Sport, S. 274 ff.
41. Zeitungsausschnitt österreichische Nationalbibliothek, ohne Quelle, zit.
nach: Fischer, Anita Berber, S. 28
42. Fred Hildenbrandt, …ich soll dich grüßen von Berlin, München 1979, zit.
nach: Fischer, Anita Berber, S. 65 f.
43. Klaus Mann: Erinnerungen an Anita Berber, zit. nach: Fischer, Anita Berber, S. 84

Entfesselte Frauen: Liebeslust und Liebeslast

1. Erhebung über Sexualmoral, S. 277
2. Wolff, Augenblicke, S. 123 f.
3. Polly Tieck, Die Freundin meines Freundes, 1926, in: Rheinsberg (Hg.),
Bubikopf, S. 120 ff.
4. Erhebung über Sexualmoral, S. 260, 275, 280
5. Judith Grünfeld, Mütter und Töchter, in: Frauen 6, 1929, S. 249, hier in:
Flemming / Saul / Witt (Hg.), Familienleben, S. 50
6. Bericht von Lili D., zit. nach: Hagemann, Frauenalltag, S. 183 f.
7. Frankenthal, Jüdin, S. 112
8. Kästner, Fabian, S. 104 ff.
9. Vgl. Bronnen, Film u. Leben
10. Bericht von Thea A., zit. nach: Soden, Auf dem Weg, S. 248
11. Stekel, Die Geschlechtskälte, S. 82
12. Van de Velde, Die vollkommene Ehe, S. 8, 9, 249, 208
13. Bericht von Elfriede P., zit. nach: Hagemann, Frauenalltag, S. 251
14. Vgl. Kienle, Frauen, S. 147 f.
15. Vgl. Hagemann, Frauenalltag, S. 251
16. Maria Winter, Abtreibung oder Verhütung der Schwagerschaft? Ein offener Brief an die Frauen, Berlin o. J., S. 20 f., zit. nach: Hagemann,
Frauenalltag, S. 246
17. Referat von Ludwig Fraenkel, gehalten auf einer Tagung der Deutschen
Gesellschaft für Gynäkologie im Mai 1931, zit. nach: Soden, Auf dem
Weg, S. 237
18. Zit. nach: Hagemann, Frauenalltag, S. 291
19. Kempowski, Schöne Aussichten, S. 133
20. Kienle, Frauen, S. 150
21. Vgl. Max Hirsch, Fruchtabtreibung und Präventivverkehr im Zusammenhang mit dem Geburtenrückgang, Würzburg 1914, S. 32
22. Fallada, Kleiner Mann, S. 7 ff.
23. Kienle, Frauen, S. 127 ff.

24. Baum, stud. chem. Helene Willfüer, S. 76 ff.
25. Zit. nach Hagemann (Hg.), Eine Frauensache, S. 102
26. Bericht von Irma P., zit. nach: Hagemann, Frauenalltag, S. 262
27. Vgl. Kienle, Frauen, S. 122
28. Ebd., S. 115
29. Cyankali, S. 69
30. Kienle, Frauen, S. 104, 81 f., 95, 144 f.
31. Vgl. Maja Riepl-Schmidt, Else Kienle, in: Kienle, Frauen, S. 157 ff.
32. Zit. nach: Hagemann, Frauenalltag, S. 222
33. Geschäftsabschluß des Deutschen Ärztevereinsbundes, Einspruch gegen Straffreiheit der Abtreibung, in: Ärztliches Vereinsblatt 50, 1921, Sp. 14–15, hier in: Flemming / Saul / Witt (Hg.), Familienleben, S. 36

Anders als die andern: Lesbische Frauen

1. Roellig, Berlins lesbische Frauen, S. 29 f.
2. Ebd., S. 71 f., 66
3. Ebd., S. 62, 58
4. In: Garçonne 1931, Nr. 8, S. 12, zit. nach: Petra Schlierkamp, Die Garçonne, in: Eldorado, S. 173
5. In: Garçonne 1931, Nr. 24, S. 4, zit. nach ebd., S. 173
6. Kontaktanzeigen in: Die Freundin 1931, Nr. 14 und 1933, Nr. 5, zit. nach: Hacker, Frauen und Freundinnen, S. 217
7. Radclyffe Hall, Quell der Einsamkeit, Leipzig 1929, S. 254, zit. nach: Lützen, Was das Herz, S. 259
8. Nigel Nicolson, A Reflection of the Other Person. The Letters of Virginia Woolf, Vol. IV, 1929–1931, London 1978, S. 14, zit. nach: Lützen, Was das Herz, S. 268
9. Die Garçonne in Wien, Der Fall Geßmann, in: Neue Freie Presse vom 1. 4. 1924, S. 1, zit. nach: Hacker, Frauen und Freundinnen, S. 194 f.
10. In: Neue Freie Presse vom 31. 3. 1924 A, S. 1, zit. nach: ebd., S. 244
11. Dietrich, Nehmt nur mein Leben, S. 58 f.
12. Karola Gramann / Heide Schlüpmann / Amadou Seitz, Interview mit Hertha Thiele, in: Frauen und Film 1981, Nr. 28, zit. nach: Rosi Kreische, Lesbische Liebe im Film bis 1950, in: Eldorado, S. 188
13. In: Die Ente 2, 1932, Text von Hardy Worm, zit. nach: Eichstedt, Irgendeinen trifft die Wahl, S. 13 (wie 30. Anmerkung des zweiten Kapitels)
14. Leonore Kühn, Wir Frauen, Langensalza 1923, S. 147, zit. nach: Lengerke, »Homosexuelle Frauen«, in Eldorado, S. 136
15. Rühle-Gerstel, Das Frauenproblem, S. 157 ff.

Von den Musen geküßt: Künstlerinnen – Schriftstellerinnen – Filmstars

1. Hans Hildebrandt, Die Frau als Künstlerin, Berlin 1928, S. 109, zit. nach: Birgit Gatermann, »Malweiber«. Bildende Künstlerinnen in den zwanziger Jahren, in: Soden / Schmidt (Hg.), Neue Frauen, S. 131
2. Louise-Catherine Breslau, Eine Reise von 1925, in: Berger (Hg.), »Und ich sehe nichts, nichts als die Malerei«, S. 164

3. Hildebrandt, Die Frau als Künstlerin, S. 8, zit. nach: Gatermann, »Malweiber«, S. 131 (wie 1. Anmerkung)
4. Erinnerungen Käthe Kollwitz, zit. nach: Künstlerinnen international, S. 28
5. Käthe Kollwitz, Ich will wirken in dieser Zeit, Auswahl aus den Tagebüchern und Briefen, Berlin 1952, S. 28, zit. nach: Schulz, Die Frau als Künstlerin, S. 21
6. Breslau, Eine Rede, S. 165, 162 (wie 2. Anmerkung)
7. Charlotte Berend-Corinth, Mein Leben mit Lovis Corinth, München 1958, in: Berger (Hg.), »Und ich sehe nichts, nichts als die Malerei«, S. 281
8. Käthe Kollwitz, zit. nach: Krull, Kunst von Frauen, Leipzig–Frankfurt / Main 1984, S. 33
9. Berend-Corinth, Mein Leben, S. 280, 280 f., 284 f., 285, 282 (wie 7. Anmerkung)
10. Vgl. Kerstin Kolter, Frauen zwischen »angewandter« und »freier« Kunst. Sonia Delaunay in der Kritik, in: Lindner / Schade / Werner (Hg.), Blick-Wechsel, S. 203–213
11. Beide Zitate nach: Ludmilla Vachtova, Die Frau in der russischen Avantgarde – ein Epos ohne Helden, in: Künstlerinnen international, S. 32
12. Thomas, Hannah Höch, S. 67
13. Edouard Roditi, Hannah Höch und die Berliner Dadaisten. Ein Gespräch mit der Malerin, in: Der Monat 12, November 1959, H. 134, S. 66, zit. nach: Thomas, Hannah Höch, S. 67
14. Hans Richter, Dada – Kunst und Antikunst, Köln 1964, S. 136, zit. nach: Thomas, Hannah Höch, S. 69
15. Roditi, Hannah Höch, S. 63 f. (wie 13. Anmerkung), hier zit. nach: Götz Adriani, Biographische Dokumentation, in: Adriani (Hg.), Hannah Höch, S. 20
16. Suzanne Pagé, Interview mit Hannah Höch, in: Katalog Hannah Höch, Paris–Berlin 1976, S. 30, 26, zit. nach: Thomas, Hannah Höch, S. 68
17. Vgl. Julia Dech, Marionette und Modepuppe, Maske und Maquillage – Beobachtungen am Frauenbild von Hannah Höch, in: Adriani (Hg.), Hannah Höch, S. 84 f.
18. Vgl. Schulz, Die Frau als Künstlerin, S. 32 f.
19. Sanzara, Das verlorene Kind, für die folgenden Ausführungen vgl. auch das Nachwort von Diana Orendi-Hinze, S. 443–459
20. Krell, Das alles gab es einmal, S. 129
21. Herbert Ihering, Von Reinhardt bis Brecht, Berlin 1961, zit. nach: Diana Orendi-Hinze, Nachwort, in: Sanzara, Das verlorene Kind, S. 445
22. Krell, Das alles gab es einmal, S. 132
23. Christiane Touaillon, Weibliche Erzählkunst, in: Die Literatur 1926 / 27, Nr. 29, S. 577–78, zit. nach: Orendi-Hinze, S. 446 (wie 21. Anmerkung)
24. Jörn Oven, Rahel Sanzara. Das verlorene Kind, in: Die Schöne Literatur, Mai 1927, H. 5, S. 208, zit. nach: Orendi-Hinze, S. 447 (wie 21. Anmerkung)
25. Gottfried Benn, Plagiat, in: Vossische Zeitung Nr. 584 / B289 vom 10. Dezember 1926, zit. nach: Orendi-Hinze, S. 448 (wie 21. Anmerkung)

26. Krell, Das alles gab es einmal, S. 132 f.
27. Ingeborg Wellenstein, Bericht über Ernst Weiß, in: Weiß-Blätter, August 1973, Nr. 2, zit. nach: Orendi-Hinze, S. 448 (wie 21. Anmerkung)
28. Baum, stud. chem. Helene Willfüer, München 1983 (1928)
29. Krell, Das alles gab es einmal, S. 224
30. Fleißer, Die Mehlreisende Frieda Geyer (Zitiert wird nach der unter dem Titel *Eine Zierde für den Verein* erschienenen leicht veränderten Fassung.)
31. Ebd., S. 88 f., 126
32. Riess, Das gab's nur einmal, S. 127
33. Gustaf Holberg, Henny Porten. Eine Biographie unserer beliebten Filmkünstlerin, Berlin o. J. (1920), S. 70, 38, zit. nach: Belach, Henny Porten, S. 160 f.
34. Zit. nach: Belach, Henny Porten, S. 94
35. Anonym, Gräfin Donelli, in: Kinematograph, Nr. 926, 16. 11. 1924, zit. nach: Belach, Henny Porten, S. 94
36. Dietrich, Nehmt nur mein Leben, S. 67 ff.
37. Béla Bálazs, in: Der Tag 1923, zit. nach: Brennicke / Hembus, Klassiker, S. 171
38. Siegfried Kracauer, Asta Nielsen und die Filmbranche. Grundsätzliche Bemerkungen, in: Frankfurter Zeitung vom 17. 4. 1931, hier in: Seydel / Hagedorff (Hg.), Asta Nielsen, S. 216

Hausfrau, Gattin und Mutter – immer noch der Hauptberuf

1. Vgl. für die folgenden Ausführungen: Hausen, Mütter, Göttingen 1984
2. In: Verbandszeitung Deutscher Blumengeschäftsinhaber vom 17. 4. 1923, S. 88, zit. nach: Hausen, Mütter, S. 486
3. Rühle-Gerstel, Das Frauenproblem, S. 28
4. Zahn-Harnack, Die arbeitende Frau, S. 88
5. Vgl. Meyer, Der neue Haushalt, S. 4 f.
6. Kempowski, Schöne Aussichten, S. 273
7. Lüdtke (Hg.), Mein Arbeitstag, S. 60, 163, 179 f.
8. Angabe für Hamburger Arbeiterhaushalte 1927, vgl. Ursula Schneider, »Wie richte ich meine Wohnung ein?«. Wohnen und Haushalt, in: Vorwärts – und nicht vergessen, S. 94
9. Meyer, Der neue Haushalt, S. 16, 32, 151 ff.
10. Eva Scheid, Die Küche – die Fabrik der Hausfrau, Dissertation Marburg 1985, S. 197, zit. nach: Christiane Koch, Schreibmaschine, Bügeleisen und Muttertagssträuße. Der bescheidene Frauenalltag in den zwanziger Jahren, in: Soden / Schmidt (Hg.), Neue Frauen, S. 92
11. Elisabeth Jacki, Erfahrungen mit der kleinen Arbeitsküche, in: Die Ärztin. Monatsschrift des Bundes Deutscher Ärztinnen 7, 1931, S. 172–174, hier in: Flemming / Saul / Witt (Hg.), Familienleben, S. 117 f.
12. Hazel Kyrk, Economic Problems of the Family, New York 1933, zit. nach: Kittler, Hausarbeit, S. 75
13. Carola Sachse, Von »Güterströmen« und »Menschenströmen«… Betriebliche Familienpolitik bei Siemens 1918–1945, in: Eifert / Rouette (Hg.), Unter allen Umständen, S. 224

14. Rühle-Gerstel, Das Frauenproblem, S. 247, 251
15. In: Siemens-Mitteilungen 1928, Nr. 112, S. 28, zit. nach: Sachse, Von »Güterströmen«, S. 227 (wie 13. Anmerkung)
16. Sachse, Von »Güterströmen«, S. 224 (wie 13. Anmerkung)
17. In: Siemens-Mitteilungen 1930, Nr. 131, S. 14, zit. nach: ebd., S. 225
18. Anna Geyer, Die Bedeutung der Erwerbsarbeit verheirateter Frauen für die wirtschaftliche Lage und den Zusammenhalt der Familie, in: Arbeiterwohlfahrt 5, 1930, H. 20, S. 612f., hier in: Flemming / Saul / Witt (Hg.), Familienleben, S. 138
19. Vgl. Gruber, Working Class Women, S. 207, Anmerkung 49
20. Bericht von Gretl Strauch, zit. nach: Schneider, »Wie richte ich meine Wohnung ein?«, S. 84 (wie 8. Anmerkung)
21. Zit. nach: Schneider, »Wie richte ich meine Wohnung ein?«, S. 83 (wie 8. Anmerkung)
22. Die Arbeiterwohnung, in: Kulturwille 3, 1928, S. 69 f., hier in: Flemming / Saul / Witt (Hg.), Familienleben, S. 120
23. Schätzwerte, vgl. Flemming / Saul / Witt (Hg.), Familienleben, S. 91
24. Stadtrat Treffert, Wie man in Berlin wohnt, in: Der Kassenarzt 4, 1927, Nr. 26, S. 4–5, hier in: Flemming / Saul / Witt (Hg.), Familienleben, S. 108 f.
25. Lüdtke (Hg.), Mein Arbeitstag, S. 50
26. Bajohr, Vom bitteren Los, S. 146
27. Bericht von Anni Staudinger, in: Das könnt Ihr Euch gar nicht mehr vorstellen..., S. 22
28. Rühle-Gerstel, Das Frauenproblem, S. 179 f., vgl. für die folgenden Ausführungen: Hagemann, Frauenalltag, S. 159 ff.
29. Sophie Schöfer, Das Eheproblem, Berlin 1922, S. 72, zit. nach: Hagemann, Frauenalltag, S. 327
30. Grünfeld, Mütter und Töchter, S. 49 (wie 5. Anmerkung des dritten Kapitels)
31. Frankenthal, Jüdin, S. 110
32. Boveri, Verzweigungen, S. 140
33. Max Marcuse, Der eheliche Präventivverkehr. Seine Verbreitung, Verursachung und Methodik. Dargestellt und beleuchtet an 300 Ehen, Stuttgart 1917, S. 36, zit. nach: Hagemann, Frauenalltag, S. 165
34. Friedrich Burgdörfer, Volk und Jugend, Berlin 1932, S. XIII–XIV, zit. nach: Harrigan, Die Sexualität der Frau, S. 418
35. Kienle, Frauen, S. 18 f.
36. Gershom Scholem, Walter Benjamin. Die Geschichte einer Freundschaft, Frankfurt / Main 1975, S. 200, zit. nach: Witte, Walter Benjamin, S. 81
37. Blasius, Ehescheidung, S. 161 f.

»Ein Mädchen braucht kein Gelehrter zu werden.«

1. Grünfeld, Mütter und Töchter, S. 49 f. (wie 5. Anmerkung des dritten Kapitels)
2. Margret Barth / Annemarie Niemeyer, über die häusliche Hilfeleistung von Kindern, (= Bestand und Erschütterung der Familie in der Gegen-

wart VII), Berlin 1932, S. 34 f., in: Flemming / Saul / Witt (Hg.), Familienleben, S. 181

3. Baum, Die Mütter von morgen, S. 31 ff. (wie 5. Anmerkung des 1. Kapitels)
4. Emmy Beckmann, Die Schule in der Dichtkunst unserer Tage, in: Die Frau 8, 1930, S. 484
5. Privater Nachlaß Emmy Beckmann, Auszug aus den unveröffentlichten Lebenserinnerungen, Hamburg o. J., zit. nach: Hagemann / Kolossa, Gleiche Rechte, S. 118
6. Rühle-Gerstel, Das Frauenproblem, S. 49
7. Bericht von Hertha Huckmann, in: Conradt / Heckmann-Janz, »...du heiratest ja doch!«, S. 103 f.
8. Bericht von Anne Harder, in: Conradt / Heckmann-Janz, »...du heiratest ja doch!«, S. 110
9. Frauenschulen, Vorwort
10. Zit. nach: Conradt / Heckmann-Janz, »...du heiratest ja doch!«, S. 61
11. Bericht Huckmann, S. 106, 101 (wie 7. Anmerkung)
12. Bericht von Lene Waldau, in: Conradt / Heckmann-Janz, »...du heiratest ja doch!«, S. 74
13. Rühle-Gerstel, Das Frauenproblem, S. 53 f.
14. Gertrud Bäumer, Die Frau und das geistige Leben, 1911, S. 28, zit. nach: Pestalozza, Der Streit um die Koedukation, S. 40
15. Pestalozza, Der Streit um die Koedukation, S. 42, 45, 79
16. Rühle-Gerstel, Das Frauenproblem, S. 49 f.
17. Bericht von Friedel Pottgießer, in: Conradt / Heckmann-Janz, »...du heiratest ja doch!«, S. 84 ff.
18. Rühle-Gerstel, Das Frauenproblem, S. 50
19. Bericht Pottgießer, S. 99 f. (wie 17. Anmerkung)
20. Rühle-Gerstel, Das Frauenproblem, S. 58 ff.
21. In: Monatsschrift Deutscher Ärztinnen 4, 1928, S. 51, hier in: Flemming / Saul / Witt (Hg.), Familienleben, S. 151
22. In: Frankfurter Zeitung vom 13.3.1932, zit. nach: Kater, Krisis des Frauenstudiums, S. 218
23. Bericht Harder, S. 122 (wie 8. Anmerkung)
24. Agathe Lasch, Mein Weg, in: Hamburger Nachrichten vom 4.1.1927, zit. nach: Hagemann / Kolossa, Gleiche Rechte, S. 122
25. Bericht von Ilsemarie M., zit. nach: Hagemann / Kolossa, Gleiche Rechte, S. 123
26. K. A. Wieth-Knudsen, Frauenfrage und Feminismus vom Altertum bis zur Gegenwart. Kulturgeschichte der europäischen Frauenwelt, 2. Auflage, Stuttgart 1927, S. 41, zit. nach: Kater, Krisis des Frauenstudiums, S. 221
27. Ernst Bumm, über das Frauenstudium. Rede zur Gedächtnisfeier des Stifters der Berliner Universität König Friedrich Wilhelm III in der Aula am 3. August 1917, Berlin 1917, S. 16, zit. nach: Kater, Krisis des Frauenstudiums, S. 221 f.
28. Ebd., S. 20, zit. nach: Kater, Krisis des Frauenstudiums, S. 220
29. Baum, stud. chem. Helene Willfüer, S. 128, 134
30. In: Abendblatt der Frankfurter Zeitung vom 6.1.1930, zit. nach: Kater, Krisis des Frauenstudiums, S. 225

31. Zit. nach: Kristine von Soden, Frauen in der Wissenschaft, in: Soden / Schmidt (Hg.), Neue Frauen, S. 128, 129
32. Agnes von Zahn-Harnack, Die Frau und das Hochschulproblem, in: Die Frau 37, 1930, H. 11, S. 620
33. Baum, stud. chem. Helene Willfüer, S. 137
34. Bericht einer Mathematikstudentin, in: Lüdenscheider General Anzeiger vom 10.7.1930, zit. nach: Kater, Krisis des Frauenstudiums, S. 242
35. Hildegard Gallmeister, Die Studentin im akademischen Leben, in: Die Frau 37, 1930, H. 11, S. 625
36. Elisabeth Knoblauch, Zur Psychologie der studierten Frau. Eine Untersuchung über die Einstellung zum Studium und zur späteren Berufstätigkeit bei Studentinnen, (= Schriften zur Psychologie der Berufseignung und des Wirtschaftslebens, H. 38), Leipzig 1930, S. 45, in: Flemming / Saul / Witt (Hg.): Familienleben, S. 146
37. Elfriede Dieckmann, Innere Probleme des Studentinnenlebens, in: Die Frau 27, 1919, H. 2, S. 34, 37
38. Gertrud Bäumer, Bemerkungen zu diesen Gedankengängen, in: Die Frau 27, 1919, H. 2, S. 41
39. Knoblauch, Zur Psychologie, S. 45 und 48, in: Flemming / Saul / Witt (Hg.), Familienleben, S. 146, 147 (wie 36. Anmerkung)
40. Pauline Herber, Die verheiratete Lehrerin, in: Westdeutsche Lehrerzeitung 28, 1920, Nr. 41, S. 287 f., hier in: Flemming / Saul / Witt (Hg.), Familienleben, S. 149

Frauen im Erwerbsleben

1. Zit. nach: Kuczynski, Studien, S. 217 f.
2. I. Strasser, Frauenarbeit und Rationalisierung, Moskau 1927, S. 5, zit. nach: ebd., S. 218
3. Referat Clara Zetkins auf dem Vereinigungsparteitag der KPD und des linken Flügels der USPD am 7.12.1920, zit. nach: Bajohr, Die Hälfte der Fabrik, S. 166, zu den folgenden Ausführungen vgl. ebd., S. 158 ff.
4. Strasser, Frauenarbeit, S. 60 (wie 2. Anmerkung), hier zit. nach: Bajohr, Die Hälfte der Fabrik, S. 175
5. Reichsgesetzblatt 1923, S. 999 ff., zit. nach: Susanne Zeller, Der Dank der Republik, in: Soden / Schmidt (Hg.), Neue Frauen, S. 48
6. Protokoll des SPD-Parteitags in Berlin mit Bericht der Reichsfrauenkonferenz, Berlin 1924, S. 233 f., zit. nach: Werner Thönnessen, Frauenemanzipation. Politik und Literatur der deutschen Sozialdemokratie zur Frauenbewegung 1863–1933, S. 141
7. Reichsgerichtsurteil vom 17. März 1925, in: Freie Wohlfahrtspflege 2, 1927, H. 3, S. 131 f., hier in: Flemming / Saul / Witt (Hg.), Familienleben, S. 158 f.
8. Agnes Karbe, Die Entwicklung der Frauenlöhne, insbesondere für Jugendliche, in: Brinker-Gabler (Hg.), Frauenarbeit, S. 211
9. Susanne Suhr, Die weiblichen Angestellten, in: Brinker-Gabler (Hg.), Frauenarbeit, S. 329 f.
10. Rühle-Gerstel, Das Frauenproblem, S. 299

11. Dreyfuß, Beruf und Ideologie, S. 153
12. Ebd., S. 248 f.
13. Keun, Gilgi, S. 10 f., 16, 48, 81
14. Ingeborg Franke, Gilgi – Film, Roman und Wirklichkeit, in: Der Weg der Frau 1933, Nr. 3, S. 4–6
15. Marianne Gundermann, Gilgi – eine vom »Vorwärts«, in: der Weg der Frau 1933, Nr. 1
16. Bericht von Anita Sellenschloh, zit. nach: Maike Bruhns / Karen Hagemann / Ursula Schneider, »Das hält der Stahl nicht aus!«. Arbeitswelt, in: Vorwärts – und nicht vergessen, S. 42
17. Börsenkurier 1927, zit. nach: Frauenalltag und Frauenbewegung, S. 68
18. Brück, Schicksale hinter Schreibmaschinen, S. 251
19. Zit. nach: Dreyfuß, Beruf und Ideologie, S. 178
20. Ebd., S. 174 f.
21. Fritz Urbschat, Das Seelenleben der kaufmännisch tätigen Jugendlichen, Langensalza 1932, S. 77, zit. nach: Frevert, Vom Klavier, S. 99 f.
22. Beide Zitate in: Dreyfuß, Beruf und Ideologie, S. 126
23. Ebd., S. 127
24. Zit. nach: ebd., S. 179
25. Keun, Gilgi, S. 56
26. Brück, Schicksale hinter Schreibmaschinen, S. 141, 187, 254, 361
27. Bericht von Helen Berger, Ich habe keine Angst gehabt, in: Weyrather, »Ich bin noch aus dem vorigen Jahrhundert«, S. 180
28. 150 eingesandte Berichte veröffentlichte der Deutsche Textilarbeiterverband 1930 unter dem Titel Mein Arbeitstag – mein Wochenende, Nachdruck: Lüdtke (Hg.), Mein Arbeitstag
29. Lüdtke (Hg.), Mein Arbeitstag, S. 59, 206
30. Vgl. Elisabeth Krüger, Frauenarbeit und Gewerbeaufsicht, in: Frauenarbeit, S. 11
31. Franzen-Hellersberg, Die jugendliche Arbeiterin, S. 100
32. Lüdtke (Hg.), Mein Arbeitstag, S. 214 ff., 42
33. Ebd., S. 153, 56, 203
34. Vgl. zu den folgenden Ausführungen: Bajohr, Die Hälfte der Fabrik, S. 70 ff.
35. Berliner Tageblatt vom 24. 11. 1926, zit. nach: Kuczynski, Studien, S. 240
36. Marianne Schiller, Frauenentlohnung und Tarifvertrag in der Industrie, 1928 / 29, in: Brinker-Gabler (Hg.), Frauenarbeit, S. 326
37. Karbe, Die Entwicklung der Frauenlöhne, S. 211 (wie 8. Anmerkung)
38. Lüdtke (Hg.), Mein Arbeitstag, S. 163
39. Hildegard Jüngst, Die jugendliche Fabrikarbeiterin, Paderborn 1929, S. 72, zit. nach: Carmen Tatschmurat, »Wir haben keinen Beruf, wir haben Arbeit«. Frauenarbeit in der Industrie der zwanziger Jahre, in: von Soden / Schmidt (Hg.), Neue Frauen, S. 36
40. Lüdtke (Hg.), Mein Arbeitstag, S. 199
41. Karbe, Die Entwicklung der Frauenlöhne, S. 212 (wie 8. Anmerkung)
42. Franzen-Hellersberg, Die jugendliche Arbeiterin, S. 34
43. Vgl. Gruber, Working Class Women, S. 209
44. Lüdtke (Hg.), Mein Arbeitstag, S. 178 f.

45. Ebd., S. 148, 155
46. Louise Schröder, Die Lebensführung der erwerbstätigen Frau, in: Arbeiterwohlfahrt 3, Heft 16, 1928, S. 481–484, hier in: Flemming / Saul / Witt (Hg.), Familienleben, S. 141
47. Lüdtke (Hg.), Mein Arbeitstag, S. 90, 94
48. Ebd., 113
49. Hofstätter, Die arbeitende Frau, S. 15, 445 f.
50. Die Frauenerwerbsarbeit in der Textilindustrie mit besonderer Berücksichtigung der Beschäftigung schwangerer Frauen, Berlin 1926, S. 22, zit. nach: Kuczynski, Studien, S. 247
51. Lüdtke (Hg.), Mein Arbeitstag, S. 188, 72
52. H. Sellheim / H. Küstner, Frauenarbeit und Schwangerschaft, in: Frauenarbeit, S. 27

Frauen machen Politik

1. Deutsch, Die politische Tat, S. 1
2. Lida Gustava Heymann, Das erste Wahlergebnis der deutschen Republik, in: Die Frau im Staat 1919, Nr. 2, S. 4, zit. nach: Gerhard, Unerhört, S. 334
3. Lida Gustava Heymann / Anita Augspurg, Erlebtes – Erschautes. Deutsche Frauen kämpfen für Freiheit, Recht und Frieden 1850–1940, herausgegeben von Margrit Twellmann, Meisenheim 1977, S. 187, zit. nach: Gerhard, Unerhört, S. 336
4. Deutsch, Die politische Tat, S. 2
5. Rede von Marie Juchacz am 19.2.1919 in der Nationalversammlung, zit. nach: ebd., S. 3
6. Rede von Luise Zietz am 20.2.1919 in der Nationalversammlung, zit. nach: ebd., S. 3
7. R. Hartwig, Wie die Frauen im deutschen Reichstag von ihrem politischen Wahlrecht Gebrauch machen, in: Allgemeines und Statistisches Archiv, Bd. 17, Jena 1928, S. 497 ff., zit. nach: Gerhard, Unerhört, S. 338
8. Gabriele Bremme, Die politische Rolle der Frau in Deutschland, Göttingen 1956, S. 124, zit. nach: Gerhard, Unerhört, S. 338
9. Lida Gustava Heymann, Die Frau, in: Kurt Lenz / Walter Fabian (Hg.), Die Friedensbewegung. Ein Handbuch der Weltfriedensströmungen der Gegenwart, S. 93–96, hier in: Brinker-Gabler (Hg.), Frauen gegen den Krieg, S. 65 f.
10. Frida Perlen, Bericht von der Konferenz über die modernen Kriegsmethoden in Frankfurt 1929, in: Die modernen Kriegsmethoden und der Schutz der Zivilbevölkerung. Dokumente der Internationalen Konferenz in Frankfurt a. M., am 4., 5. und 6. Januar 1929, hg. von der Arbeitsgemeinschaft der Ortsgruppe Stuttgart der Internationalen Frauenliga für Frieden und Freiheit, S. 3 f., hier in: Brinker-Gabler (Hg.), Frauen gegen den Krieg, S. 278

Literatur

Adriani, Götz (Hg.): *Hannah Höch*. Fotomontagen, Gemälde, Aquarelle, Köln 1980

Bajohr, Stefan: *Die Hälfte der Fabrik*. Geschichte der Frauenarbeit in Deutschland 1914–1945 (= Schriftenreihe für Sozialgeschichte und Arbeiterbewegung der Studiengesellschaft für Sozialgeschichte und Arbeiterbewegung Marburg 17), Marburg 1979

Bajohr, Stefan: *Vom bitteren Los der kleinen Leute*. Protokolle über den Alltag Braunschweiger Arbeiterinnen und Arbeiter 1900 bis 1933, Köln 1984

Baum, Vicki: *Es war alles ganz anders*. Erinnerungen, Berlin–Frankfurt / Main–Wien 1962

Baum, Vicki: *stud. chem. Helene Willfüer*. Roman, München 1983 (1928)

Belach, Helga: *Henny Porten*. Der erste deutsche Filmstar 1890–1960. Mit Beiträgen von Hans Feld, Knut Hickethier, Corinna Müller, Helmut Regel und autobiographischen Texten von Henny Porten, Berlin 1986

Berger, Renate (Hg.): *»Und ich sehe nichts, nichts als die Malerei«*. Autobiographische Texte von Künstlerinnen des 18.–20. Jahrhunderts, Frankfurt / Main 1987

Beuys, Barbara: *Familienleben in Deutschland*. Neue Bilder aus der deutschen Vergangenheit, Reinbek 1980

Blasius, Dirk: *Ehescheidung in Deutschland 1794–1945*. Scheidung und Scheidungsrecht in historischer Perspektive (= Kritische Studien zur Geschichtswissenschaft, Bd. 74), Göttingen 1987

Blos, Anna (Hg.): *Die Frauenfrage im Lichte des Sozialismus*, Dresden 1930

Boehn, Max von: *Der Tanz*, Berlin 1925

Boll, Friedhelm (Hg.): *Arbeiterkulturen zwischen Alltag und Politik*. Beiträge zum europäischen Vergleich in der Zwischenkriegszeit, Wien u. a. 1986

Boveri, Margret: *Verzweigungen*. Eine Autobiographie, herausgegeben und mit einem Nachwort von Uwe Johnson, München 1977

Bremer Frauen in der Weimarer Republik 1919–1933. Herausgegeben vom Staatsarchiv Bremen, bearbeitet von Ute Gerhard, Elisabeth Hannover, Frauke Krahé, Monika Mohrmann, Romina Schmitter. Bremen 1991, 2. Auflage

Brennicke, Ilona / Joe Hembus: *Klassiker des deutschen Stummfilms 1910–1930*, München 1983

Bridenthal, Renate: *Beyond Kinder, Küche, Kirche: Weimar Women at Work*, in: *Central European History VI*, 1973, S. 148–166

Brinker-Gabler, Gisela (Hg.): *Frauen gegen den Krieg*. Mit Beiträgen von Olive Schreiner, Hedwig Dohm, Lida Gustava Heymann u. a., Frankfurt / Main 1980

Brinker-Gabler, Gisela (Hg.): *Frauenarbeit und Beruf*. Mit Beiträgen von Lily Braun, Hedwig Dohm, Ricarda Huch u. a., Frankfurt / Main 1979

Bronnen, Arnolt: *Film u. Leben Barbara La Marr*, Berlin 1928

Brück, Christa Anita: *Schicksale hinter Schreibmaschinen*, Berlin 1930

Conradt, Sylvia / Kirsten Heckmann-Janz:»…*du heiratest ja doch!*«, 80 Jahre Schulgeschichte von Frauen, Frankfurt / Main 1985

Cyankali von Friedrich Wolf. Eine Dokumentation, mit dem berühmten Theaterstück gegen den»Abtreibungsparagraphen«, herausgegeben von Emmy Wolf unf Klaus Hammer, Berlin (West) 1986

Dahlhoff, Jutta / Uschi Frey / Ingrid Schöll (Hg.): *Frauenmacht in der Geschichte*. Beiträge des Historikerinnentreffens 1985 zur Frauengeschichtsforschung, (= Geschichtsdidaktik: Studien, Materialien, Bd. 41), Düsseldorf 1986

Das könnt Ihr Euch gar nicht mehr vorstellen… Alltagsgeschichte(n) von Arbeiterfrauen aus Altona, aufgeschrieben von Gabriele Brockmann, Christa Junclaus, Doris Traub aus der Altonaer Fraueninitiative, Hamburg 1984

Deutsch, Regine: *Parlamentarische Frauenarbeit*, Stuttgart 1924, 2. erweiterte Auflage

Deutsch, Regine: *Parlamentarische Frauenarbeit II*. Aus den Reichstagen von 1924–1928, Berlin 1928

Deutsch, Regine: *Die politische Tat der Frau*. Aus der Nationalversammlung, Gotha 1920

Dietrich, Marlene: *Nehmt nur mein Leben*… Reflexionen, München 1979

Dreyfuß, Carl: *Beruf und Ideologie der Angestellten*, München–Leipzig 1933

Eifert, Christiane / Susanne Rouette (Hg.): *Unter allen Umständen*. Frauengeschichte(n) in Berlin, Berlin 1986

Eldorado. Homosexuelle Frauen und Männer in Berlin 1850–1950. Geschichte, Alltag und Kultur, Katalog zur Ausstellung im Berlin Museum 26. Mai–8. Juni 1984, herausgegeben vom Berlin Museum, Berlin 1984

Erhebung über Sexualmoral, in: Max Horkheimer / Erich Fromm / Herbert Marcuse (Hg.): *Studien über Autorität und Familie*. Forschungsberichte aus dem Institut für Sozialforschung (= Schriften des Instituts für Sozialforschung, Bd. 5), Paris 1936, S. 272–291

Essig, Olga: *Die Frau in der Industrie* (= Quellenhefte zum Frauenleben in der Geschichte, H. 18), Berlin 1932

Fallada, Hans: *Kleiner Mann – was nun?* Roman, Reinbek 1991, Erstabdruck 1932

Finck, Petra / Marliese Eckhof:»*Euer Körper gehört uns!*«. Ärzte, Bevölkerungspolitik und Sexualmoral bis 1933, Hamburg 1987

Fischer, Lothar: *Anita Berber*. Tanz zwischen Rausch und Tod, Berlin 1988

Fleißer, Marieluise: *Eine Zierde für den Verein*. Roman vom Rauchen, Sporteln, Lieben und Verkaufen, Frankfurt 1987 (= leicht revidierte Fassung von *Die Mehlreisende Frieda Geyer*, Berlin 1931)

Flemming, Jens / Klaus Saul / Peter-Christian Witt (Hg.): *Familienleben im Schatten der Krise*. Dokumente und Analysen zur Sozialgeschichte der Weimarer Republik, Düsseldorf 1988

Frankenthal, Käte: *Jüdin, Intellektuelle, Sozialistin*. Lebenserinnerungen einer Ärztin in Deutschland und im Exil, herausgegeben von Kathleen M. Pearle und Stephan Leibfried, Frankfurt / Main–New York 1985

Franzen-Hellersberg, Lisbeth: *Die jugendliche Arbeiterin*. Ihre Arbeitsweise und Lebensform. Ein Versuch sozialpsychologischer Forschung zum Zweck der Umwertung proletarischer Tatbestände, Tübingen 1932

Frauenalltag und Frauenbewegung 1890–1980. Ausstellungskatalog, herausgegeben vom Historischen Museum Frankfurt am Main, Basel–Frankfurt / Main 1981

Frauenarbeit. (= Beihefte zum Zentralblatt für Gewerbehygiene und Unfallverhütung, 13), Berlin 1929

Frauenschulen, herausgegeben vom Zentralinstitut für Erziehung und Unterricht, Leipzig 1928

Frevert, Ute: *Vom Klavier zur Schreibmaschine.* Weiblicher Arbeitsmarkt und Rollenzuweisungen am Beispiel der weiblichen Angestellten in der Weimarer Republik, in: Annette Kuhn / G. Schneider (Hg.): *Frauen in der Geschichte,* Düsseldorf 1979

Gerhard, Ute: *Unerhört.* Die Geschichte der deutschen Frauenbewegung, Reinbek bei Hamburg 1990

Geyer-Kordesch, Johanna / Annette Kuhn (Hg.): *Frauenkörper, Medizin, Sexualität.* Auf dem Weg zu einer neuen Sexualmoral, (= Geschichtsdidaktik: Studien und Materialien, Bd. 31), Düsseldorf 1986

Grossmann, Atina: *Abortion and Economic Crisis.* The 1931 Campaign Against § 218 in Germany, in: *New German Critique* 14, 1978, S. 119–137

Grossmann, Atina: *Berliner Ärztinnen und Volksgesundheit in der Weimarer Republik.* Zwischen Sexualreform und Eugenik, in: Eifert / Rouette (Hg.): *Unter allen Umständen,* S. 183–217

Grossmann, Atina: *Die »Neue Frau« und die Rationalisierung der Sexualität in der Weimarer Republik,* in: Snitow / Stansell / Thompson (Hg.): *Die Politik des Begehrens,* S. 38–62

Gruber, Helmut: *Working Class Women in Red Vienna.* Socialist Concepts of the »New Woman« v. the Reality of the Triple Burden, in: Boll (Hg.): *Arbeiterkulturen zwischen Alltag und Politik,* S. 199–212

Hacker, Hanna: *Frauen und Freundinnen.* Studien zur »weiblichen Homosexualität« am Beispiel Österreich 1870–1938 (= Ergebnisse der Frauenforschung, Bd. 12), Weinheim–Basel 1987

Hagemann, Karen (Hg.): *Eine Frauensache.* Alltagsleben und Geburtenpolitik 1919–1933. Eine Ausstellungsdokumentation, Pfaffenweiler 1990

Hagemann, Karen: *Frauenalltag und Männerpolitik.* Alltagsleben und gesellschaftliches Handeln von Arbeiterfrauen in der Weimarer Republik, Bonn 1990

Hagemann, Karen / Anne Lührs: *Vom Dienen und (Mit-)verdienen.* Frauenarbeit im Wandel. Vom ausgehenden Kaiserreich bis zum Ende des Nationalsozialismus, Begleitheft 2 des Museumspädagogischen Dienstes zur Ausstellung »Hammonias Töchter – Frauen und Frauenbewegung in Hamburgs Geschichte« des Museums für Hamburgische Geschichte, Hamburg 1985

Hagemann, Karen / Jan Kolossa: *Gleiche Rechte – Gleiche Pflichten?* Ein Bilder-Lese-Buch zu Frauenalltag und Frauenbewegung in Hamburg, herausgegeben von der Landeszentrale für politische Bildung Hamburg, Hamburg 1990

Harrigan, Renny: *Die emanzipierte Frau im deutschen Roman der Weimarer*

Republik, in: James Elliott / Jürgen Pelzer / Carol Poore (Hg.): *Stereotyp und Vorurteil in der Literatur*. Untersuchungen zu Autoren des 20. Jahrhunderts, (= Zeitschrift für Literaturwissenschaft und Linguistik, Beiheft 9), Göttingen 1978, S. 65–83

Harrigan, Renny: *Die Sexualität der Frau in der deutschen Unterhaltungsliteratur 1918–1933*, in: *Geschichte und Gesellschaft* 7, 1981, S. 412–437

Hausen, Karin: *Mütter, Söhne und der Markt der Symbole und Waren*. Der deutsche Muttertag 1923–1933, in: *Emotionen und materielle Interessen*. Sozialanthropologische und historische Beiträge zur Familienforschung, Göttingen 1984, S. 473–523

Hervé, Florence (Hg.): *Geschichte der deutschen Frauenbewegung*, Köln 1990

Hirsch, Max: *Die Gefahren der Frauenerwerbsarbeit für Schwangerschaft, Geburt, Wochenbett und Kindesaufzucht mit besonderer Berücksichtigung der Textilindustrie*, Stuttgart 1925

Hofmann-Göttig, Joachim: *Emanzipation mit dem Stimmzettel*. 70 Jahre Frauenwahlrecht in Deutschland, Bonn 1986

Hofstätter, Robert: *Die arbeitende Frau*. Ihre wirtschaftliche Lage, Gesundheit, Ehe und Mutterschaft, Wien–Leipzig 1929

Hofstätter, Robert: *Die rauchende Frau*. Eine klinische, psychologische und soziale Studie, Wien–Leipzig 1924

Hoof, Dieter (Hg.): *Die Schulpraxis der Pädagogischen Bewegung des 20. Jahrhunderts*. Berichte und Unterrichtsbilder, Bad Heilbrunn / Obb. 1969

Hubbard, William H.: *Familiengeschichte*. Materialien zur deutschen Familie seit dem Ende des 18. Jahrhunderts, München 1983

Huber, Antje (Hg.): *Verdient die Nachtigall Lob, wenn sie singt?* Die Sozialdemokratinnen, Stuttgart–Herford 1984

Huebner, Friedrich M. (Hg.): *Die Frau von morgen wie wir sie wünschen*, Neuausgabe mit einem Vorwort von Silvia Bovenschen, Frankfurt / Main 1990, Erstabdruck Leipzig 1929

Isherwood, Christopher: *Leb wohl, Berlin*. Ein Roman in Episoden, Frankfurt / Main 1986, Erstabdruck der Originalfassung *Goodbye to Berlin* 1939

Janssen-Jurreit, Marielouise (Hg.): *Frauen und Sexualmoral*. Mit Beiträgen von Anita Augspurg u. a., Frankfurt / Main 1986

Julius, Cornelia: *Von feinen und von kleinen Leuten*. Alltagsgeschichte in Lebensberichten aus den Jahren 1918–1931, Weinheim–Basel 1981

Jurczyk, Karin: *Frauenarbeit und Frauenrolle*. Zum Zusammenhang von Familienpolitik und Frauenerwerbstätigkeit in Deutschland 1918–1975, Frankfurt / Main–New York 1978

Kästner, Erich: *Fabian*. Die Geschichte eines Moralisten, Lizenzausgabe für den Deutschen Bücherbund, Stuttgart o. J., Erstabdruck 1931

Kater, Michael: *Krisis des Frauenstudiums in der Weimarer Republik*, in: *Vierteljahresschrift für Sozial- und Wirtschaftsgeschichte* 59, 1972, S. 207–255

Kempf, Rosa: *Die deutsche Frau nach der Volks-, Berufs- und Betriebszählung von 1925*, Mannheim–Berlin–Leipzig 1931

Kempowski, Walter: *Schöne Aussichten*. Roman, Hamburg 1981

Keun, Irmgard: *Gilgi – eine von uns*. Roman, München 1990, Erstabdruck 1931

Keun, Irmgard: *Das kunstseidene Mädchen*, München 1989, Erstabdruck 1932

Kienle, Else: *Frauen.* Aus dem Tagebuch einer Ärztin, mit historischen Erläuterungen von Maja Riepl-Schmidt, Stuttgart 1989, Erstabdruck Berlin 1932

Kittler, Gertraude: *Hausarbeit.* Zur Geschichte einer »Natur-Ressource«, München 1980

Köppen, Ruth: *Armut ist weiblich*, Berlin 1985

Krell, Max: *Das alles gab es einmal*, Frankfurt / Main 1961

Kuczynski, Jürgen: *Studien zur Geschichte der Lage der Arbeiterin in Deutschland von 1700 bis zur Gegenwart*, (= Jürgen Kuczynski: Die Lage der Arbeiter unter dem Kapitalismus, Bd. 18), Berlin 1963

Künstlerinnen international 1877–1977. Zusammengestellt und herausgegeben aus Anlaß der Ausstellung im Schloß Charlottenburg Berlin 1977 von der Arbeitsgruppe Frauen in der Kunst, Berlin 1977

Kuhn, Annette (Hg.): *Die Chronik der Frauen*, Dortmund 1992

Lethen, Helmut: *Neue Sachlichkeit 1924–1932.* Studien zur Literatur des »Weissen Sozialismus, Stuttgart 1970

Lindner, Ines / Sigrid Schade / Silke Wenk (Hg.): *Blick-Wechsel.* Konstruktionen von Männlichkeit und Weiblichkeit in Kunst und Kunstgeschichte, Berlin 1989

Loewe, Emma: *Lebensbild einer berufstätigen Frau.* Schicksale hinter Schreibmaschinen, in: *Jugend und Beruf* 1930, H. 7, S. 174–176

Lorisika, Irene: *Frauendarstellungen bei Irmgard Keun und Anna Seghers*, Frankfurt / Main 1985

Lüdtke, Alf (Hg.): *»Mein Arbeitstag – mein Wochenende«.* Arbeiterinnen berichten von ihrem Alltag 1928, Hamburg 1991, Erstabdruck als *Mein Arbeitstag – mein Wochenende.* 150 Berichte von Textilarbeiterinnen, gesammelt und herausgegeben vom Deutschen Textilarbeiterverband, Berlin 1930

Lützen, Karin: *Was das Herz begehrt.* Liebe und Freundschaft zwischen Frauen, Hamburg 1990

Meyer, Erna: *Der neue Haushalt.* Ein Wegweiser zu wirtschaftlicher Haushaltsführung, Stuttgart 1927, 28. Auflage

Metropolen machen Mode. Eine Ausstellung des Kunstgewerbemuseums Berlin 2. September–16. Oktober 1977, Konzeption und Text des Ausstellungskatalogs von Barbara Mundt, Berlin 1977

Montanus, W.: *Die Tanzwut*, in: *Die Lebenskunst.* Zeitschrift für persönliche Kultur 16, 1921, Nr. 2, S. 22–23

Müller, Walter / Angelika Willms / Johann Handl: *Strukturwandel der Frauenarbeit 1880–1980*, Frankfurt / Main–New York 1983

Mutterkreuz und Arbeitsbuch. Zur Geschichte der Frauen in der Weimarer Republik und im Nationalsozialismus, herausgegeben von Frauengruppe Faschismusforschung, Frankfurt / Main 1981

Oppens, Edith: *Der Mandrill.* Hamburgs zwanziger Jahre, Hamburg 1969

Pestalozza, Hanna von: *Der Streit um die Koedukation in den letzten 30 Jahren in Deutschland*, Dissertation Langensalza 1921

Pfister, Gertrud: *Abenteuer, Wettkampf und Tanz.* Zur Bewegungskultur von Frauen (1890–1933), in: Eifert / Rouette (Hg.): *Unter allen Umständen*, S. 138–157

Pfister, Gertrud (Hg.): *Frau und Sport*. Mit Beiträgen von Gertrud Bäumer u. a., Frankfurt / Main 1980

Rheinsberg, Anna (Hg.): *Bubikopf*. Aufbruch in den Zwanzigern, Texte von Frauen, Darmstadt 1989

Riess, Curt: *Das gab's nur einmal*. Die große Zahl des deutschen Films, Bd. 1, Frankfurt / Main–Berlin–Wien 1985

Roellig, Ruth Margarete: *Berlins lesbische Frauen*, Berlin 1928, Neuabdruck: Adele Meyer (Hg.): *Lila Nächte*. Die Damenklubs der Zwanziger Jahre, Köln 1981

Rouette, Susanne: *»Gleichberechtigung« ohne »Recht auf Arbeit«*. Demobilmachung der Frauenarbeit nach dem Ersten Weltkrieg, in: Eifert / Rouette (Hg.): *Unter allen Umständen*, S. 159–181

Rühle-Gerstel, Alice: *Das Frauenproblem der Gegenwart*. Eine psychologische Bilanz, Leipzig 1932, Nachdruck unter dem Titel *Die Frau und der Kapitalismus* (= Archiv sozialistischer Literatur; 19), Frankfurt / Main o. J.

Sanzara, Rahel: *Das verlorene Kind*. Roman, herausgegeben und mit einem Nachwort versehen von Diana Orendi-Hinze, Stuttgart 1980, Erstabdruck 1926

Schmid, Jakob R.: *Freiheitspädagogik*. Schulreform und Schulrevolution in Deutschland, Reinbek bei Hamburg 1973, Erstausgabe 1936 unter dem Titel *Le maître-camarade et la pédagogie libertaire*

Schmidlechner, Karin Maria: *Die Frauen in der Arbeiterkultur der Zwischenkriegszeit am Beispiel Österreichs*, in: Boll (Hg.): *Arbeiterkulturen zwischen Alltag und Politik*, S. 213–228

Schroeder, Louise: *Die proletarische Frau als Hausfrau und Mutter*, in: Blos (Hg.): *Die Frauenfrage im Lichte des Sozialismus*, S. 148–180

Schulz, Isabel: *Die Frau als Künstlerin*. Über das Leben und Werk von Künstlerinnen früher und heute, herausgegeben vom Museumspädagogischen Dienst Hamburg, 1986

Seidenstücker, Friedrich: *Von Weimar bis zum Ende*. Fotografien aus bewegter Zeit, herausgegeben von Anne und Jürgen Wilde, Dortmund 1980

Seydel, Renate / Allan Hagedorff (Hg.): *Asta Nielsen*. Ihr Leben in Fotodokumenten, Selbstzeugnissen und zeitgenössischen Betrachtungen, München 1981

Snitow, Ann / Christine Stansell / Sharon Thompson (Hg.): *Die Politik des Begehrens*. Sexualität, Pornographie und neuer Puritanismus in den USA, Berlin 1985

Soden, Kristine von: *Auf dem Weg zur »neuen Sexualmoral« – die Sexualberatungsstellen der Weimarer Republik*, in: Geyer-Kordesch / Kuhn (Hg.): *Frauenkörper, Medizin, Sexualität*, S. 237–261

Soden, Kristine von / Maruta Schmidt (Hg.): *Neue Frauen*. Die zwanziger Jahre, Berlin (West) 1988

Stekel, Wilhelm: *Die Geschlechtskälte der Frau*. Eine Psychopathologie des weiblichen Liebeslebens, Berlin 1921, 2. verbesserte und vermehrte Auflage

Tergit, Gabriele: *Käsebier erobert den Kurfürstendamm*, Frankfurt / Main 1977, Erstabdruck 1931

Thomas, Karin: *Hannah Höch, das »tüchtige Mädchen« – mit einem feministischen Fragezeichen*, in: Adriani (Hg.): *Hannah Höch*, S. 67–78

Traber-Amiel, August: *Der Tanz als Weg zur neuen Kultur*, Berlin 1921
Urbanitzky, Grete von: *Eine Frau erobert die Welt*, Berlin–Wien–Leipzig 1938, Erstabdruck 1931
Usborne, Cornelie: *Abtreibung: Mord, Therapie oder weibliches Selbstbestimmungsrecht?* Der § 218 im medizinischen Diskurs der Weimarer Republik, in: Geyer-Kordesch / Kuhn (Hg.): Frauenkörper, Medizin, Sexualität, S. 192–236
Van de Velde, Theodor Hendrik: *Die vollkommene Ehe*. Eine Studie über ihre Physiologie und Technik, Leipzig–Stuttgart 1929, 37. Auflage, die deutsche Ausgabe erschien zuerst 1926
Viebig, Clara: *Die mit den tausend Kindern*, Berlin–Leipzig, 1929
Vogel, Katharina: *Zum Selbstverständnis lesbischer Frauen in der Weimarer Republik*. Eine Analyse der Zeitschrift »Die Freundin« 1924–1933, in: *Eldorado*, S. 162–168
Vorwärts – und nicht vergessen. Arbeiterkultur in Hamburg um 1930, herausgegeben von der »Projektgruppe Arbeiterkultur Hamburg« zur Ausstellung »Vorwärts und nicht vergessen. Arbeiterkultur in Hamburg um 1930« vom 1. Mai bis 30. September 1982, Berlin (West) 1982
Weyrather, Irmgard: »*Ich bin noch aus dem vorigen Jahrhundert*«. Frauenleben zwischen Kaiserreich und Wirtschaftswunder, Frankfurt / Main 1985
Witte, Bernd: *Walter Benjamin*. Mit Selbstzeugnissen und Bilddokumenten, Reinbek bei Hamburg 1985
Wolff, Charlotte: *Augenblicke verändern uns mehr als die Zeit*. Eine Autobiographie, Weinheim–Basel 1982
Zahn-Harnack, Agnes von: *Die arbeitende Frau*, Berlin 1924

Register

Abtreibung 76 ff.
Angestellte 139, 209 ff.
Augspurg, Anita (1857–1943) 102, 248
Ausdruckstanz 53 ff.
Auto 22 ff., 38

Badefreuden 29, 41 ff.
Baker, Josephine (1906–1975) 50 f.
Baum, Vicki (1888–1960) 16 f., 28 ff., 79 f., 117, 122 ff., 174 ff., 196
Bäumer, Gertrud (1873–1954) 102, 201 f., 242
Beckmann, Emmy (1880–1967) 176 f.
Berber, Anita (1900–1928) 57 ff.
Berend-Corinth, Charlotte (1880–1967) 106 ff.
Breslau, Louise-Catherine (1856–1927) 103, 105 f.
Brück, Christa Anita (1899–?) 225 f.
Bubikopf 16, 43
Büroarbeit 217 ff., 224 ff.

Charleston 47 f.
Cyankali, Theaterstück von Friedrich Wolf 82 f.

Das kunstseidene Mädchen, Roman von Irmgard Keun 210 f.
Das verlorene Kind, Roman von Rahel Sanzara 117, 119 ff.
Delaunay, Sonia (1885–1979) 110 ff.
Demobilisierung 204 ff.
Der blaue Engel (Film) 133 ff.
Der Skorpion, Roman von Anna Elisabeth Weirauch 93
Die Mehlreisende Frieda Geyer, Roman von Marieluise Fleißer 128 ff.

Die mit den tausend Kindern, Roman von Clara Viebig 127 f.
Die vollkommene Ehe, Sexual-Ratgeber von Theodor Hendrik van de Velde 68 f.
Dietrich, Marlene (1901–1992) 23, 28, 48 f., 98 f., 133 ff.
Doppelbelastung 157, 234 ff.
Doppelverdienerkampagne 204, 206 ff.
Duncan, Isadora (1878–1927) 37, 53 f.

Ederle, Gertrud (1906–?) 35 f.
Ehe 68 f., 130, 163 ff.
Ehe- und Sexualberatungsstellen 72 ff.
Eine Frau erlebt die Welt, Roman von Grete von Urbanitzky 126 f.
Erhebung über Sexualmoral, Untersuchung des Instituts für Sozialforschung in Frankfurt am Main 64
Erziehung 172 ff.

Fabian, Roman von Erich Kästner 67
Fabrikarbeit 227 ff.
Filmstars 131 ff.
Fleißer, Marieluise (1901–1974) 117, 122, 128 ff.
Frankenthal, Käte (1889–1976) 66, 166 f.
Frankfurter Küche 152
Frauenerwerbstätigkeit 13 f., 18, 204 ff.
»Frauengesetze« 245
Frauenliteratur 122 ff.
Frauenschule 180
Frauensport 27 ff.
Frauenstudium 126, 189 ff.
Frauenüberschuß 167

Frauenwahlrecht 241 f.
Freie Liebe 61 ff., 126 f., 130, 165
Freizeit 22 ff., 226
Frigidität 67 ff.

Garbo, Greta (1905–1990) 138 f.
Garçonne 10, 15, 16, 43 f., 96 f.
Geburtenrückgang 167 f., 237 f.
Gemeinschaft deutscher und öster-
reichischer Künstlerinnen (Gedok)
116 f.
Gert, Valeska (1892–1978) 37,
55 ff.
Geßmann, Leonie 97 f.
Gigolo 52 f.
Gilgi – eine von uns, Roman von
Irmgard Keun 214 ff.
Girlkultur 53

Hall, Radclyffe
Hausfrau 143 ff., 234 ff.
Haushaltsrationalisierung 145 ff.
Heymann, Lida Gustava
(1868–1943) 102, 242, 246 ff.
Höch, Hannah (1889–1978) 112 ff.

Internationale Frauenliga für Frieden
und Freiheit (IFFF) 248 ff.

Juchacz, Marie (1879–1956) 241,
244

Kameradschaftsehe 164 ff.
Käsebier erobert den Kurfürsten-
damm, Roman von Gabriele Ter-
git 20
Keun, Irmgard (1905–1982) 117,
210 f., 214 ff.
Kienle, Else (1900–1970) 70, 75 f.,
78 f., 84 f.
Kleiner Mann – Was nun?, Roman
von Hans Fallada 76 f.
Kleinfamilie 167 f.
Koedukation 182 f.
Kollwitz, Käthe (1867–1945) 86,
103 f., 117, 249 f.
Korsett 43
Künstlerinnen 103 ff.

Lasch, Agathe (1879–1942) 193 f.
Leb wohl, Berlin, Roman von Chri-
stopher Isherwood 8 f.
Leistungssport 31 ff.
Lenglen, Suzanne (1899–1938) 34 f.
Lesbische Frauen 88 ff.
Lohndiskriminierung 230 ff.

Mädchen in Uniform 93 f.
Mann, Erika (1905–1969) 22 ff.
Mode 16, 41 ff.
Modernes Wohnen 157 ff.
Modersohn-Becker, Paula
(1876–1907) 103
Mutterschutz 238 ff., 245
Muttertag 143 ff.

Neue Frau 7 ff.
Nielsen, Asta (1885–1972) 139 ff.
Noll-Hasenclever, Eleonore
(1880–1925) 37 f.

Olympiade in Amsterdam, 1928 32 f.
Orlando, Roman von Virginia
Woolf 95 f.

Paragraph 218 82 ff.
Pazifistinnen 246 ff.
Pfülf, Toni (1877–1933) 164, 241
Politikerinnen 241 ff.
Porten, Henny (1890–1960) 131 ff.

Quell der Einsamkeit, Roman von
Radclyffe Hall 94 f.

Rauchen 25 f.
Rée, Anita (1885–1933) 105, 116
Reformpädagogik 174, 184 f.
Rühle-Gerstel, Alice 100 f., 163,
181 f., 189

Sanzara, Rahel (1894–1936) 117 ff.
Sauberkeitstrend 153 ff.
Schicksale hinter Schreibmaschinen,
Roman von Christa Anita Brück
225 f.
Scheidung 169 ff.
Schriftstellerinnen 117 ff.

Schröder, Louise (1887–1957) 242
Schröter, Lola 38 ff.
Schule 176 ff.
Sexualität 12 f., 18 f., 61 ff., 126 f.
Sintenis, Renée (1888–1965) 11
Stöcker, Helene (1869–1943) 69,
    74, 86, 248
stud. chem. Helene Willfüer, Roman
    von Vicki Baum 79 f., 123 f., 196

Tanzwut 46 ff.
Tergit, Gabriele (1894–1982) 20 f.
Thiele, Herta 93
Tieck, Polly (1897– ?) 62 f.
Traumkarriere 139, 210 ff.

Urbanitzky, Grete von (1893–1974)
    93, 122, 126 f.

Vaerting, Mathilde 193, 248
Verhütung 69 ff.
Verkäuferin 221 ff.

»Verlobtenverkehr« 65 f.
»Vermännlichung« 16, 34, 43 f.
Viebig, Clara (1860–1952) 127 f.

Weirauch, Anna Elisabeth
    (1887–1970) 93
Weissmann, Maria Luise
    (1899–1929) 18 f.
Werkstudentinnen 199 f.
Wigman, Mary (1886–1973) 37, 55
Winsloe, Christa (1888–1944) 93 f.
Wohnungsnot 160 ff.
Woker, Gertrud (1878–1968) 250
Wolff, Charlotte 61 f.
Woolf, Virginia (1882–1941) 95 f.
Wrangell, Margarethe von
    (1877–1932) 193

Zetkin, Clara (1857–1933) 206,
    248
Zietz, Luise (1865–1922) 242, 244

Bildquellennachweis

Archiv für Kunst und Geschichte, Berlin 9, 23, 29, 33, 47, 63, 115, 133, 135, 141, 175, 187, 197, 211, 213, 219, 229, 243, 247
Anita Berber Archiv, Berlin 59
Bildarchiv Preußischer Kulturbesitz, Berlin 65, 173
Harenberg Kommunikation, Dortmund 111
Henkel, Düsseldorf 149
Historisches Archiv des Universitäts-Krankenhauses Eppendorf, Institut für Geschichte der Medizin der Universität Hamburg 191
Kabel Bildarchiv 45, 51, 71, 89, 95, 101, 118, 125, 151, 159, 235, 239
Privatbesitz 49, 183
Sammlung Arbeitssuche und Arbeitsverwaltung / Museum der Arbeit, Hamburg 162, 179, 207, 222, 231
Siemens-Museum, München 155
Ullstein Bilderdienst, Berlin 11, 15, 19, 39, 83, 85, 93, 107, 129, 166, 249

Frauenleben

Der erste Band dieser neuen Reihe zeichnet ein
anschauliches Bild vom Leben und vom
Lebensgefühl der Frauen im vorigen Jahrhundert –
in der Übergangsphase vom traditionellen
Rollenverständnis zu einem neuen
Selbstbewußtsein.

Ingrid Schraub

Zwischen Salon und Mädchenkammer

Biedermeier bis Kaiserzeit
ca. 280 Seiten, gebunden, ca. 50 Abb.
DM 36,–

Die Historikerin Ingrid Schraub beherrscht
die Kunst, auf unterhaltsame Art Fakten
zu vermitteln. Gestützt auf vielfältige Quellen
erzählt sie von Skandalen,
Schicksalen und den kleinen Dingen
des Alltags. Eine durchgehende Bebilderung
rundet den Text ab.

Kabel

Selma Vrooland
**Zum Lachen gehn
wir in den Keller**
Eine Sozialhilfe-
Mutter erzählt
180 Seiten
Broschur, DM 26,–

Geschichten aus dem sozialen Untergrund

In einem europäischen Wohl-
fahrtsstaat arm zu sein ist
sicherlich kein Zuckerschlek-
ken. Eine alleinerziehende
Mutter und Sozialhilfeem-
pfängerin erzählt voll Witz,
Wut und ohne Wehleidigkeit
von ihrem Leben.

Eva Marie Solheim
**Älter werden wir
später**
Frauen um 50
200 Seiten
Broschur, DM 28,–

Neue Frauen braucht das Land

Eine Bestandsaufnahme des
Lebens von Frauen um 50 und
wie sie diesen Lebensabschnitt
für einen Neuanfang nutzen
können. Einfühlsam und mit
erfrischendem Engagement
schreibt die Autorin nicht nur
für diese Frauen, sondern für
alle, die mit ihnen leben.